苏·区·振·兴·智·库

赣南产业扶贫与乡村振兴：
赣州市信丰县、兴国县、安远县的实践

田延光◎主编　刘善庆　刘　超◎著

INDUSTRIAL POVERTY ALLEVIATION AND RURAL REVITALIZATION OF SOUTH JIANGXI:
PRACTICE IN XINFENG COUNTY,
XINGGUO COUNTY AND ANYUAN COUNTY IN GANZHOU CITY

经济管理出版社
ECONOMY & MANAGEMENT PUBLISHING HOUSE

图书在版编目（CIP）数据

赣南产业扶贫与乡村振兴：赣州市信丰县、兴国县、安远县的实践/田延光主编；刘善庆，刘超著．—北京：经济管理出版社，2018.12
ISBN 978 - 7 - 5096 - 6277 - 9

Ⅰ．①赣…　Ⅱ．①田…②刘…③刘…　Ⅲ．①农村经济发展—研究—信丰县②农村经济发展—研究—兴国县③农村经济发展—研究—安远县　Ⅳ．①F327.564

中国版本图书馆 CIP 数据核字（2018）第 288111 号

组稿编辑：丁慧敏
责任编辑：丁慧敏　张广花
责任印制：黄章平
责任校对：赵天宇

出版发行：经济管理出版社
　　　　　（北京市海淀区北蜂窝 8 号中雅大厦 A 座 11 层　100038）
网　　址：www.E-mp.com.cn
电　　话：（010）51915602
印　　刷：北京玺诚印务有限公司
经　　销：新华书店
开　　本：710mm×1000mm/16
印　　张：14.5
字　　数：260 千字
版　　次：2018 年 12 月第 1 版　2018 年 12 月第 1 次印刷
书　　号：ISBN 978 - 7 - 5096 - 6277 - 9
定　　价：58.00 元

目 录

第一章　绪论

　　本书为《赣南苏区高质量脱贫攻坚研究：以信丰、兴国、安远为例》的姊妹篇，二者研究所需的资料收集、研究方法相同，而且，同样以信丰、兴国、安远三县为例。由于这些内容在《赣南苏区高质量脱贫攻坚研究：以信丰、兴国、安远为例》一书中已有比较详尽的叙述，为节省篇幅计，本书恕不再叙。

第一节　研究背景

一、乡村振兴是"三农"工作的总抓手

　　乡村振兴战略是习近平同志于 2017 年 10 月 18 日在党的十九大报告中提出的战略。2018 年 2 月 4 日，中央一号文件即《中共中央国务院关于实施乡村振兴战略的意见》正式公布。2018 年 3 月 5 日，李克强总理在作政府工作报告时提到要大力实施乡村振兴战略。

　　乡村振兴的最终目标，就是要不断提高村民在产业发展中的参与度和受益面，彻底解决农村产业和农民就业问题，确保当地群众长期稳定增收、安居乐业（彭兴华，2018），让广大农民群众和全国人民一起进入小康社会，向着共同富裕的目标稳步前进。按照党的十九大提出的决胜全面建成小康社会、分两个阶段实现第二个百年奋斗目标的战略安排，明确实施乡村振兴战略的目标任务：到 2020 年，乡村振兴取得重要进展，制度框架和政策体系基本形成；到 2035 年，乡村振兴取得决定性进展，农业农村现代化基本实现；到 2050 年，乡村全面振兴，农业强、农村美、农民富全面实现。

农业农村农民问题是关系国计民生的根本性问题，必须始终把解决好"三农"问题作为全党工作的重中之重。实施乡村振兴战略，要坚持党管农村工作，坚持农业农村优先发展，坚持农民主体地位，坚持乡村全面振兴，坚持城乡融合发展，坚持人与自然和谐共生，坚持因地制宜、循序渐进。巩固和完善农村基本经营制度，保持土地承包关系稳定并长久不变，第二轮土地承包到期后再延长三十年。确保国家粮食安全，把中国人的饭碗牢牢地端在自己手中。加强农村基层基础工作，培养造就一支懂农业、爱农村、爱农民的"三农"工作队伍（卜珍和，2018）。

在乡村振兴战略实施的大背景下，农业农村经济发展迎来了重大的战略机遇。农业强不强、农村美不美、农民富不富，决定着农民的获得感和幸福感，而底子薄、欠账多、城乡差距大的现实，凸显了赣南乡村振兴更具现实性和紧迫性。实施乡村振兴战略，是新时代做好"三农"工作的总抓手，是社会主义新农村建设的升华版，要按照产业兴旺、生态宜居、乡风文明、治理有效、生活富裕的总要求，建立健全城乡融合发展体制机制和政策体系，加快推进农业农村现代化。同社会主义新农村建设相比，乡村振兴战略的内容更加充实，逻辑递进关系更加清晰，为在新时代实现农业全面升级、农村全面进步、农民全面发展指明了方向和重点（李周，2018）。

二、产业发展是乡村振兴的关键

乡村振兴，摆脱贫困是前提。乡村振兴战略的实施效果要用农民生活富裕程度来评价（李周，2018）。对于赣南苏区来说，乡村振兴首先必须打好精准脱贫攻坚战，这是实施乡村振兴战略首要的重大阶段性任务。如何实现脱贫攻坚与实施乡村振兴战略的良性互动，以乡村振兴战略的总要求来引领脱贫攻坚工作，以脱贫攻坚的高质量来促进乡村振兴战略实施的高质量，是现阶段打好并打赢脱贫攻坚战、决战决胜全面小康、稳步推进乡村振兴的重大课题。解决这一重大课题的关键就是产业，只有通过产业发展，才能从根本上解决贫困问题；只有实现产业兴旺，不断缩小城乡居民收入差距，农民才能逐渐走向富裕，乡村振兴才具备了坚实的、可持续的根基。发展现代农业是赣南苏区产业兴旺的最重要的内容，其重点是通过产品、技术、制度、组织和管理创新，提高良种化、机械化、科技化、信息化、标准化、制度化和组织化水平，推动农业、林业和农产品加工业转型升级。一方面，大力发展以新型职业农民、适度经营规模、作业外包服务和绿色农业为主要内容的现代农业；另一方面，推进农村一二三产业融合发展，促进农业产业链延伸，为贫困户等广大赣南农民创造更多的就业和增收机会（李周，2018）。总之，无论是脱贫攻坚还是乡村振兴，产业都是基石；鉴于脱贫攻坚是实现赣南乡村振兴的前提条件，本书标题为《赣南产业扶贫与乡村振兴：赣州市信丰县、兴国县、安远县的实践》。

三、以生态文明建设助推乡村振兴

乡村振兴不仅是乡村和乡村产业的振兴，也是乡村生态文明的振兴。自2016年江西省入选首批国家生态文明试验区以来，赣南围绕生态文明试验区建设，着力推进山水林田湖草综合治理（邱天宝、连加祺、曹建林，2018），以生态文明建设助推乡村振兴，探寻符合赣南乡村实际的路径。立足于赣南的优势和特色，找准工作抓手和突破口，以点带面，并把握好工作节奏、稳步推进（常纪文，2018），争当生态文明建设的排头兵，努力实现生态与经济融合发展。其特点如下：

第一，依托城市，在城乡融合发展中推进乡村生态文明的建设。赣南农村经济基础薄弱，技术和人才匮乏，基础设施建设不充分、不平衡，很难在农村内部寻求解决乡村振兴的良方。因此，赣南积极探索建立健全城乡融合发展的体制机制和政策体系，在城镇化和工业化的大格局中推进赣南乡村振兴，激发乡村的生态和自然资源资本的活力，加快形成工农互促、城乡互补、全面融合、共同繁荣的新型工农城乡关系。乡村振兴目的不是强迫进入城镇的人口返回"空心村"，而是促进乡村生产发展、生活富裕、生态良好、乡风文明（常纪文，2018）。为此，赣南努力结合乡村产业的发展状况和人口居住情况，着力整治"空心村"问题。

第二，发展产业，为乡村生态文明建设提供坚强的经济支撑。乡村振兴，必须提升农村一二三产业融合发展水平，实现乡村经济多元化。立足于乡村资源和基础，发展特色和优势产业，使产业发展与自然村落相融合，在严格的保护中把"绿水青山"转化为农民能够得到实惠的"金山银山"，实现百姓富与生态美的统一（常纪文，2018）。

第三，量体规划，通过"多规合一"形成科学合理的乡村开发利用空间。在乡村生态文明建设的规划方面，以建设美丽宜居村庄为导向，以乡村垃圾、污水的治理和村容村貌的提升为主攻方向，统筹好生产空间、生活空间和生态空间。严守生态红线和历史文化保护线，把文物古迹、传统村落、民族村寨、传统建筑、农业遗迹、灌溉工程遗产与优美的生态融为一体，使村庄形态、自然环境、人文风情和产业发展相得益彰（常纪文，2018）。

第四，严格管控，通过乡村生态建设和污染防治倒逼乡村绿色发展。在乡村生态文明建设中严守生态保护红线，统筹保护山水林田湖草，实现绿色兴村。在绿色兴村中，促进现代农村和农业的生态化，发挥农业的生态保护功能（常纪文，2018）。深入推进农村基础设施建设，重点整治垃圾围村现象，基本实现农村生活垃圾处置体系的全覆盖。

第五，共建共享，发挥村民和村集体在乡村生态文明建设中的主体作用。凡是乡村生态文明建设好的地方，都是乡村集体经济发达的地方，也是乡村党建工作做得好的地方，更是乡贤辈出的地方。因此，在乡村振兴的生态文明建设中，除了发挥党和政府的主导作用外（常纪文，2018），赣州一方面积极引导品德高尚、有经济头脑的乡贤以各种形式参与到美丽乡村建设和投资中，发挥其对于乡村经济发展和生态文明建设的带动作用；另一方面积极探索建立各方共谋、共建、共管、共评、共享机制，保障村民的决策权、参与权、监督权，动员村民投身美丽家园建设。建立完善的村规民约，将美丽乡村的建设要求，如垃圾分类、生态维护、污水处理、庭院美化等纳入到村规民约中，发扬村民理事会对于生态文明的宣传教育和环境整治的考评作用（常纪文，2018）。

第二节　研究目的和意义

一、研究目的

目前，苏区振兴、脱贫攻坚、生态文明建设、乡村振兴战略四重奏正在赣南上演，精彩纷呈。四大战略的重点各有不同，但是存在紧密的内在联系，其中，脱贫攻坚已经进入到决战阶段，苏区振兴正处于关键时期，生态文明建设、乡村振兴的大幕刚开启不久。四大战略的实施，必将从根本上改变赣南苏区长期落后的面貌，其意义重大，需要学术界及时进行专题研究。但是，由于各种主客观原因的限制，目前很少有学者进行这种研究，尤其将四大战略综合起来研究的成果更少。作为江西省哲学社会科学重点研究基地、全国百强智库，江西师范大学苏区振兴研究院有义务、有责任对此给予充分的关注，并努力将有关研究结果公开。本书就是一种尝试。在本书中，笔者努力领会苏区振兴、脱贫攻坚、生态文明建设、乡村振兴战略的实质，并进行探索性研究。与此前研究不同的是，本书试图以信丰县、兴国县、安远县三个县为例，进行比较详尽的描述，并选择了三县各自的一个乡（村）作为案例，试图通过这个具体的点的描述使研究进一步深化。

二、研究意义

开展上述研究的意义重大。从理论层面上说，乡村振兴提出的时间较短，提法新颖，相关研究成果非常少，乡村振兴如何进行、路径何在等一系列问题都需要广大理论工作者花大力气进行研究。目前，乡村振兴正在全国轰轰烈烈地展开，各地涌现了许多先进的、典型的、需要理论工作者总结和提炼的、进一步丰富乡村振兴的理论。本书只是一个初步的尝试，难免挂一漏万。

从实践层面上说，赣南的乡村振兴具有自身特色，其最大特色是苏区振兴、脱贫攻坚、生态文明建设、乡村振兴战略同步开展，四者有机融合。在协调推进苏区振兴、脱贫攻坚、生态文明建设、乡村振兴战略中紧紧牵住产业这个"牛鼻子"，积极进行探索实践。认真总结赣南的做法，对其他革命老区具有借鉴价值和启发意义，能为高质量推进脱贫攻坚和乡村振兴提供有益参考。

第三节 主要研究内容

全书共分为五章，每章的主要内容如下：

第一章为绪论。由于本书是《赣南苏区高质量脱贫攻坚研究：以信丰、兴国、安远为例》的姊妹篇，为简便起见，在本书的绪论部分主要交代了研究背景、研究目的和意义。研究指出，本书的最大背景是苏区振兴、脱贫攻坚、生态文明建设、乡村振兴战略同时在赣南苏区实施，因此，本书具有重要的理论和实践意义。

第二章为赣南三县的产业扶贫。产业扶贫有狭义与广义之分，狭义的产业扶贫主要指通过政策扶持，积极发展农业特色产业，主要是种植业、养殖业等；从广义上说，产业扶贫不仅包括发展农村特色产业解决贫困问题，还包括光伏扶贫、电商扶贫、就业扶贫。本书使用广义上的说法。本章共分为三节，从政策举措、产业扶贫的实施这两大层面研究近年来信丰县、兴国县、安远县三县产业扶贫的具体情况。

第三章为赣南三县的美丽乡村建设。美丽乡村建设是美丽中国建设的重要内容。赣南美丽乡村建设既包括硬件建设也包括软件建设，硬件建设主要解决农村环境问题，软件建设主要是通过乡风文明建设解决农民的精神风貌问题。这些问题同样是苏区振兴、脱贫攻坚、生态文明、乡村振兴战略需要解决的重要问题。为了解决这个问题，本章分为三节，从软件（乡风文明）、硬件（影响县乡环境的基础设施等）两个层面，研究近年来信丰县、兴国县、安远县各自在美丽乡村建设方面的具体情况。

第四章为赣南三县乡村振兴个案研究。乡村振兴战略的总要求是"产业兴旺、生态宜居、乡风文明、治理有效、生活富裕"。为了深入、具体了解赣南乡村振兴的实施情况，在上述研究基础上，本章选取了信丰县、兴国县、安远县三县下辖的三个乡（村）作为个案进行分析。三个案例显著的特点是社会经济发展的程度不同，因此，在乡村振兴战略实施过程中面临的问题也不一样，需要重点解决的问题各异。这种个案分析使乡村振兴的研究呈现出多样性，也说明实施乡村振兴战略是一项长期的历史性任务，既是攻坚战，也是持久战。要有足够的历史耐心，以踏石留印、抓铁有痕的劲头，以功成不必在我的气度，保持战略定力，坚持因地制宜、循序渐进、久久为功，朝着实现农业农村现代化和乡村全面振兴的目标不断前进。

第五章为结论与研究展望。本章是对全书研究的总结，本章主要从两个方面进行了总结。在总结的基础上，提出了七个方面的问题。这些问题既是乡村振兴战略实施中已经出现并需要着力解决的问题，同时也是乡村振兴战略研究的热点、难点问题。

第二章 赣南三县的产业扶贫

第一节 信丰县的产业扶贫

一、主要政策举措

（一）产业扶贫政策

1. 补助标准

帮扶对象涵盖全县建档立卡的贫困对象。帮扶原则有三：一是因户施策的原则。对每户贫困户实行一本台账、一个脱贫计划、一套帮扶措施，根据贫困户的实际情况，选准帮扶产业。二是长短结合的原则。产业发展以长效为主、长短结合。通过短、平、快的产业项目，帮助贫困户短期内受益脱贫；通过长效发展的产业项目，帮助贫困户获得长期的收入来源，防止返贫。三是产业组合的原则。鼓励贫困户发展多种产业，拓宽脱贫渠道（刘善庆、张明林，2017），分摊风险（每户可发展 1～3 项种养项目）。

具体的扶持产业体现地方特色，补助标准具体如下：

第一，以脐橙、槐米为主的林业类。当年集中连片种植脐橙 5 亩或以上，补助整地（挖穴、撩壕）费 900 元/亩，按计划免费供应无病毒柑橘苗木（折合人民币 300 元/亩），成活率达 85% 以上，补助肥料款 400 元/亩；当年集中连片种植槐米 2 亩或以上，每亩补助整地（撩壕等）费 800 元/亩，每亩补助苗木款 600 元，成活率达 85% 以上，每亩再补助肥料农药款 100 元。

第二，以烟叶为主的经济作物类。种植 1 亩或以上，补助种苗款 60 元/亩、补助肥料农药款 300 元/亩、烤烟用电和燃料费 300 元/亩，合计每亩补助 660 元。

第三，以红瓜子、花生为主的坚果类。种植 1 亩或以上，每亩补助种子款、肥料农药款合计 400 元/亩。

第四，以甜玉米为主的粮食类。种植 1 亩或以上，补助种子款 100 元/亩、肥料农药款 300 元/亩，合计每亩补助 400 元。

第五，以半夏为主的中药材类。种植 1 亩或以上，补助种子（苗）款 100 元/亩、补助肥料农药款 300 元/亩、产品机洗费 200 元/亩，合计每亩补助 600 元。

第六，蔬菜类。种植 1 亩或以上，补助种苗（子）、肥料农药款计 600 元；建有大棚的，每亩再补助竹木大棚建设费 600 元或钢管大棚建设费 2500 元（每亩蔬菜补助标准比 2015 年提高了 200 元）。

第七，以牛、羊为主的畜牧类。新购养殖黄母牛、水母牛的分别按每头 800 元、1000 元的标准给予补助；新购养殖牛仔 2 头及以上且连续饲养 6 个月及以上的，按每头 500 元的标准给予补助；新购饲养母种羊 2 头及以上、公种羊 1 头及以上，且连续饲养 6 个月以上的，按每头 200 元的标准给予补助。

第八，以四大家鱼为主的水产类。常规养殖面积达 2 亩或以上，每亩补助 300 元；从事中国台湾地区泥鳅等特种水产养殖达 1 亩或以上的，每亩补助 600 元。

第九，以鸡（含蛋鸡）、鸭为主的家禽类。鸡苗、鸭苗（满 30 日龄）每批次 100 羽及以上的或饲养家鹅 50 羽及以上的，（鸡苗、鸭苗）按每羽 3 元，鹅苗按每羽 6 元的标准给予补助。

第十，饲养蜜蜂 10 箱及以上且养殖 1 年及以上，按每箱补助 150 元的标准给予一次性补助。

第十一，上述没有涵盖的其他产业，则按照"一事一议"的原则，由信丰县精准扶贫领导小组办公室会同相关部门确定发展规模和补助标准进行奖补。

信丰县规定，贫困户可发展多种产业，每户只能选择三项以内的种养项目，每一单项要达到一定的规模。每户贫困户享受产业扶贫奖补资金（2015～2018 年）三年累计不超过 1 万元（包括贷款贴息补助）。油茶户（共计 4214 户）享受产业奖补的，待油茶产业分红后从分红利润中返还该奖补资金。

2. 实施流程

从项目申报和补助资金拨付来看，其流程如下：

从项目申报环节来看，首先，需要由贫困户向当地乡（镇）人民政府提出项目发展申请，并填写好《贫困户发展农业产业扶贫项目申报表》；其次，需要经过项目审核，先由结对干部、扶贫工作队长、村委会审核，主要审核该贫困户是否符合发展其申报该产业项目所具备的条件，扶贫干部对贫困户发展产业进行全程监管；最后，进行项目批复，各村委会汇总审核同意后的《贫困户发展农业产业扶贫项目汇总表》，并上报到当地乡（镇）人民政府，由当地乡（镇）人民政府对各村上报的产业扶贫项目进行批复，并下达产业扶贫项目实施批准文件（刘善庆、张明林，2017）。这三个步骤由乡镇完成，并由乡镇存档。

从补助资金拨付环节来看，需要经过资金拨付申请—审核—组织抽查—资金拨付四个环节。具体如下：

（1）资金拨付申请：贫困户提出项目资金拨付申请，并填写《贫困户发展农业产业扶贫项目资金拨付申请表》，经贫困户本人签字，帮扶结对干部、扶贫工作队长、村委会审核同意（签字）后报当地乡（镇）政府进行复核（由分管领导和乡镇长签字），再由各乡（镇）政府汇总，并将填写好的《贫困户发展农业产业扶贫项目资金拨付申请汇总表》。在村、组公示 7 天，无异议后，上报到信丰县农业和粮食局（以下简称"农粮局"）（刘善庆、张明林，2017）。

（2）审核：信丰县农粮局、信丰县精准办、信丰县财政局对上报的申请表以及《农业产业精准扶贫一卡通发放表》依次进行审核。信丰县农粮局主要负责产业项目、补助标准等审核，信丰县精准办主要负责对象核实，信丰县财政局负责"一卡通"账号及表格数据审核。

（3）组织抽查：信丰县农粮局牵头组织督查组对上报的农业产业项目进行抽查督查，核实产业发展情况。抽查次数不限，不定期进行，每个乡镇至少要被抽查一次，时间在第一次资金拨付前。

（4）资金拨付：经审核无异议后，信丰县财政局根据一卡通发放表明细通过"一卡通"方式将补助资金发放到贫困农户手中。

（二）产业扶贫信贷通政策

1. 贷款对象和条件

产业扶贫信贷通的贷款对象包括贫困户个人和企业：第一，贫困户。列入全县建档立卡的贫困户，符合银行贷款的基本准入条件，年满 18 周岁且不超过 60 周岁，具有完全民事行为能力、有产业发展意愿的贫困人口，贷款以户为单位，必须用于产业发展。第二，农业企业（含一产、二产和三产）、家庭农场和农民合作经济组织。2016 年须符合下列条件之一：①2016 年起新吸收贫困户以债权或股权形式投入的；②2016 年起新吸纳贫困劳动力就业，且与其签订 1 年以上期限劳动合同的；③2016 年起与贫困户新签订 1 年以上种苗供应、技术指导、回购协议的（戴笑慧、胡怀军、刘洪婷，2017）。

贷款用途：用于发展蔬菜、脐橙、半夏、油茶、槐米、刺葡萄、茶叶、白莲、烟叶、芳香苗木、生态鱼、肉猪、肉牛、山羊等具有地域特色、见效快、可持续的种植（养殖）产业及其他扶贫效果好的产业（戴笑慧、胡怀军、刘洪婷，2017）。

贷款银行：信丰农村信用社（农村商业银行）、农业银行信丰支行、邮储银行信丰支行、赣州银行信丰支行、银座村镇银行信丰支行在当地的任一营业网点申请办理贷款；鼓励其他商业银行同步参与"产业扶贫信贷通"工作。

贷款条件：第一，贷款额度。①贫困户。每户信用贷款总额不超过 5 万元。②农业企业、家庭农场、农民合作经济组织。信用贷款金额不超过吸纳贫困户以债权或股权形式投入总额的 2 倍。如贫困户投入总额超过贫困户贷款总额，则以贫困户贷款总额计算；不超过吸纳贫困户就业户数、与贫困户签订协议户数应贷款总额的 2 倍。

贷款期限：项目贷款期限为 3～5 年，贷款期内可以只付利息不还本金，到期还本金。

2. 扶持政策

产业信贷通贷款利率虽然执行人民银行公布的同期贷款基准利率，按季结息，但是享受财政贴息扶持，由信丰县财政给予贴息，且贴息期限为 3 年。其中，贫困户贴息额度为同期贷款基准利率的 100%，贷款贴息每季度结算一次；对于农业企业、家庭农场和农民合作经济组织，贴息范围仅限于其带动贫困户的贷款，贴息额度为同期贷款基准利率的 50%（戴笑慧、胡怀军、刘洪婷，2017），贷款贴息每年结算一次。

3. 贷款程序

第一，贷款申请。符合条件的贫困户，农业企业、家庭农场和农民合作经济组织（统称为贷款申请对象）准备好向意向银行申请贷款需要提交的资料，由当地村委会、驻村扶贫工作队和乡镇驻村干部对项目进行论证签署意见后，统一做好贷款申请材料的收集上报工作。

第二，贷款发放。银行安排人员开展实地调查，调查贷款申请对象的借款用途、信用状况、还款能力等情况，确定是否发放贷款及贷款金额。如符合贷款条件，则由银行按程序和要求发放贷款。当地村委会、驻村扶贫工作队和乡镇驻村归还借...

第四，贴息支付。...

单位，于每季最后一个月的 26 日前...

扶贫和移民办审批，信丰县财政局在 5 个工作...

资金。

第五，本息催缴。贷款对象在发生欠息或贷款到期后 10 日内仍未偿还...由贷款银行下达《代偿通知书》，贷款银行与信丰县扶贫和移民办一同告知违约贷款对象，双方共同对其追偿。

第六，代偿追缴。贷款银行下达《代偿通知书》一个月后，追偿款不足以清偿借款资金本息，则启动风险缓释基金代偿，风险代偿工作应在 20 个工作日内完成。政府以风险缓释金为限承担有限责任，按实际发生贷款本息损失金额进行代偿，直至风险缓释基金扣完为止。银行从贷款对象处追讨回的资金全额归还风险缓释基金专户。对"产业扶贫信贷通"发生的实际代偿损失，由市、县两级按照 5∶5 比例承担。

2017 年，信丰县共计发放了"产业扶贫信贷通"4.26 亿元，带动 5240 户贫困户实现了户均增收 2000 多元。

（三）电商扶贫政策

信丰县先后出台了《信丰县电子商务发展扶持办法》《关于加快信丰县电子商务扶贫工作实施方案》等产业规划和扶持性文件，大力推进"村邮乐购农村 e 邮"便民服务中心（站）、电子商务进农村示范点、电子商务进农村服务站等服务站点建设，在全县重点建设"农家书屋 + 电商"服务示范点，打造农民家门口的电子商务超市，不仅提供代购和代销业务，还提供水电费、通信费、有线电视费、车票、网购等公用及政务一站通式服务，解决农村电商发展"最后一公里"的问题，推动大众创业、万众创新。《2016 年信丰县电子商务扶贫工程实施方案》把"互联网 + 精准脱贫"向农村推进，与农村主要产业相融合，通过电子商务新业态推动贫困农民创业、就业，努力提高贫困户增收致富的能力。

1. 目标任务

2016 年全年，在信丰县乡镇、社区（居委会）、村建立 120 个服务站点。通过扎实开展电子商务扶贫工作，把电子商务进农村与科学推进精准扶贫有机地结

村中建立精准
带头人，为电商扶贫
打
示。筹建信丰特色馆，充分利用"农
村 e 邮
平台载体，足不出户解决农户难买难卖的问
题，切实
，实现农产品进城与农业生产资料和农村消费品下
乡的双向流

重点工作主要有 7 项：①电商扶贫扶持政策的宣传；②宽带网络建设；③物流快递支撑；④网店规模壮大；⑤网络品牌培育；⑥金融服务支持；⑦试点示范引领。

（四）就业扶贫政策

1. 负责部门与扶持对象

就业扶贫工作由人力资源和社会保障部（以下简称"人社部"）牵头（具体工作由就业局组织实施），涉及的有关职能部门主要有：扶贫和移民、农工、农粮、残疾人联合会、商务、教育、林业、财政等涉及公益性扶贫岗位开发、就业创业技能培训或职业教育学历培训的职能部门。

就业扶贫的对象是贫困家庭劳动力（包含 2015 年已脱贫人员），是指已建档立卡、劳动年龄内（男性 16～60 岁、女性 16～50 岁）、有劳动能力、有就业创业愿望的贫困人口。

2. 主要扶持政策

第一，组织开展贫困劳动力技能培训。根据贫困劳动力就业创业需求，为贫困群众提供"立体式"技能培训服务：对技能水平不高、希望转移就业的，可组织参加扶贫和移民部门的"雨露计划"或人社部门的职业技能培训，着重在提高转移就业素质上下功夫；对具备创业条件、有创业愿望的，可组织参加就业部门和商务局组织的免费电商创业培训或创业技能培训，提升创业能力；对因各种原因离不开家庭，不能外出务工的，可组织参加农粮部门的"新型职业农民培育工程"培训，获得或提升种植或养殖的能力。此外，建档立卡贫困家庭子女就读职业学校学历教育培训，按规定可享受减免学杂费等政策。

第二，积极帮助引介到企业就业，并且鼓励中介机构参与介绍就业，对稳定就业 6 个月以上的职业中介机构，每介绍 1 人给予 200 元补贴，此项补贴由职业中介机构向就业部门申报。

第三，开发公益性岗位安置就业。各乡镇贫困劳动力通过"保安、保洁、保绿"公益性岗位就业扶贫上岗后，按季度到信丰县就业局申报岗位补贴资金，报账材料有：①《公益性岗位就业扶贫审批表》；②《公益性岗位就业扶贫安置人员花名册》；③身份证复印件（正反面）；④《就业扶贫公益性岗位劳动合同书》。为减轻各乡镇工作量，经请示市就业局同意，就业扶贫公益性岗位安置人员可以不办理《就业失业登记证》。

第四，鼓励自主创业和能人创业带动就业。一是针对有创业能力、有创业愿望的贫困劳动力，可由就业部门提供创业培训、开业指导、项目推介等免费服务，申请创业担保贷款的，实行优先放贷，贷款额度最高达 10 万元；贫困劳动力在工商行政部门登记注册的企业（实体），稳定经营 6 个月以上的，可向就业部门申报一次性创业补贴 5000 元。二是创业大户、产业扶贫基地等吸纳贫困劳动力就业的创业主体，申请创业担保贷款的，适当提高贷款额度，每吸纳 1 名贫困劳动力就业且签订 2 年以上劳动合同（就业协议）的，贷款额度提高 5 万~8 万元，其中，符合个人创业二次扶持贷款条件的，贷款额度最高达 30 万元；符合合伙创业贷款扶持条件的，贷款额度最高达 50 万元。

带动贫困劳动力就业的创业主体，可持下列材料，向信丰县就业局担保中心提出贷款申请。个体工商户创业带动贫困劳动力就业，应提供以下材料：贫困劳动力认定证明与贫困劳动力签订了两年或两年以上劳动合同（就业协议）；借款人（创业人员）的照片、身份证、户口簿、毕业证、就业失业登记证、营业执照、结婚证、配偶身份证、户口本、用于抵押的房产证和土地证（以他人房产抵押的，提供权属人婚姻状况凭证、夫妻双方身份证和户口簿）。合伙创业带动贫困劳动力就业的，应补充以下材料：合伙和组织创业证明、申请借款合伙人员的《就业失业登记证》、身份证、户口簿等。

二、产业扶贫实施情况

（一）构建"三个一"产业扶贫模式

信丰县积极探索"三个一"新模式，有效实施产业扶贫，助推贫困群众脱贫增收。

一是建立了一个县级油茶扶贫基地。信丰县投资 1 亿多元打造了 2 万亩油茶扶贫支柱产业，按照"国有林场＋贫困户＋基地"模式，国有林场与贫困户按3:7 分红的经营办法，针对贫困程度较深的 4016 户在册贫困户，由信丰县统一规划新造 2 万亩油茶扶贫示范基地，以每户贫困户认领新造 5 亩油茶林为标准进行帮扶。鉴于油茶产业收益时间较长，信丰县积极探索发展林下经济，在油茶基地大力发展山稻、草珊瑚、腾茶等"既管长远，又补短板"的扶贫项目（见图 2-1 和图 2-2），打破短期增收"瓶颈"，找到了油茶产业帮扶户短期实现增收脱贫的新路径，实现了"以短养长，以长促短，长短结合"的扶贫新模式。

图 2-1　信丰县万亩油茶基地间种的旱稻

图2-2 信丰县曾屋村的瓜果种植基地

二是培育了一批乡镇扶贫示范基地。为加快推进扶贫方式由"输血式"向"造血式"转变，信丰县注重大力培育一批扶贫示范基地来辐射带动贫困户增收脱贫。充分利用国家级现代农业示范区建设契机，推进传统农业产业转型升级，大力调整农业产业结构，着力发展壮大脐橙、生猪、蔬菜三大优势主导产业。

信丰县产业扶贫的一个难题或者说亮点就是将产业扶贫与现代农业发展相结合，实现脱贫攻坚和产业发展互促双赢。其中的核心就是脐橙产业。鉴于此，信丰县县委要求以更高的认识和定位，以改革创新的精神，奋力推进以脐橙产业转型发展为重点的现代农业。把脐橙产业转型发展作为"书记工程"来抓，下定决心防控好柑橘黄龙病，下大力气支持农夫山泉创建种植基地，下真功夫抓好标准示范脐橙园建设。要坚持问题导向，着力解决好生态建园、有机栽培、品质提升、品种结构调整、降低人工成本、推广机械化和半机械化、防控黄龙病和防范市场风险等问题，促进脐橙产业转型发展。要加快建立脐橙产业科研示范推广体系，依托赣南脐橙国家工程中心、华中农业大学等科研机构和院校，支持脐橙产业转型发展。要整合涉农资金，设立专项资金，加大投入保障脐橙产业转型发展。要建立严格的脐橙产业转型发展责任制，加强调度，实行巡察，严格奖惩。要依托谷山——同年寨森林公园，谋划布局项目，结合脐橙产业转型发展和蔬菜产业发展，加快打造国家现代农业示范区（刘勇，2018）。

经过几年的努力，信丰县先后培育了古陂农伯乐、大阿永青、嘉定归根生态、铁石口平卧菊三七（见图2－3和图2－4）等30多个精品扶贫示范基地，初步形成了有龙头支撑、有基地带动、有大户经营的发展新态势。

图2－3　信丰县铁石口镇千亩平卧菊三七产业基地

图2－4　铁石口镇平卧菊三七产业基地贫困户参股名单

三是发展了一批农村电商脱贫基地。结合各乡镇、农特产品产业优势，明确了农村电商发展的目标，创新农村电子商务发展模式，完善了农村配套体系，普及农村电子商务应用，着力打造信丰县农村电子商务品牌。吸引了一批电商企业入驻，真正地实现了"筑巢引凤"。其中，阿里巴巴、京东等知名电商陆续进驻。目前，信丰县打造了"雨露百事通"APP 服务平台，建成了信明、富高 2 个电商产业园，康丰商城、"农村 e 邮" 2 个县级运营中心及 72 个村级服务站，帮助贫困户销售红薯、辣椒干、生姜等农副产品，形成线上和线下相结合，农产品进城与农业生产资料和农村消费品下乡双向流动的良性循环。

截至 2017 年，信丰县建成了 9 个乡镇电子商务综合服务中心和 200 个村级电子商务服务站，电商交易额达 25.5 亿元，较 2016 年增长了 27.5%。新增货运物流企业 4 家，总数达 110 家，广渠物流、双佳物流分别被评为国家 AAA 级、AA 级物流企业。

（二）打造利益联结机制

信丰县按照"基地＋合作社＋贫困户"的模式，积极鼓励贫困户发展各类产业，让贫困户富起来。比如古陂农伯乐蔬菜基地，通过"合作社＋基地＋农户（贫困户）"的模式，在蔬菜收购价上区别于普通农户，推行普惠制和特惠制，同品同质的蔬菜贫困户的收购价要高于普通菜农的收购价；又如，有些蔬菜合作社针对贫困户相比一般农户可以提取二次分红等，加大了对贫困户产业发展的扶持力度，加快了贫困群众的脱贫步伐。

2015 年 8 月，信丰归根农业公司在信丰县委、县政府的大力支持和嘉定镇党委政府的牵头帮助下，在嘉定镇金龙村设立了归根生态虫草鸡养殖扶贫示范基地，采用了"镇党委联系动员，村支部牵头牵线，贫困户现金入股，企业主受托经营，兜底包本有利按股分红"的"飞地扶贫"模式，使基地与贫困户结成了利益共享共同体，获得了相应的收益，为贫困户脱贫提供了致富渠道。基地采取六项运作模式：一是嘉定镇提供牵头牵线服务。一方面是在争取上级政策扶持农场和帮扶贫困户上提供牵头服务，另一方面是在促成企业与贫困户结成利益共同体上提供牵线服务，并全程监督双方履约践诺（刘善庆、张明林，2017）。二是由归根农业公司负责虫草鸡厂房、基地道路、环境设施等硬件设施建设，资金投入不向贫困户摊派。三是贫困户以现金入股的方式，出资 3000 元购买鸡苗 400 羽。雇请工人工资及饲料成本由公司承担。四是虫草鸡委托饲养期限为 5 年，收益以 6 个月为一个时间段进行利润分红，利润分红按双方约定的模式，即每户贫困户每年可分得 30 只虫草成鸡，每只鸡价格最低为 40 元，每年都能获得 1200

元的收益。五是为了切实帮助贫困户，归根农业公司承诺：若出现重大疫情及其他不可控因素的情况，保证每阶段按约定利润分红，并在 5 年后返还本金 3000元。六是贫困户入股资金来源主要靠自筹、亲友借筹、帮扶干部垫付或银行融资筹等。通过"飞地扶贫"模式，归根农业公司设立的这个扶贫基地辐射带动嘉定镇 25 个村 118 户建档立卡贫困户共谋产业。由于公司为贫困户做出了分红让利的举措，信丰县委、县政府和嘉定镇党委政府也为该公司的做大做强提供了很大支持，向扶贫、交通、水利等部门为公司争取了一些项目建设资金，让贫困户受益的同时，也帮助企业做大做强，实现企业、贫困户"双赢"。

作为著名的"中国脐橙之乡"和"世界优质脐橙主产县"，近年来，信丰县充分依托和发挥脐橙产业的优势，坚持把脐橙产业当作精准扶贫的"黄金产业"和农民脱贫致富的"钱袋产业"来主抓，出台了从种苗供应、技术培训到加工销售、产品追溯全产业链扶持政策，建立起"政府＋金融＋保险＋贫困户"四位一体的精准扶贫模式，采用"统一品种、统一技术、统一管理、统一品牌、统一销售"的"五统一"方式，通过"龙头企业＋示范园＋贫困户""合作社（农场）＋基地＋贫困户""电商＋基地＋贫困户"的产业化经营模式，结成了产业利益共同体，建立了利益联结机制，辐射带动贫困户参与发展脐橙产业。2016年，信丰县引进了农夫山泉，投资 10 亿元建立了亚洲最大的脐橙加工厂和高标准脐橙基地，通过农商联盟形式每年为每户果农带去收益 26 万元，直接带动至少 5000 名果农脱贫致富，人均收益高达 4.8 万元。同时，采取入股、租赁、转让、调换等多种形式，加快山地经营权流转，既让贫困户以土地入股等形式参与脐橙开发，又破解脐橙产业发展用地的难题。在此基础上，还以农夫山泉、绿萌农业科技为龙头，构建了生产鲜橙汁、脐橙糕、果醋、酸橙糕及脐橙酵素、护肤产品等深加工系列产品的产业加工体系，并依托信明电商产业园，大力整合本地"农村 e 邮"、淘宝网、顺丰快递等资源，按照"网商＋服务站＋贫困户"模式，引导贫困户与电商线上线下合作，让贫困户进入电商及快递利益链（鄢朝晖、赖赋春，2017）。

（三）就业扶贫的实施

1. 信丰县历年产业、就业扶贫情况

为了进行比较，本书根据信丰县政府历年政府工作报告提供的数据制作了《信丰县产业、就业扶贫情况表》，其时间从 2011 年起，意在将该年作为参照年份，从中可以发现苏区振兴政策以及精准扶贫、精准脱贫政策实施以来，信丰县政府在解决本县居民就业问题上的变化情况，如表 2－1 所示。

表 2−1 信丰县产业扶贫、就业扶贫情况（2011～2017 年）

年份	产业扶贫	就业扶贫
2011	发放小额担保贷款 4537 万元	1. 新增城镇就业 4560 人 2. 新增转移农村劳动力 8073 人 3. 扶持创业 923 人，城镇就业率达 96.8%
2012	1. 发放小额贷款 1.13 亿元 2. "一卡通"发放惠农资金 2.3 亿元	新增城镇就业 4365 人，城镇就业率达 97%
2013	发放小额担保贷款 5011 万元	1. 城镇新增就业 4694 人 2. 转移农村劳动力 9794 人
2014	发放小额担保贷款 1.01 亿元	1. 新增城镇就业 4271 人 2. 新增转移农村劳动力 10038 人
2015	2 万亩油茶等一批产业扶贫基地建设进展顺利	—
2016	发放产业扶贫信贷通 4.3 亿元，辐射带动贫困群众 2 万余人	1. 新增城镇就业人员 4510 人，其中实现"4050"人员就业 490 人。零就业家庭安置率达 100%，新增农村转移劳动力达 8950 人。城镇就业率达 97% 2. 创业培训 938 人，其中，引领大学生创业 42 人 3. 发放创业贷款 9062.8 万元
2017	1. 发放"产业扶贫信贷通"4.26 亿元，带动 5240 户贫困户实现户均增收 2000 多元 2. 建成 25 个贫困村分布式光伏扶贫电站，2755 户贫困户 8013 人受益	建成"就业扶贫车间"209 家，帮助 1418 名贫困人口在家门口就业

注："—"表示不详。

资料来源：信丰县 2011～2017 年政府工作报告。

2. 就业扶贫工作的推进

完善并动态管理贫困劳动力就业创业台账。以信丰县 16468 户 45868 人建档立卡贫困人口为基础，按照"全面、准确、动态"的原则，对建档立卡贫困户逐一进行调查（包含 2015 年已脱贫人员），准确掌握辖区内（男性 16～60 岁、女性 16～50 岁）有劳动能力贫困人口的数量、分布情况、就业状况以及就业需求。及时、准确地建立贫困劳动力就业创业台账，并动态管理，不断完善，对贫困劳动力就业创业信息进行归类统计和分析。

组织开展贫困劳动力技能培训。根据贫困劳动力就业创业需求，为贫困群众提供"立体式"技能培训服务：对技能水平不高、希望转移就业的，组织参加扶贫移民部门的"雨露计划"或人社部门的职业技能培训，着重在提高转移就业素质上下功夫；对具备创业条件、有创业愿望的，组织参加就业部门和商务局组织的免费电商创业培训或创业技能培训，提升创业能力；对因各种原因离不开家庭，不能外出务工的，组织参加农粮部门的"新型职业农民培育工程"培训，帮助其获得或提升种植或养殖的能力。此外，建档立卡贫困家庭子女就读职业学校学历教育培训，按规定享受减免学杂费等政策。

在积极鼓励自主创业和能人创业带动就业的同时，还想方设法帮扶其到企业就业，并不断创造条件，提供公益性岗位安置就业。具体就业路径主要有三条：

第一，介绍和引导到企业就业。一是就业部门对企业缺工岗位进行统计分类，筛选出适合贫困劳动力就业的岗位，如工业园区企业、家政服务企业、电商企业等岗位，扶贫工作队通过镇村组宣传栏、新媒体、进村入户等多种形式将岗位信息送至贫困户家中，帮助符合岗位条件并有就业意愿的贫困劳动力到企业就业（见图2-5）。

图2-5 信丰县放置于扶贫车间的就业信息

二是信丰县充分结合产业发展重点及贫困户实际情况，科学、合理地选定车间上游企业，坚持"四个优先"：①优先考虑全县首位产业和优势主导产业，发动县内电子信息企业在乡村建设生产车间；②优先选取有实力、效益好的龙头企业来办好车间，提高贫困户收入；③优先考虑附加值高的产业，短时间内解决贫困户脱贫增收的问题；④优先考虑当地传统手工技艺的传承和发展，能够焕发新的生机的产业。大力引导、组织贫困户进入扶贫车间就业，培训掌握劳动技术，勤劳脱贫致富。不断完善建设扶贫车间的扶持政策，探索扶贫车间税收返还作为村集体经济增加收入的有效途径，充分激发村集体建设扶贫车间的积极性。引进服装纺织、电子、工艺品加工等劳动密集型企业到乡镇（村）创建就业扶贫车间（加工点），目前各乡镇已初步建成了扶贫车间，动员和组织了农村闲散劳力、贫困人口实现就近就业（见图 2－6）。截至 2017 年，全县共计建成了"就业扶贫车间" 209 家，帮助 1418 个贫困人口实现了在家门口就业。

图 2－6　信丰县的扶贫车间

第二，鼓励中介机构或职业学校输送贫困劳动力、贫困家庭毕业生就业，对在工商行政部门登记注册，并成功介绍贫困劳动力与本市企业或其他实体签订劳动合同（就业协议）且稳定就业 6 个月以上的职业中介机构，每介绍 1 人给予 200 元补贴，此项补贴由职业中介机构向就业部门申报。引导贫困劳动力到电商和家庭服务业就业，乡镇组织贫困劳动力参加就业、商务部门开展的电商培训和家庭服务培训，掌握电商和家庭服务业的基本从业技能，帮助实现灵活就业（见图 2 - 7 和图 2 - 8）。

图 2 - 7　信丰县电商扶贫（一）

图 2 - 8　信丰县电商扶贫（二）

第三，整合开发公益性扶贫岗位安置就业。对于难以通过上述途径实现就业的贫困劳动力，整合有关部门的公益性岗位，用于安置贫困劳动力扶贫就业，具体办法是：由各乡（镇）整合开发乡村公路养护、农村保洁、治安巡逻、水库安全管理、山林防护、文化活动室管理、农家书屋管理和学校、医院、养老机构保安保洁，以及城镇城管、环卫、园林等公益性扶贫岗位，就地就近安置贫困劳动力就业。公益性扶贫岗位实行全日制、弹性工作制和劳务承包等就业方式，各乡（镇）根据实际统筹规划，并由乡镇政府具体管理。公益性岗位补贴资金由乡镇向安置岗位对应的职能部门对口申报解决。

第二节　兴国县的产业扶贫

截至 2014 年底，兴国全县有重点扶贫村 165 个，占总数的 54.27%，贫困人口达 10.83 万人，贫困发生率为 11.6%。为实现到 2018 年全县农村贫困人口全面脱贫的既定目标，兴国县出台了多项措施，在产业扶持上出台了力度更大的政策，努力形成产业发展的"五个一"机制（见图 2–9），即选准一项产业、打造

图 2–9　兴国县杰村乡含田村"五个一"扶贫措施

一个龙头、建立一套利益联结机制、扶持一笔资金、培育一套服务体系，大力开展产业扶贫脱贫工作。兴国县一级成立了以县委书记任组长、县长任第一副组长的精准扶贫工作领导小组，兴国县扶贫和移民办公室（以下简称"扶移办"）增加3名事业编制，抽调21名干部组建了领导小组办公室。乡镇一级相应成立了领导小组，全部组建了由党委副书记兼任站长、3名扶贫专干组成的扶贫工作站，为股级全额拨款事业单位，11个一类乡镇配备4个编制，14个二类乡镇配备3个编制。村级设立了扶贫工作室。

一、主要政策举措

（一）产业扶贫政策

果蔬。露地种植蔬菜0.5亩以上的，补助基础设施建设费、农资种子费共500元/亩；建大棚种植蔬菜0.3亩以上的，标准钢架大棚补助10000元/亩和农资种子费1000元/亩；竹木大棚补助5000元/亩和农资种子费1000元/亩；租用蔬菜基地或大户的大棚种植蔬菜的，每年补助贫困户3000元/亩。

油茶。新种植油茶林的贫困户奖扶：一是贫困户自己种植油茶林5亩以上的，经验收合格后，一次性奖扶1200元/亩；二是在油茶规划基地范围内贫困户按要求种植的，奖扶1200元/亩；属社会力量捐赠给贫困户的，奖扶基地1200元/亩。5亩以上的低改贫困户按200元/亩给予补助。

脐橙。贫困户开发：安排每户5亩，前4年每亩投资按4000元计算，共需2万元/户的帮扶资金一次性补助给贫困户，确保挂果前的投入管理费用；多于5亩的给予300元/亩的苗木补助和200元/亩的果园基础配套设施（水、电、路），共500元/亩的资金补助。

肉牛。贫困户发展肉牛养殖奖扶标准。建档立卡贫困户，养殖能繁母牛1头以上，每繁殖1头牛犊的给予2000元的补助；养殖肉牛1头以上，且饲养10个月以上的，肉牛销售后给予每头2000元的补助。

特色种养。特色种植业：①绞股蓝种植。对种植面积1亩以下的补助150元/亩；种植面积1亩以上的补助250元/亩；5亩以上的补助650元/亩。②百合种植。对种植百合1亩以上的给予补助500元/亩。③红薯种植。对种植红薯1亩以上的，免费提供红薯良种脱毒苗，经验收合格后一次性给予200元/亩补助，自行加工倒蒸红薯干的给予300元/亩补助。④席草种植。对种植1亩以上的给予补助400元/亩，购买烘干设备、织席机的给予设备20%的补助。⑤毛竹种植。新造1亩以上竹林的补助600元/亩，改造5亩以上竹林的补助400元/亩。⑥莳荠种植。对种植 1 亩以上的给予补助 500 元/亩。⑦甜叶菊种植。对种植甜叶菊面积 1 亩以上的补助 300 元/亩；5 亩以上的补助 500 元/亩。⑧中药材种植。对种植中药材面积 1 亩以上的补助 300 元/亩；5 亩以上的补助 500 元/亩。特色养殖业：①大型畜类：饲养猪、羊等成年体重 20 公斤以上的单项大型畜类（除肉牛外）年出栏达 1 头以上的，每头奖扶 300 元；②小型畜类：饲养兔、鼠等成年体重 20 公斤以下的小型畜类年出笼达 50 只以上的，每只奖扶 30 元；③禽类：饲养鹅年出笼 20 羽以上的每羽补助 30 元，饲养鸡鸭等禽类年出笼 50 羽以上的，每羽奖扶 20 元；④水产类：单项养殖规模 0.5 亩、养殖时间 6 个月以上的，每亩奖扶 1000 元。

电子商务。开展贫困户家庭电商技能免费培训，引进培训机构，组织电商培训，并对电商创业贫困户做好跟踪服务或代运营。

合作社。联结带动 10 户以上建档立卡贫困户脱贫的农民专业合作社每年奖扶 4 万元，每增加带动 1 户贫困户增加奖扶 1000 元，扶贫产业基地和合作社两者不得重复申报且不与产业扶贫项目重叠。验收时必须具备以下条件：①具备"证照、牌子、场所、章程、制度、组织、五统一分管理模式"的"七有"标准。②与贫困户建立了分红、务工、入股、物技服务、回收产品等利益联结模式之一的，且利益联结要通过农户"一卡通"体现，务工的必须有 6 个月以上的银行流水体现，确保每人每月收入 1200 元；入股分红的必须保证吸纳建档立卡贫困户入股 2 万元以上每户，年回报率达 15% 以上的分红；回收产品的产值必须保证每年 5000 元/户以上。③合作社要有基地、有规模、有资料台账，如购销合同、利益联结协议、村第一书记确认等相关资料。

光伏。贫困户贷款利率按银行同期贷款基准利率执行，由兴国县财政给予 5 年的全额贴息，一季度贴息一次，实行先缴后补（凭农户缴交银行利息的凭据，财政给予相应的贴息补助资金）（萧森、赖福鑫，2016）。

（二）金融扶贫政策

1. 产业扶贫信贷通政策

由赣州市财政筹集 10 亿元设立风险缓释基金，兴国县财政负责贴息，力争撬动 80 亿元"产业扶贫信贷通"贷款帮助贫困户发展产业，从而实现脱贫。2016 年和 2017 年的产业扶贫信贷通政策大致相同，但有细微差别。2016 年的政策如下：

贷款对象：一是贫困户。贷款以户为单位，列入全县建档立卡的贫困户，且符合银行贷款基本准入条件，年满 18 周岁、不超过 60 周岁，具有完全民事行为能力、有产业发展意愿的贫困人口。二是农业企业（含一产、二产、三产）、家庭农场和农民合作经济组织。须符合以下三个条件之一：①2016年起新吸收贫困户以债权或股权形式投入的；②2016年起新吸纳贫困劳动力就业，且与其签订1年以上期限劳动合同的；③2016年起与贫困户新签订1年以上种苗供应、技术指导、回购协议的。

贷款用途：①种养蔬菜、刺葡萄、茶叶、白莲、烟叶、生态鱼、甜叶菊、芳香苗木等具有地域特色、见效快、可持续的产业；②其他扶贫效果好的产业。

贷款银行：6家银行，即兴国农商银行、农业银行、邮储银行、赣州银行、银座村镇银行、新华村镇银行、江西银行。

贷款条件：一是关于贷款额度的规定。贫困户，最高5万元/户。农业企业、家庭农场、农民合作经济组织，最高为吸纳贫困户以债权或股权形式、吸纳贫困户就业户数、与贫困户签订协议户数投入总额的2倍；如贫困户投入总额超过贫困户贷款总额，则以贫困户贷款总额计算。二是关于贷款期限。贷款期限为3~5年；根据产业特点和贷款银行信贷政策，设定一定还款宽限期，宽限期内只付利息不还本金。三是关于贷款利率。执行人民银行公布的同期一年期贷款基准利率，按季结息。扶持政策为财政贴息扶持，即由县财政安排资金给予贴息。贴息期限不超过（含）3年。贴息支付则先由贷款对象向银行自行缴纳贷款利息；银行于每季最后一个月26日前，按批次将利息补贴名单和金额报扶移办审批，兴国县财政局在5个工作日据实审核拨付贴息资金。其中，贫困户：①贴息额度为同期一年期贷款基准利率的100%；②贷款贴息每季度结算一次。农业企业、家庭农场和农民合作经济组织：①贴息范围仅限于其带动贫困户的贷款，贴息额度为同期一年期贷款基准利率的50%；②贷款贴息每年结算一次。

贷款程序：一是关于贷款申请。①符合条件的贫困户，农业企业、家庭农场和农民合作经济组织（统称为"贷款对象"）向贷款银行当地营业网点了解贷款需准备资料；②符合条件的贷款对象邀请当地村干部、驻村扶贫工作队（市、县下派）和驻村干部（乡镇）就发展产业的真实性进行实地查验；③当地村干部、驻村扶贫工作队和驻村干部签署意见；④贷款对象向贷款银行在当地营业网点提交贷款申请资料（包括签署的意见）。二是关于贷款发放。①银行安排人员开展实地调查，调查贷款申请对象的借款用途、信用状况、还款能力等情况，确定是否发放贷款及发放的贷款金额；②如符合贷款条件，则由银行按程序和要求办理贷款。三是关于贷款回收。①贷款到期前30天，银行将在 7 日内下达《还款催收通知书》；②贷款对象接到还款通知后，按要求还款。

通过风险缓释基金，2017 年兴国县撬动 6.62 亿元银行资金发放"产业扶贫信贷通"贷款，既保持了延续性也根据具体情况有所调整，完善了相关政策措施，具体如下：

第一，提高贫困户覆盖面。2016 年没有贷款的建档立卡贫困户，列入 2017 年的贷款范围中。超过银行机构贷款准入年龄的贫困人口，可由赡养其的子女或孙子女申请贷款并承担还款责任，或通过市场经营主体贷款带动创收。如其子女或孙子女是非贫困户，须由乡（镇、区）核定确实为子女和孙子女关系，且履行了赡养责任。

第二，增加贷款额度。单户贫困户最高贷款可增加至 8 万元。在不超过贷款最高额度的情况下，贫困户可根据实际生产需要适当增加贷款额度，并可分多个脱贫项目、多种发展形式在多家银行同时贷款。

第三，支持市场经营主体带动贫困户发展。吸收贫困人口就业或带动贫困户发展创收的县属或乡（镇）办国有林场、国有企业、合作经济组织、农业龙头企业、农家乐、家庭农场、专业大户、农村旅游及当地特色产业企业等，均可纳入到扶贫贷款范围中，延续 2016 年的政策。

第四，支持村集体经济组织发展。采取"村集体+公司""村集体+合作社"等模式发展村级集体经济的，每个"十三五"省级贫困村最高可申请贷款 100 万元用于产业发展、项目投资，收益由贫困户共享，相关资产归属村集体（曾艳，2018）。

第五，扩大贷款资金使用范围。贷款资金可用于贫困户建设分散式光伏电站或带动贫困户脱贫的村集体光伏电站，也可用于贫困户个体经营、购置生产工具等自主发展。

第六，增加试点银行。兴国农商银行、农业银行、邮储银行、赣州银行和银座村镇银行继续被设定为试点银行，增加中国银行为试点银行，其他商业银行参与扶贫贷款的，由银行机构向市精准扶贫攻坚战领导小组办公室申报。

第七，放宽贷款准入条件。适当放宽初创企业、合作经济组织、村集体经济组织等经营主体贷款准入条件，优化贷款审批流程，简化审批程序，缩短审批时间。

第八，完善利益联结机制。强化企业、合作经济组织、村集体、农家乐、专业大户、家庭农场等经营主体带动贫困户发展创收的能力，采取签订劳务合同、种苗供应和包销协议、入股分红等利益联结方式，有劳动力的可入股、就业、下订单；没劳动力的入股，可提高贫困群众的参与度和发展创收的自主性，强化贫困户的"造血功能"。市场经营主体通过分红等方式带动贫困户发展创收的，需定期给予贫困户高于银行同期贷款利率的保底分红。

第九，脱贫不脱政策。金融扶贫遵循脱贫不脱政策原则。"产业扶贫信贷通"风险缓释基金及贷款贴息政策执行至2020年。

第十，关于退出建档立卡贫困户处置。2016年已贷款但精准识别后不符合条件退出建档立卡名单的，自2017年起不再享受"产业扶贫信贷通"贷款贴息政策。

第十一，及时拨付财政资金。缩短办理时限，按照银行机构放款进度和贷款要求，按时并足额将风险缓释金及贷款贴息资金划转到银行和贷款对象。个人贷款利息补贴，由贷款主体的"先缴后返"改为由贷款银行选择按月或按季，由兴国县财政部门直接代缴；市场经营主体按银行要求先缴纳贷款利息，由每年一补贴，改为由财政按季度向市场经营主体结算贴息资金。

2. 财政惠农信贷通政策

支持对象：①农业生产经营符合国家法律法规、农业产业政策和环境保护要求，经营稳定，发展潜力较大，无重大不良信用记录，申请贷款时无不良贷款余额或承担担保责任的不良贷款余额；②农民合作社必须在工商部门注册并实际运行2年以上，有一定的经营规模，成员不少于30户，会计核算和财务管理规范（邱小林，2016）；③家庭农场必须经工商部门注册或农业部门备案；④获取的贷款必须用于农业生产经营，不得用于非农领域。

运作模式：①贷款合作以1年为一个周期；②财政风险补偿金结余及财政风险补偿金孳息收益用于补充下一年度财政风险补偿金，滚存使用。

贷款流程：①根据对农业经营主体的资信调查和生产经营情况，确定农业经营主体的个体授信额度，并在借款人所在地的村镇予以公示（公示期为3天）；②获得个体授信的拟借款农业经营主体在授信额度内向合作银行提出申请，银行在3个工作日内完成审核，后2个工作日内签订合同并发放贷款。

合作银行：农业银行、兴国农商银行、赣州银行、邮储银行、江西银行。

（三）光伏扶贫的政策举措

1. 主要政策

第一，争取优惠政策。积极与农业发展银行对接协调，最终贷款利率按基准利率的5%进行下调；供电方面，与供电公司协商，通过接入公用变压器、减免线路改造费用等大幅降低了供电设施配套费用。

第二，出台相关政策。130个村级光伏电站前1～5年由兴国县财政部门贴息，供电设施配套费用则由县财政部门统筹安排，大幅减轻了光伏电站的前期运营压力；户用光伏采取"银行贷款＋政府奖补＋企业（社会）捐赠"模式，确保贫困户稳定受益，安装捐赠补贴标准按1元/W执行（以5kW光伏发电设备为例，总价约为3.8万元，享受补贴5000元），贫困户贷款由县财政部门给予第1～5年的全额贴息。

2. 举措

主要是统筹安排资金，由兴国县城投公司下属子公司鑫诚投资管理有限公司作为承贷主体，130个贫困村村委会认贷，向农业发展银行统一申请项目贷款6200万元。

（四）就业扶贫政策举措

1. 主要政策

雨露计划。2016年以后在"雨露计划网"网上申报职业教育培训每人每学年补助为3000元，转移就业技能培训并取得职业技能等级证书一次性补助每人1000元。

培训补贴。对参加就业创业培训取得培训合格证的贫困劳动力学员，按300元标准给予一次性求职创业补贴。上述培训期间，给予贫困劳动力每人每天20元的生活费补贴，累计不超过300元（蓝开文、少芬，2017）。

创业补贴。对贫困劳动力在兴国县行政区域内初次自主创业且稳定经营6个月以上的，可享受5000元的一次性创业补贴，每个贫困劳动力一次性创业补贴只能享受一次。

贴息贷款。对贫困劳动力在兴国县行政区域内初次自主创业满3个月以上的，可申请3万～10万元的创业贴息贷款。

2. 推进劳务输出的举措

兴国县主要采取了五方面的措施推动其劳务输出：

第一，建立基础台账。对乡镇劳动力逐村逐人采集信息，并将信息录入就业信息系统，实施动态管理。

第二，寻求劳务合作。加强劳务对接，拓宽沿海周边劳务市场。与福建省福州市达成了长期的劳务合作意向，并签订了对外劳务合作协议。2016年至2017年上半年，累计签订就业合作协议700多份。

第三，发布岗位信息。通过广播电视、报刊网站、手机短信等方式常年免费为外出务工人员发布岗位信息。目前已发布信息 8000 多条。积极开展各类招聘活动，提高举办就业招聘会频率，重点开展好春、秋两季大型招聘会，为企业和求职者搭建平台，促进富余劳动力转移就业。2016 年至 2017 年上半年，新增转移就业 7880 人。

第四，加强技能培训。对有创业项目、创业意愿的创业人员进行创业培训；由园区企业根据自身需求，开展职业技能定向培训，有效推广"招工、培训、就业"三位一体的工作模式，有效地促进就业；做好家政服务人员培训工作，重点打造"兴国表嫂"家政服务培训品牌，有效地促进了农村富余劳动力转移就业。2016 年至 2017 年上半年，参与开展各类培训人员累计 3300 人次。

第五，做好服务。切实做好对劳动者免费代理追讨劳动工资、档案代管、社保转移等服务，确保外出务工人员"走得出、留得住、有保障"。

二、全力推进产业扶贫

通过实施产业扶贫工程，推进油茶开发和低改、蔬菜产业、烟叶产业、肉牛产业、灰鹅产业、红鲤鱼产业、光伏产业、脐橙产业、茶叶产业、藿香产业、席草产业等一批产业扶贫项目，建立"一乡一业、一村一品"扶贫基地。

（一）突出产业扶贫

坚持把发展产业作为脱贫攻坚的主抓手，实现由"输血"向"造血"的转变。2016 年，制定了《兴国县落实"五个一"产业扶贫实施意见》，油茶、蔬菜、脐橙、肉牛、特色种养 5 个产业实施方案和《兴国县产业扶贫奖扶项目及标准补充意见》等政策性文件，按照"五个一"产业发展模式，大力实施产业扶贫，带动近万户贫困户增收，2016 年产业直补资金共计 3800 多万元（见图 2 – 10）。

2017 年，出台了《兴国县 2017 年产业扶贫奖扶政策补充调整方案》和《2017 年产业就业扶贫奖扶政策认定办法》，加大了对基地和合作社的奖补力度。起草了《村"两委"领办产业基地实施方案》，对没有产业基地或者合作社的贫困村，由村书记或村主任领办一个产业合作社，确保每个贫困村至少建有 1 个产业扶贫基地，确保实现产业扶贫覆盖率达到 100%。加大"扶贫信贷通"等金融扶贫项目开发力度，降低贫困农户参与农业产业发展的融资成本，以及提供信息、技术、服务等方式，引导和帮助其发展产业；大力整合专项资金，用于扶持贫困户能直接参与、直接受益、稳定增收的种养产业项目。2017 年兴国县年度

图2－10 兴国县产业扶贫"五个一"机制宣传牌

信贷任务为6.62亿元，截至2017年6月30日，共发放贷款3404.1万元，其中，直接向贫困户发放贷款3074.1万元，向市场经营主体发放贷款330万元。其中：兴国农商银行向357户贫困户、1户农业经营主体共发放贷款2456.1万元；农业银行向103户贫困户、2户农业经营主体共发放贷款555万元；赣州银行向1户合作社发放150万元；邮储银行向8户贫困户、1户农业经营主体共发放贷款130万元；银座村镇银行向3户贫困户发放贷款15万元；新华村镇银行向23户贫困户发放贷款98万元。

提升农业产业。按照选准一个产业、抓住一个龙头、建立一套利益联结机制、扶持一批资金、培育一套服务体系"五个一"发展产业的措施，坚持长短结合、种养互补，立足资源禀赋和发展基础，因地制宜、因户施策，帮助贫困户选准扶贫产业。建立"山上种果茶（含果树、苗木、油茶、茶叶）、田里种烟稻（含烟叶、粮食、杂交水稻制种）、水里养水产、栏里养畜禽"的农业架构，大力发展蔬菜、脐橙、油茶扶贫主导产业和肉牛、灰鹅、肉兔、生姜、红芽芋等特色农业扶贫产业，每个乡镇区建设1个以上的产业扶贫示范基地，形成一批集中连片、与精准脱贫挂钩的产业示范基地群，形成"一村一品"格局（谢俊华，2018）。其中种植业，蔬菜产业稳中向优，兴国县蔬菜播种面积达 15.45 万亩，建成设施规模蔬菜面积达 6500 多亩，位列赣州市第二，蔬菜产量达 24.5 万吨，产值突破 6 亿元，种植规模、技术、效益都明显上了台阶。完成油茶新造、低改、抚育 7.28 万亩。脐橙种植面积达 10.2 万亩，大力发展有机脐橙、富硒脐橙等特色产品，获得了"2017 年中国果业扶贫突出贡献奖"。收购烟叶 4.22 万担，实现税收 1145.7 万元，获评"赣州市烟叶生产工作二等奖"。濊江现代农业示范园建设稳步推进（见图 2－11），可优先解决当地农民就近务工，带动 1000 多人就业，年均增收 2 万元左右；完成梅窖镇 2000 亩富硒农业产业科技示范园建设规划工作，杰村乡含田村农业观光园建设进一步提升（见图 2－12 和图 2－13）。

图 2－11 兴国县濊江现代农业示范园

养殖业。2017 年上半年生猪饲养量预计达到 56.03 万头，同比增长 2.08%，出栏 33 万头，同比增长 3.58%，现有年出栏生猪万头以上规模养殖场 4 家，年出栏生猪千头以上规模养殖场 38 家，年出栏生猪 500 头以上规模养殖场 78 家，标准示范场 84 家，能繁母猪存栏 3.31 万头，同比增长 13%；肉牛存栏 3.34 万头，同比增长 8.1%。年出栏 50 头以上规模养殖户有 36 户；家禽出笼 399.41 万羽，同比增长 1.78%，其中灰鹅出笼 225.7 万羽，同比下降 3%。现有年出笼 10 万羽以上肉鸡示范基地 2 家，年出笼万羽灰鹅示范基地 3 家，在建设中的有 2

图 2 – 12　兴国县杰村乡含田村蔬菜产业扶贫基地

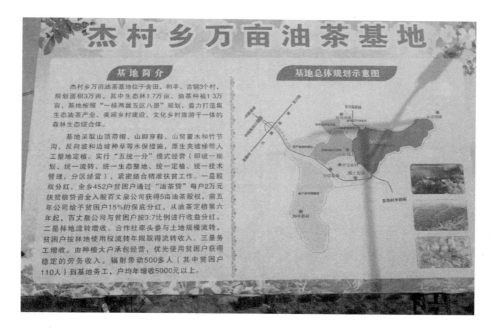

图 2 – 13　兴国县杰村万亩油茶产业扶贫基地

家。畜牧业总体运行较好，呈上升态势，2017年新建肉牛养殖场112家，新建年出笼万羽以上灰鹅基地10个。兴国县水产养殖面积达5.9万亩，水产品总产量达9523吨，同比增长1.22%，其中特种水产品产量达到3143吨，同比增长2.74%。繁育兴国红鲤良种鱼苗2100万尾，在崴水河水域开展人工增殖放流兴国红鲤苗种达500万尾。高兴镇老营盘村肉牛养殖基地由合作社统一购进牛犊，农户签订协议后可免费领养2头，回收后按12.5元/斤的市场价将净增部分直接以现金结算给农户。贫困户饲养一批可获收益达3750元以上，再加上政府产业补贴4000元（谢俊华，2018），可获益7750元。

积极发展农村电商。依托阿里巴巴、城乡买卖网、京东、顺丰等知名电商打造电商运营平台，以鼎龙电商产业模式为示范，完善县乡村三级服务网络，打造一批农特产品电子品牌，培育一批扶贫创客群体和农村电商龙头企业，孵化一批电子商务示范镇村和智慧农村。加强贫困乡村电商人才培训，实行网络资费补助、小额信贷政策，引导有条件的扶贫对象利用电商创业就业，引导贫困村应用电商平台，解决农副产品难卖、农资物品难买问题。2017年实现电商交易额达15.2亿元，同比增长56%。

发展特色旅游产业。依托乡村田园景观、自然生态、农耕农事、民俗文化（见图2-14）、红色文化旧址等优势旅游资源，着力开发红色旅游、特色农业观光旅游、休闲旅游、生态旅游、农家乐（见图2-15）等项目，发挥将军园、三

图2-14 兴国县乡村民俗文化旅游

图2-15　兴国县乡村游之农家餐馆

僚文化景区、冰心洞等精品景区辐射作用，打造一批红色旅游经典景区和精品线路。引导贫困户利用地方优势资源，发展旅游商品和土特产品加工。支持贫困村以旅游资源、土地入股等形式参与旅游开发，促使当地贫困群众获得旅游收益。景区从业人员优先考虑安排周边贫困群众。兴国县每年实施一个旅游扶贫试点村（见图2-16），通过发展旅游产业带动贫困人口增收脱贫。

扶持龙头品牌，制定引进、培育农业龙头企业、农民合作社和种养大户的具体实施办法，提升发展油茶、脐橙等优势特色农产品深加工能力，延长产业链条，推进农超对接、电商直销，促进贫困户农产品流通。以学生营养餐配送企业、百丈泉、将军果业、益民兔业等为龙头，突出兴国芦笋、兴国灰鹅、兴国红薯干、九山生姜、樟木红芽芋等品牌建设，提升扶贫产业竞争优势和扶贫效益。

（二）扎实做好就业扶贫

1. 兴国县历年产业、就业扶贫情况

为了进行比较，本书根据兴国县历年政府工作报告提供的数据制作了该县产业、就业扶贫情况表，其时间从2011年起，将2011年作为参照年份，从中可以发现苏区振兴政策以及精准扶贫、精准脱贫政策实施以来，兴国县政府在解决其居民就业问题上的变化，如表2-2所示。

图 2 - 16 兴国县金叶新村旅游

表 2 - 2 兴国县产业、就业扶贫情况（2011～2017 年）

年份	产业扶贫	就业扶贫
2011	发放小额贴息扶持贷款 6815 万元，赣村市排名第一	成功开行了"兴国—东莞东"农民工爱心专列
2012	—	—
2013	—	新增城镇就业人员 4270 人
2014	省定"四个一"组合式扶贫有序推进	—
2015	—	城镇登记失业率控制在 4% 以内
2016	唱好"营养餐里的扶贫经"，带动近万户贫困户增收	—
2017	1. 创建"项目池""资金池" 2. 实行扶贫领域工程招投标"绿色通道"等 3. 率先探索推行的风电扶贫模式 4. 建成村级光伏扶贫发电站 145 个、装机容量为 1.2 万千瓦	1. 纳入全国结合新型城镇化开展支持农民工等人员返乡创业试点 2. 发放创业担保贷款 1.46 亿元 3. 完成就业创业培训 3536 人 4. 城镇登记失业率控制在 4% 以内

注："—"表示不详。

资料来源：兴国县 2011～2017 年政府工作报告。

2. 就业扶贫工作的推进情况

兴国县是外出务工大县，青壮年劳动力主要集中前往广东、福建两地就业，主要从事服装制造、加工、装潢、月嫂、建筑等行业，目前兴国县贫困家庭劳动力外出务工人员大概有 38500 人，月均收入普遍在 3000 元以上。受"二胎"政策影响，"兴国表嫂"月嫂类培训非常受欢迎，月均工资达 3000 元以上，沿海城市达 5000～8000 元。

为开展好兴国县精准扶贫"兴国表嫂（月嫂）"家政服务员培训工作，提高广大妇女职业技能，增强妇女就业能力，打响"兴国表嫂"家政服务劳务品牌，2015 年 11 月 16 日，兴国县 2015 年精准扶贫"兴国表嫂（月嫂）"家政服务员培训班在兴国县职业中等专业学校开班。此次培训采取集中培训和学员自学相结合的方式进行。培训聘请了资深家政专业讲师授课，紧密围绕婴幼儿护理、病人护理、照顾老人、家庭常规保洁、家庭烹饪、家电使用、家政服务基础知识、家政礼仪、相关法律知识等方面进行了全方位免费培训。培训结束后，将统一对学员进行考试，成绩合格者颁发结业证书。此次培训为期 10 天，该培训的开展有助于进一步推进兴国县家政服务业的发展，发挥家政服务业在吸纳就业、拉动消

图 2-17　"兴国表嫂"家政培训

费方面的作用，帮助城乡无业妇女在家政服务领域实现就业、创业。兴国县以兴国县职业中等专业学校为龙头，实施提升工程，做响"兴国表嫂"品牌。"兴国表嫂"家政服务培训班自 2013 年开班，截至 2016 年 11 月共举办了 15 期，培训各类农村学员 862 人。仅在 2018 年上半年就举办了 3 期培训班。

学员通过家政服务培训后，可外出应聘家政卫生清洁、居家保姆、钟点工、护工、月嫂等家政服务工作，依靠自力更生脱贫致富。如"兴国表嫂"月嫂培训班学员黄贻秀，其丈夫双腿残疾，靠做护工每天收入 150 元，她不仅支撑起了家庭，还把两个孩子送进了大学，真正是"培训一人、脱贫一户"。

推进创业孵化园项目建设，三年计划整合资金 3000 万元，通过实施就业创业扶贫工程，2016 年带动 2902 户 11608 人以上增收脱贫，2017 年带动 2033 户 8132 人以上增收脱贫，2018 年带动 1153 户 4612 人以上增收脱贫。

提升就业技能。大力实施"雨露计划""春潮行动"，对参加转移就业技能培训的扶贫对象给予每人 1000 元培训补助，提升贫困家庭劳动力创业就业技能；对贫困户家庭未能升学的初高中毕业生参加中高等职业教育实行免费学习，在校期间每年补助资金 2000 元，通过 2~3 年职业教育使他们掌握一门技能，实现就业增收。大力实施"新型农民职业培训"，为扶贫对象免费开展农村实用技术培训（陈志平、李立，2016）。

实施"订单"培训。依托兴国县职业中等专业学校培训平台，根据企业用工需求，开展订单式免费技能培训，对企业开展扶贫对象培训实行经济补助，培训期间给予扶贫对象每人100元的生活补助，使每个贫困家庭至少有1人掌握1~2项职业技能。免费为扶贫对象提供职业介绍、职业指导、就业信息等就业服务，帮助贫困对象在本地企业就近就业。对成功介绍贫困家庭成员就业的中介服务机构，每介绍1人给予中介服务机构200元补贴（刘善庆、张明林，2017）。

开发公益性岗位。通过开发购买城市新增的城管、环卫、园林等政府公益性就业岗位，开发一批保洁员、护林员、山塘水库护库员、农家书屋管理员、农贸市场协管员、治安协管员、道路养护员、村民事务代办员、劳动保障协管员、广播员、土地秩序巡查员、乡村景区讲解员等公益性岗位，用于扶持贫困人口就业。鼓励能人创业扶贫，凡通过创业带领贫困户家庭成员就业的，经就业部门审核后可按规定给予5万~30万元的贴息小额贷款。

（三）光伏扶贫壮大集体经济

兴国县把新能源作为创新精准扶贫的有效途径，积极探索壮大集体经济新模式，实施光伏扶贫、风电扶贫等扶贫新机制，助力脱贫攻坚。坚持"统筹规划、集中建设，整体打包、统一经营，全额上网、收益保底"的原则，按照"政府奖补＋金融贷款＋社会帮扶＋企业捐赠＋贫困户出资"模式，投入10亿元资金，扶持贫困户、贫困村充分利用荒山、荒坡、屋顶等资源，建立分布式和集中光伏电站，实现光伏扶贫全覆盖，保障贫困户在产业中获得持久收益。成立兴国县光伏发展有限公司，负责组织安装、上网、维修等服务。通过为每户贫困户安装5千瓦光伏发电系统，帮扶贷款3.3万元，奖补5000元并提供第1~5年贷款贴息优惠政策，分15年还本付息。计划从2016~2018年，通过发展光伏产业带动50000人以上贫困人口增收脱贫。2017年1月，与国家电投集团江西新能源销售有限公司签订协议，大水山、莲花山风电项目按每万千瓦170万元的标准支持兴国县扶贫工作；江西大唐国际新能源有限公司已书面承诺兴国云峰嶂项目按照每万千瓦350万元支持该县扶贫工作，另外，还将在兴国县建立大唐风电扶贫基金用于支持全县扶贫工作。不断推动土地流转入股、引进农业产业帮扶带动、财政扶贫资金投入转化为村集体股金参与分红等为主要手段壮大村级集体经济。2017年已起草《关于加快发展壮大村级集体经济的实施意见》，对发展壮大村级集体经济的目标任务、主要途径、扶持政策等做了明确规定，目前，兴国县主要是通过发展光伏壮大村级集体经济，覆盖全县2520名无劳动力贫困户。

兴国县通过县级扶持、争取社会资金、村集体出资、上级单位支援、项目资金统筹、贷款融资等途径积极推进光伏扶贫产业建设。截至 2017 年 6 月底，全县建有 75kW 的村级光伏电站 145 个（覆盖 130 个贫困村），并已全部并网发电，容量总规模达到了 12.02MW。预计每村可增加村级集体经济收入约 6 万元。

兴国县收益及分配情况如下：村级光伏电站方面，一个村安装了 75kW 光伏电站，项目投资总价为 48.6 万元，贷款 15 年，总利息为 19.74 万元，结合兴国县的光照条件，75kW 光伏电站全年可发电量为 7.5 万度以上（0.98 元/度，全额上网），发电收入为 7.35 万元。根据兴国县贴息政策，第二年 1 个贫困村就能增加光伏发电纯收入 4.7 万元，还清项目贷款后年收入达 6.3 万元（除去 17% 的增值税）。村级光伏电站的发电收益在支付运维支出、税收及银行贷款本息后，其余经营收益按各村发电量占比分配，拨付到村，作为村集体经济收入，优先用于保障本村无劳动能力的贫困户有产业发展收入，确保每户增收 3000 元以上，其余收入用于支持村级扶贫事业发展。130 个村级光伏电站可带动 2000 户以上贫困户增收。户用光伏电站方面，一户贫困户安装 5kW 光伏电站，项目投资总价为 3.3 万元，全年预计发电量为 5000 度以上（0.82 元/度，余电上网），发电收入为 4100 元（不需要支付增值税），2018 年每户贫困户每年预计增加 2400 元纯收入，户用电站用 10 年还清项目贷款后，可实现户均年收入 4100 元。

三、产业扶贫利益联结机制情况

（一）总体情况

为借鉴贫困户发展产业需要资金的问题，赣州市创造性地出台了金融扶持政策，但是，由于贫困户市场竞争意识不强，从银行贷款发展产业摆脱贫困的愿望并不强烈，尽管各级政府大力宣传金融扶持政策，但是兴国县在完成赣州市下达的产业扶贫信贷通等金融产品贷款额度上存在不少困难。在这种情况下，比较现实的做法是，加快培育新型农业经营主体，引导龙头企业、合作社、大户吸纳带动贫困户参与农业产业发展，使有产业发展愿望、有一定发展能力的贫困户实现产业增收脱贫。采取要素入股、安排就业等形式，建立保底分红、劳务增收、订单生产的利益联结机制。积极引导承包土地向专业种养大户、家庭农场、农民合作社、农业龙头企业流转，并对流转土地的贫困户给予一定的奖补，增加贫困户的财产性收入。在国家退耕还林、防护林建设和水生态治理等重大生态工程的项目和资金安排上，进一步向贫困村倾斜，提高贫困人口参与度和受益水平。积极推进"产权变股权、资金变股金、农民变股民"的资源整合转型扶贫模式，辐射带动贫困户获得长期稳定收益，形成一套可复制、可推广、可持续的创新机制。截至 2017 年，兴国县拥有农业产业化龙头企业 38 家（其中省级 6 家，市级 16 家，县级 16 家），农民专业合作社（见图 2－18）注册登记 820 家，新增 282 家，股金达 2 亿元，有社员 1.56 万人，仅在 2017 年半年就实现产值 3.5 亿元；家庭农场 185 家，占地面积达 1.1 万亩，2017 年上半年实现产值 4000 万元，新增了 90 家。

图 2－18　兴国县兴旺白莲种植农民专业合作社

（二）实际案例

1. 隆坪乡"合作社＋基地＋贫困户"油茶产业扶贫案例

隆坪乡全乡面积达 55.77 平方公里，其中耕地面积达 10561.1 亩，山地面积 64715.2 亩，总人口为 14381 人，其中贫困户为 503 户 1676 人。结合乡村实际，按照"一乡一业"的产业发展思路，引进在外乡贤投资建设了隆坪乡万亩有机油茶基地。该基地开发于 2012 年，规划总面积达 10000 亩，目前已投资 1400 万元，种植面积达 5800 亩，以兴国县秦娥山种植专业合作社为依托，已辐射带动兰溪、咸坛、鳌源、牛迳四村发展油茶产业种植。

引进龙头，带动油茶发展。利用"大众创业、万众创新"氛围，把一大批能人乡贤请回来扶贫，万亩油茶基地投资商就是返乡创业的典型，为该基地引进了北京金蓝领科技有限公司，该公司实力雄厚，发展前景向好。并与中科学院林科所达成意向，合作开发万亩油茶基地"数字油茶"项目。采用这种先进的管理经验和种植技术，大力发展赣州油、长林和"赣无"系列高产油茶种植，盛果期鲜果产量可达500公斤/亩，可实现高产茶油30公斤/亩，年产茶油180余吨，产值达到1300余万元。经测算，5年内每亩共计需投入苗木100株，1.5元/株，计150元，肥料1500公斤，计3000元，租金450元，基础设施1500元，人工工资1000元，合计6100元。5年内每亩可产油150公斤，收益达15000元，纯收益达8900元/亩。

政策扶持，解决后顾之忧。根据产业扶贫实际需要，进一步加大投入力度，全面、系统地梳理和完善产业扶贫政策。县级层面出台了精准脱贫油茶产业发展实施方案、产业项目验收及奖补资金申请拨付办法、补充意见等方案，对发展油茶产业给予土地流转、合作组织建设、基础设施、吸纳贫困户务工就业、电子商务流通等重要环节，制定了全方位奖扶政策，重大项目还可通过"一事一议"的方式进行专项扶持，帮扶企业、合作社、贫困户发展壮大农业产业。

广开销路，坚定产业自信。油茶消费市场巨大，发展油茶产业前景广阔。随着我国城镇化速度的加快和人民生活水平的提高，油茶需求量也在不断增加，油茶产业必定成为朝阳产业。该基地根本不愁销路，一是直供对接内销一批。开展"农企对接"，与百丈泉公司、山村茶油公司等大型油茶公司洽谈对接，每年直供一批茶油。开展"农超对接"，向阳光超市、新南康超市、新华都超市等兴国县内大型超市，以及国光超市等赣州市内知名超市供应。开展"农社对接"，在锦绣江南、金福花园、水岸人家等较大居民小区实现油茶直采直供。二是电商平台零售一批。该基地已在电商平台形成了一定的规模和影响，推进零售终端网络化，减少中间环节，形成了从生产加工到批零市场的绿色通道。三是专业市场批发营销一批。以农产品专业批发市场为龙头，把建设中的兴国县农产品批发市场建成全县农产品的集散地和中转站，成为链接全国市场的桥梁和纽带，着力打造成为上连各大城市的市场和超市、下连千家万户的基地，形成"生产基地+三级市场网络"的"1+3"平台。加强与北京、上海、天津等目标市场的交流合作，发展对口供应油茶，全方位做好油茶生产、加工、储藏和销售的有效对接，实现产供销"一条龙"（邓冬猛，2018）。

紧密联结，助力脱贫攻坚。在推进油茶产业发展过程中，始终按照"五个一"产业扶贫要求，逐一完善利益联结机制，不断扩大基地覆盖贫困户的受益面。一是财政扶贫资金入股联结。在通过传统模式链接农户的同时，乡党委、政府开拓思路，与企业、基地、合作社达成协议，采取"合作社＋基地＋贫困户"模式，由乡党委、政府帮助争取扶贫项目资金，帮助完善基地基础设施，争取的项目资金作为村集体股金入股。对已建成的隆坪乡万亩有机油茶等老基地，政府投入的158万元扶贫资金折股为基地50亩油茶10年期收益，平均每年收益15.8万元，至少可帮扶兰溪村24户42人兜底保障的贫困户脱贫致富。在2018～2019年油茶挂果还不太稳定的时候，给贫困户不低于2000元的收入，两年分别拿出15.8万元帮扶。待2019年盛果期后，该50亩油茶产出收益多少，就分配多少利润，经初步测算，实际上以后每年该基地要拿出至少20万元来帮扶贫困户。

二是基地务工联结。基地目前吸收了139户农户在基地务工，其中贫困户36户，实现人均增收5000元以上。如兰溪村上洋兴组村民陈金石，自2015年起在油茶基地务工，每日上班时长约8小时，工资60元/天，全年务工110余天，比2014年新增收入6600余元；兰溪村雅鹊尾组村民刘立明，自2015年起在油茶基地务工，每日上班时长约8小时，工资60元/天，全年务工100余天，比2014年新增收入6000余元。

三是入股分红联结。一方面，激活贫困户产权入股分红，以山林、土地承包经营权入股，户均年分红金额非常可观。另一方面，引导信贷资金入股分红，该乡利用从产业扶贫贷款风险补偿金中释放的贷款，将信贷资金入股到产业基地、农业龙头企业受益分红（邓冬猛，2018）。目前，该基地接受农户投资入股65万元，现有20户贫困户利用贷款入股20万元，通过分红实现人均增收800元。

四是技术指导联结。该基地免费为鳌源村60户205名贫困户提供化肥、苗木和技术指导，实现了油茶产业全覆盖，人均达5亩以上。并根据产前、产中、产后各个环节，为贫困户提供技术服务，产前重点抓好产业规划、土地流转、合作社组建等，产中抓好指导和培训服务，产后抓好流通组织服务（谢俊华，2018）。

五是辐射带动联结。该基地愿意采取回购方式回收周边村组农户种植茶油，现已带动咸坛村21户农户参与油茶开发，还带动咸坛村利用集体土地发展油茶300亩，预计实现集体经济收入可达60万元。

2. 兴国县社会帮扶案例

兴国县隆坪乡高园村国烟产业扶贫项目。具体由兴国县南门养殖专业合作社在隆坪乡高园村实施。项目实施的具体内容为，成立兴国县南门养殖专业合作社，充分利用隆坪乡当地的资源和气候条件，引进蛇种，基地拟在场内新建配套设施、设备，其中，基地占地面积达10亩，购买蛇种15000只。新建场地1栋2

层（约 800 平方米）、其中生活区（约 150 平方米）、技术人员 4 人、饲养员 4 人；新增专用三相四线、新开公路，改造进场道路等。配备冷库、空调、发热板、智能控温器、冰柜等。项目计划投资 150 万元，其中，申请产业发展扶持资金 50 万元，申请进场道路、排水、供电等场地基础设施建设项目资金 50 万元，申请国烟扶持 50 万元。该项目采取"合作社 + 基地 + 农户（贫困户）"的模式，形成生产、流通一体化的新型经营体系。通过对接"订单"、合作社分红、带动务工等多种形式，引导蛇产业发展，带动贫困户发展种养业和就业，提高贫困户收入水平，帮助贫困户脱贫致富。按照贫困户与合作社利益联结机制，可帮助贫困户每年获得 2000 ~ 3000 元收入；贫困户通过劳动，产生的经济效益将达到 9000 到 15000 元；合作社按收益 10% 的保底分红，贫困户每年可获得 3000 ~ 5000 元/年的收入；合作社基地用工优先雇用当地贫困户，每天务工工资在 80 ~ 120 元。与贫困户效益联结机制：务工就业方式将贫困户与合作社联结，增加贫困户收入。带动贫困户 5 户 16 人、务工户 5 户 10 人脱贫。

兴国县崇贤乡太平村国烟产业扶贫项目。该项目由太丰种养专业合作社实施，在太平村大坝组进行肉牛养殖。合作社积极流转山林土地，配套完备的基础设施：流转山地 20 亩，新建栏舍 1000 平方米，生产、生活用房（含药剂室、饲料室、办公室）90 平方米，基地用电设施 466 米，饮水设施（含水井一口、水管 400 米、抽水机 1 台、蓄水池 5 立方米），沼气池 50 立方米，平整简易路 700 米，为扶贫户创造养殖条件，通过养殖肉牛带动扶贫户劳力就业、创收。为此，需要新建栏舍等基础设施，2016 年 8 月 20 日前开工建设，到 2016 年 12 月 30 日竣工交付使用。整个项目计划投资 60 万元，其中，自筹资金 20 万元，向银行贷款 10 万元，申请国烟扶持 30 万元。项目实施完成后，将为全村 20 余户扶贫户带来较大的经济效益，带动贫困户脱贫致富。预计饲料肉牛 50 头，一年后出栏，预计新增产值 36 万元，受益户纯收入总额约为 16 万元，户均增收 8000 元（其中政府奖补 2000 元）。与贫困户效益联结的机制是实行"基地 + 合作社 + 精准扶贫户"的模式，采取雇用临时务工人员集中养殖与发放种牛分散养殖相结合的方式。

高兴镇老营盘村桐子坑肉牛养殖项目。项目基地位于老营盘村龙口组，由太平财险江西分公司援建 1000 平方米栏舍，以江西新澳农业发展有限公司为龙头，采取"公司 + 合作社 + 贫困户"运作模式。基地占地约 3000 平方米，总投资约为 650 万元，分两期建设。一期建设项目主要有：1000 平方米栏舍、隔离房、饲料加工房、生活生产用房、沼气池等项目，2017 年实现存栏 200 头以上，带动贫困户 40 户以上；2018 年实现存栏 400 头以上，带动贫困户 60 户以上。项目于 2016 年 11 月启动，目前栏舍、隔离房、工作房等项目主体工程已基本完工，投入资金约为 100 万元。

基地采取龙头带动、合作社持股、贫困户参与等模式，形成了生产、收购、销售于一体的新型经营体系，实现贫困户户均增收 5000 元以上。一期 200 头肉牛饲养中，其中，150 头由公司经营，50 头由贫困户按统一技术、统一管理、统一采收、统一收购、统一销售分户经营"五统一"模式组织生产。利益联结模式主要有以下五种：

第一，托管寄养。由太平财险江西分公司为 10 户有贷款意向的农户提供信用保证保险，农户贷款用于购买肉牛寄养在基地，由基地合作社代为饲养管理，肉牛出售后除去饲养托管成本每头可获益 1500～2000 元。

第二，免费领养。对有劳动力、有栏舍的贫困户实行免费领养，签订回收协议并提供养殖、防疫服务指导。饲养 8 个月左右由合作社回收，净重部分按市场价直接以现金结算给农户，贫困户饲养一批可获收益 3750 元以上，再加上政府产业补贴 4000 元（谢俊华，2018），可获益 7750 元。

第三，入股分红。贫困户通过产业扶贫信贷通贷款，以 3 万元入股基地，每年享受 5000 元现金分红（朱永康，2017）。

第四，就业务工。基地饲养管理、牧草种植等用工需求 10 人以上，优先吸纳贫困户就业，预计每人年务工工资收入 6000 元以上。

第五，村委会持股分红。以政府投入的扶贫产业发展资金为股金，由村委会持股，参与基地经营管理，每年参与利益分红。村委会以分红建立扶贫专项基金，用于救助特殊困难群众。

3. 其他案例

兴国县工信局驻城岗乡增溪村、小获村、回龙村工作组结合现有脐橙、油茶、烟叶等产业基础，鼓励发展专业农村合作社，按照种养结合的方式，引导扶贫户发展农业产业。并且紧紧抓住产业扶贫这一"牛鼻子"，确定了以肉牛养殖业、立体养殖（畜禽产业）等发展产业，建立了小获村安子脑种养合作社，一方面实施合作社收购草皮等原料供给基地蓄养肉牛；另一方面，贫困户与基地合作养殖肉牛，通过基地效应打通销路，着力提升贫困群众的"造血"能力。联合全村其他畜禽养殖大户成立合作社，通过"合作社＋基地＋贫困户"模式覆盖至全乡贫困户，由合作社统一采购幼种，按低于采购价分发给贫困户，出栏后由合作社保价收购并通过门店直销、"互联网＋"等形式统一销售。

兴国县梅窖镇黄沙村金沙湾养牛基地项目。由金沙湾种养合作社具体实施，基地建设在 2017 年上半年展开，总投资达 120 万元，其中，自筹资金 30 万元，向银行贷款 60 万元，申请产业扶贫项目资金 30 万元。养牛基地建成后，养牛数量可达到 150 头以上，年产值可达 90 万元，实现年利润 20 万元，贫困户可实现年增收 3000 元以上，辐射带动贫困户 30 户以上，实现贫困户预期脱贫的目标。与贫困户效益联结的机制是实行以土地入股、资金入股分红，基地务工，农户寄养等形式联结贫困户。

2017 年，兴国县牛饲养量达 5.82 万头，同比增长 3.9%，其中出栏 2.13 万头，同比增长 10.62%；主要品种为本地黄牛，规模户大多养殖外来品种（西门塔尔、利木赞等）。据统计，兴国县养殖 10 头牛以上的养殖大户有 63 家，其中存栏 100 头的肉牛养殖场有 8 家，存栏 50 头以上的场有 17 家，其中 2017 年新增存栏 100 头以上的牛场有 6 家，新增 50 头以上的牛场有 9 家，主要因为兴国县 2016 年出台的肉牛产业政策规定，被兴国县精准扶贫工作领导小组办公室认定为肉牛产业扶贫基地的，存栏达 100 头以上且带动贫困户 20 户以上的，一次性奖扶 20 万元，存栏达 50 头以上且带动贫困户 5 户以上，一次性奖扶 4 万元。兴国县养牛共辐射、带动扶贫户 3526 户，贫困户养殖肉牛 7160 头。

据粗略计算，贫困户养殖 1 头肉牛，购买外来品种犊牛需 5200～6000 元，本地品种犊牛需 3500 左右，饲养期多为 12 个月左右。育成后，外来品种牛体重可达 1800 斤左右，本地品种体重可达 900 斤左右，售价一般按毛重每斤 12～13 元。粗略地扣除犊牛和饲料成本，每头可获利润 1500～3500 元（外来品种 2500～3500 元，本地品种 1500～2000 元）。

第三节　安远县的产业扶贫

安远县位于东江源区域。东江是广东省广州市、深圳市、东莞市等珠三角地区发达城市以及中国香港 4000 多万城乡居民的主要饮用水源，源源不断的东江水撑起了整个区域经济的快速发展（见图 2-19）。但位于其源头地区的江西省赣州市寻乌县、安远县和定南县，却面临着保护和发展的问题（原二军，2013）。为了保护东江源，东江源区 3 县采取了封山、造林、退果、关矿等系列措施，许多居住在源区的农民进行了移民，而移民后却面临着不少生活困难。

图 2 - 19　位于安远县三百山的东江源头溪水

对于地方政府来说，也放弃了许多发展机会，导致经济和社会发展长期处于江西省和赣州市的最末端水平。如安远县矿产资源丰富，并不缺乏进一步发展的潜力。但作为东江源头地区，为了保护好这里的生态环境，地方政府不得不放弃了更多的发展机会，财政收入也受到了很大的影响（原二军，2013），资源优势无法转化为经济优势，经济发展受到极大限制，人民群众生活水平较低（鄢建平，2013），东江源区贫困人口比例高达 40%，源区许多农民人均年纯收入甚至还不到 1000 元，远低于周边市县，与广东省相比，差距就更大（廖国铭，2013）。特别是由于难以找到既有利于保护生态环境又有利于脱贫致富的门路，严重影响源头区域农民主动参与生态环境保护的积极性和自觉性（叶禄林，2013）。例如，以脐橙开发为主的果业，以大型养猪场为代表的养殖业等产业的发展虽然能够帮助贫困户脱贫，但是，却对东江源的水质污染较大。东江水是生命之水，也是政治之水。安远县所处的特殊地理位置及其自然环境决定了其脱贫攻坚必须以保护东江源良好的生态环境为前提，走出具有自身特色的脱贫之路。据统计，2017 年安远县有 2.01 万人以上的建档立卡贫困人口需要脱贫。

一、主要政策举措

（一）产业扶贫政策举措

1. 产业补助政策

第一，产业补助主体及补助范围。安远县建档立卡的贫困户为种植、养殖产业补助主体。2017 年，在《安远县产业扶贫工作实施方案》（安府办字〔2015〕72 号）文件的基础上对产业项目进行了调整，调整后的产业项目包含蔬菜类、经济作物类、畜禽养殖类、水产养殖类、果业产业类、林下经济类、烟叶产业类七大类农业产业项目。

第二，补助原则。鼓励安远县建档立卡的贫困户发展种植、养殖农业产业，凡贫困户新发展的每一个已列入产业补助范围的农业产业项目均给予补助，实行多种、多养、多补，补助资金不封顶。

第三，补助标准。根据补助项目的不同分别给予不同金额的补助，详见表 2－3～表 2－6。

表 2－3　安远县农业产业扶贫（贫困户）发展家庭种养业补助标准

补助项目		新发展面积、数量	补助标准
类别	产业项目、品种		
蔬菜类	1. 钢架大棚	0.5 亩以上	4000 元／亩
	2. 竹木大棚	0.5 亩以上	1000 元／亩
	3. 蔬菜栽培（绿叶蔬菜、莲藕、生姜、南瓜、冬瓜、芋头、食用薯、茭白、秋葵等）	0.5 亩以上	500 元／亩
	4. 地栽食用菌	1 亩以上	2000 元／亩
	5. 工厂化栽培食用菌	3000 袋以上	1 元／袋
经济作物类	1. 西瓜	1 亩以上	500 元／亩
	2. 玉米	1 亩以上	500 元／亩
	3. 花生	0.5 亩以上	500 元／亩
	4. 大豆	1 亩以上	500 元／亩
	5. 中药材	0.5 亩以上	800 元／亩
	6. 油菜	1 亩以上	500 元／亩

表 2 - 4　安远县农业产业扶贫（贫困户）发展家庭种养业补助标准

补助项目		补助标准
类别	产业项目、品种	
畜禽养殖类	1. 生猪	300 元/头
	2. 肉牛	800 元/头
	3. 肉羊	200 元/头
	4. 兔	15 元/只
	5. 能繁母牛	1000 元/头
	6. 能繁母猪	500 元/头
	7. 鸡	10 元/只
	8. 鸭	10 元/只
	9. 鹅	20 元/只
	10. 鸽	5 元/只
	11. 竹鼠	30 元/只
	12. 黑猪	400 元/头
	13. 香猪	400 元/头
	14. 绿蛋鸡	15 元/只
	15. 贵妃鸡	15 元/只
	16. 海狸鼠	30 元/只
	17. 豪猪	30 元/只
	18. 蜜蜂	150 元/箱
	19. 能繁母羊	300 元/头
	20. 肉犬	50 元/头

表 2 - 5　安远县农业产业扶贫（贫困户）发展家庭种养业补助标准

补助项目		新发展面积、数量	补助标准
类别	产业项目、品种		
水产养殖类	1. 大宗水产品（青鱼、草鱼、鲢鱼、鳙鱼、鲤鱼等）	0.5 亩以上	1000 元/亩
	2. 光唇鱼（石斑鱼）	0.5 亩以上	1500 元/亩
	3. 泥鳅	0.3 亩以上	1500 元/亩
	4. 黄鳝、田螺	网箱（或水泥池）4 平方米以上	200 元/平方米
	5. 棘胸蛙（石蛙）	0.2 亩以上	2000 元/亩
	6. 刺鲃	池塘 0.5 亩以上（网箱 12 平方米以上）	1500 元/亩（100 元/平方米）
	7. 鲟鱼	水泥池 20 平方米以上	200 元/平方米
	8. 淡水虾、小龙虾	1 亩以上	1000 元/亩

表 2 - 6　安远县农业产业扶贫（贫困户）发展家庭种养业补助标准

补助项目		数量和要求	补助标准
类别	产业项目、品种		
果业产业类	猕猴桃	每亩一次性补助	1000 元/亩
	百香果、葡萄、火龙果、罗汉果	每亩一次性补助	800 元/亩
	桃、李、枇杷、柿子、杨梅等其他落叶水果类品种	每亩一次性补助	600 元/亩
林下经济类	新造油茶	10 株以上，苗木由林业局免费提供	500 元/亩
	低改油茶	—	200 元/亩
烟叶类	烟叶产业	按实际种植面积，通过"产业信贷通"，实现贫困户应贷尽贷	提供贷款 1000 元/亩
		按实际种植面积	50 元/亩

关于补助的说明。上述规定是 2017 年后的新标准，较此前的规定有较大幅度的调整，具体情况是：蔬菜类由原规定露地 3 亩以上，每亩补助 300 元，竹木大棚 1 亩以上，每亩补助 1000 元，钢架大棚 1 亩以上，每亩补助 4000 元的标准分别调整为蔬菜栽培（绿叶蔬菜、莲藕、生姜、南瓜、冬瓜、芋头、食用薯、茭白、秋葵等）0.5 亩以上，补助 500 元/亩，竹木大棚 0.5 亩以上，补助 4000 元/亩和钢架大棚 0.5 亩以上，补助 4000 元/亩；扩大黄龙病转产补助范围，由集中连片 10 亩以上，种植百香果、猕猴桃每亩补助 600 元，其他品种每亩补助 200元，调整为种植猕猴桃一次性补助 1000 元/亩，种植百香果、葡萄、火龙果、罗汉果一次性补助 800 元/亩等；畜禽养殖类由鸡 200 羽、鸭 100 羽、鹅 30 羽、肉鸽 150 羽以上补助 1000 元/户，新发展肉兔 200 只以上补助 2000 元/户，分别调整为养殖鸡、鸭补助 10 元/只，养殖绿蛋鸡、贵妃鸡补助 15 元/只，养殖鹅补助20 元/只，养殖肉鸽补助 5 元/只，养殖肉兔补助 15 元/只，养殖肉牛补助 800元/头等；新增经济作物类，种植西瓜、玉米、大豆、油菜 1 亩以上，补助 500元/亩，种植花生 0.5 亩以上，补助 500 元/亩，种植中药材 0.5 亩以上，补助800 元/亩。所有种养业补助均上不封顶。

第四，产业项目申报、验收、抽查和补助资金发放程序。

（1）由建档立卡贫困户提出申请，填写好《农业产业扶贫项目申报验收及资金发放审核表》和《2017 年果业扶贫项目补助申报验收表》，结对帮扶干部和村（居）委会核查核实签字后报所在村的驻村工作队，由驻村工作队进行实地核实后报乡（镇）扶贫办。

各乡（镇）要在每月 25 日前，组织相关人员对本乡（镇）贫困户申报的项目进行实地验收，并于每月 28 日前将《农业产业扶贫项目资金发放汇总表》和《2017 年果业扶贫项目补助申报验收汇总表》上报安远县精准扶贫工作领导小组办公室，（以下简称"精准扶贫办"）进行贫困户身份认定审核。安远县精准扶贫办审核后及时转相关产业主管部门，由各产业主管部门对申报项目的真实性等情况进行随机实地或电话抽查核实。各产业主管部门抽查核实后，填写好《农业产业扶贫项目抽查核实报告单》反馈至有关乡（镇）。各乡（镇）对反馈回来的贫困户申报名单进行为期一周的公示，待公示无异议后在《产业扶贫资金发放汇总表》上签字盖章并上报安远县相关产业主管部门，由各产业主管部门直接报送安远县财政局，安远县财政局审核无误后通过一卡通将产业扶贫资金发放到贫困户。

（2）各产业主管部门对在随机实地或电话抽查核实过程中如果发现有误的，在填写《农业产业种养业抽查核实报告单》时要注明有误事实（如申报主体为非贫困户、数量与实际不符等），并对有误事实提出整改意见和建议。

（3）凡经产业主管部门抽查发现 1/3 以上的贫困户申报的项目与事实不符的乡（镇），将对该乡（镇）本批次申报的项目不予认定；1/3 以下贫困户申报的项目与事实不符的，将责令上报乡（镇）对本批次重新逐户核实后，再按程序申报。

（4）对未列入本文件补助范围内的种养项目，贫困户提出补助申请后，由安远县精准扶贫领导小组进行审核认定，视审核认定情况按程序予以补助。

（5）对年度内累计申报产业扶贫项目补助资金超过 5000 元的贫困户，由该贫困户发展的主导产业对应的主管部门牵头，组织相关部门对该贫困户申报的产业扶贫项目进行逐项实地验收核实，并报安远县政府分管领导审核认定，视审核认定情况按程序予以补助。

2. 主要举措

落实产业扶贫规划到村、项目实施到户，实现乡乡有主导特色扶贫产业、村村有扶贫项目、户户有增收门路，确保每户贫困户年收入增幅高于全国平均水平，2017 年每户贫困户年人均可支配收入超过 3335 元。

第一，提升农业产业。狠抓"五个一"产业扶贫机制的落实，优化产业补助办法，提高贫困户参与度，确保每个乡（镇）建档立卡贫困户100%参与产业发展，实现产业扶贫全覆盖。各乡（镇）建成2个以上适度规模的"五个一"扶贫产业示范基地，每个贫困村培育1个以上扶贫龙头企业（或合作组织）和1个特色主导扶贫产业。巩固发展脐橙、蔬菜、油茶、茶叶、烤烟、食用菌、畜禽、水产、林业、林下经济、乡村旅游、农产品加工等扶贫产业，努力形成一批优势产业村和种养殖大户，实现每户有劳动能力的贫困户参与1个以上产业扶贫项目。建立完善贫困户利益联结机制，积极推广"扶贫基地＋龙头企业＋合作社＋农户""扶贫龙头企业＋合作社＋农户""公司＋基地＋贫困户"等多种模式，提高扶贫组织化程度和扶贫项目实施效益。探索创建"精准扶贫车间"，鼓励涉农经济实体与贫困村、贫困户对接，采取保底收购、利润返还、股份分红等形式，打造持续、稳定的脱贫平台，在每个贫困村各建设一个10亩以上以稻草为主的食用菌扶贫生产基地。全面落实产业扶贫规划到村、项目实施到户，实现乡乡有主导特色扶贫产业、村村有扶贫项目、户户有增收门路。

第二，推进电商扶贫。探索"互联网＋扶贫"新模式，加快发展农村电商扶贫。面向70个贫困村，建立"为村"微信公众平台，提供便民服务、智慧村务、信息咨询，实现宣传村庄、推广旅游、农产品销售一体化。推广凤山乡东河村发展紫山药"合作社＋基地＋电商＋贫困户"模式，大力发展既适合网销又适合贫困户参与的电商扶贫产业，大力推进"一乡（镇）一业、一村一品"工作。强化电子商务政策宣传，推进70个贫困村"农村e邮"电商精准脱贫站全覆盖，实现农村网购知晓率达到常住劳动力人口的50%以上。加大电子商务培训力度，每村选送4名以上优秀人才接受电子商务知识基础班培训，每村帮扶2名以上农村青年参加电子商务知识高级班培训。

第三，发展旅游扶贫。依托三百山创AAAAA级景区和东生围围屋群旅游开发区创AAAA级景区等发展契机，以具备发展乡村旅游条件的贫困村为重点，因地制宜发展乡村旅游，推进旅游基础设施建设，打造精品旅游线路，安排贫困人口旅游服务能力培训和就业。重点打造东生围旅游扶贫示范点，通过"景区＋合作社＋贫困户"的发展模式，把东升围景区打造成为旅游扶贫样本。2017年实现安远县带动贫困户增收的农家旅馆、特色农家乐和林家乐达到100家，吸纳或直接带动贫困户达到300户以上。

第四，创新集体收益扶贫。启动贫困村整村、整组建立农村合作经济组织试点，每个村至少组建一个带动辐射较强的专业合作社，采取能人带动、发展混合所有制经济等方式，积极推进农村集体资产、集体所有的土地等资产资源使用权作价入股，形成集体股权并按比例量化到农村集体经济组织，确保每个贫困村村集体经济年收入达到 5 万元以上。财政扶贫资金、相关涉农资金和社会帮扶资金投入设施农业、养殖、光伏、水电、乡村旅游等项目形成的资产，可折股量化到农村集体经济组织，优先保障丧失劳动能力的贫困户。

总体来看，安远县着力转变贫困户昂首望天、等待政策"掉馅饼"的不良心态，将"等靠要"转化为"闯改创"，在制定帮扶贫困户的普惠政策上，不是把贫困户包起来、供起来，而是设法让有劳动能力的贫困户激起来、动起来，既能得到实实在在的补助，又能跳起来摘到脱贫致富的"桃子"。如出台零门槛、高标准、全覆盖的产业补助政策，实行多种、多养、多补，并采取"合作社＋""基地＋""企业＋"等模式充分激发贫困户的产业发展意愿；通过产业扶贫信贷通和小额创业贷款等，向贫困户提供 3 万~8 万元的三年贴息贷款扶持，变政府给钱为免息借钱，既解决了贫困户产业发展的资金难题，又适当给予其压力和动力，从而调动贫困户自我脱贫的积极性和创造性。

（二）全力推进金融扶贫项目

1. 产业信贷通政策

第一，贷款对象与条件。

（1）建档立卡贫困户（以 2017 年江西省扶办系统载明为准）中年满 18 周岁、不超过 65 周岁，具有完全民事行为能力、有产业发展意愿的任一贫困人口，可以户为单位申请贷款（戴笑慧、胡怀军、刘洪婷，2017），贷款必须用于产业项目发展；超过 65 周岁的贫困人口，可由其赡养子女或孙（女）（但必须在同一本户口簿上）申请贷款并承担还款责任，或通过农业经营主体贷款带动创收。

（2）农业经营主体，包括农业企业、农业合作社、家庭农场（种养大户），以及吸纳贫困人口就业或带动贫困户发展创收的农家乐、家庭农场、农村旅游等，均可纳入到扶贫贷款的范围中。申请贷款须同时满足以下四个条件：①有产业项目且市场前景良好。②业主或主要股东无不良社会记录（包括赌博、吸毒、非法集资等违法和征信等方面）。③实实在在带动建档立卡贫困户脱贫，包括带动贫困户以债权或股权投入、带动贫困户劳动力就业、为贫困户提供种苗供应、技术指导、产品回购等有效扶贫模式，均以实际协议和相关佐证资料为准。所带动的贫困户必须是江西省扶贫系统载明的建档立卡贫困户，且带动户数达到每贷款 10 万元至少带动一户贫困户的要求。④确保带动贫困户创收增收。以入股形式带动贫困户的，农业经营主体在贷款周期内须确保带动的贫困对象年度分红收入不少于3500 元；以劳务、技术指导或产销合作形式带动贫困户的，农业经营主体在贷款周期内须确保带动的贫困对象实现劳务或生产收入每年不少于6000元。带动创收要求必须在双方协议中承诺标明。企业与贫困户之间的经济往来原则上均须在贷款银行进行操作，由放贷银行负责把关。此项带动创收情况以银行流水、账目往来或贫困户佐证为准，未达到标准的不予享受扶贫信贷政策。

（3）支持村集体经济组织发展。采取"村集体＋公司＋贫困户""村集体＋合作社＋贫困户"等模式发展村级集体经济的，"十三五"省级贫困村最高可申请贷款100万元用于产业发展，收益与贫困户共享，相关资产归属村集体。

第二，贷款额度、期限等。

（1）贷款额度调整为每户贫困户累计贷款总额不超过8万元，原则上须在同一家银行申贷，确需在不同银行申贷的，由放贷银行和乡（镇）扶贫办公室对已贷情况进行核实，确保总量不超标。此前已贷不足8万元的贫困户确属产业发展需要的可再次申贷。农业经营主体原则上每带动一户贫困户最多可贷款10万元，最高额度由银行根据产业项目实际需要和农业经营主体相关资产情况确定。

（2）贷款期限、利率及贴息。贫困户按原政策不变。风险补偿金按市里有关政策执行。但是，农业经营主体实行一年一贷、一年一审，授信期限最多三年。对生产经营正常、带动贫困户确有实效的，可继续放贷；否则不予续贷，取消资格。一年期满后企业需向经办银行申请续贷，银行审核后报安远县金融局会同精准办核查备案。

（3）退出建档立卡贫困户处置。2016年已贷款但精准识别后不符合条件退出建档立卡的，2017年起不再享受"产业扶贫信贷通"政策。

第三，贷款流程。

（1）贷款申请，分两种情况处理，即贫困户、农业经营主体。贫困户申请贷款流程：①驻村帮扶干部对照产业扶贫贷款条件，帮助贫困户确定产业项目，填写《安远县"产业扶贫信贷通"申请表》，及时提交申贷资料。②申请表经帮扶干部签字、村委会签字盖章后，由村委会统一送达乡（镇）扶贫办公室审核贷款人身份属性，再提交银行办贷机构。③银行收到贷款申请后及时安排人员开展实地调查，并及时审核、放贷。对未予办理放贷的做好分类汇总，及时反馈给贫困户和乡（镇）扶贫办公室。④村委会、乡（镇）扶贫办公室和安远县精准扶贫办要逐级列表汇总未申请或未办理贷款贫困户名单，重点说明原因。

农业经营主体申请贷款流程：①农业经营主体填写《农业经营主体产业扶贫信贷通申请表》，明确产业项目实施计划和带动贫困户具体情况，经贫困户所在乡（镇）核对产业项目和贫困户信息核实后签字盖章（带动贫困户涉及多个乡

〈镇〉的，相关乡〈镇〉均须核签。申贷金额达到 50 万元以上须报乡〈镇〉分管负责人签字确认；申贷金额达到 100 万元以上须报乡〈镇〉政府主要负责人签字确认）后，直接向银行提出产业扶贫信贷通申请。②银行收到农业经营主体的申贷资料后及时安排人员开展实地调查并形成书面调查报告。③经银行调查审核通过的项目资料报安远县金融局会同精准扶贫办复核（从资料核查项目的可行性和带动贫困户的真实性）。④经复核通过的，函告银行给予放贷。

农业经营主体申贷和核查中需提供的资料（须在乡〈镇〉和银行备案备查，安县金融局核查时留存部分相关资料）：①与贫困户签订的相关协议（用工、入股、种苗供应、技术指导、产品回购等书面协议）；②所带动的贫困户身份证复印件（以乡〈镇〉扶贫办审核、县精准办复核确认为准）；③带动贫困户发展的相关经济往来凭据材料（包括但不限于有效的银行流水、工资发放表册、领条收据等）；④所带动的贫困户花名册（标明姓名、住址、带动模式、联系方式等须经乡〈镇〉审核盖章）；⑤企业、合作社、家庭农场有关注册备案资料；⑥银行要求的其他相关资料。

（2）贴息支付。贫困户贷款期内应付利息由借款对象自行结清后，合作银行于每季度最后一个月 14 日前，按批次将利息补贴名单和金额报安远县精准扶贫办、安远县财政局审批，安远县财政局在 5 个工作日内拨付贴息资金。农业经营主体贷款贴息在一年期满后由经办银行汇总将贴息名单和金额报安远县金融局、精准扶贫办和财政局联审确定后，安远县财政在 5 个工作日内拨付贴息资金。

（3）贷款回收。按照《关于印发安远县实施"产业扶贫信贷通"深入推进金融扶贫工作方案的通知》（安府办字〔2016〕30 号）文件规定执行。

第四，合作银行。2017 年，在原有安远农商银行、农业银行安远支行、邮储银行安远支行、赣州银行安远支行、安远银座村镇银行 5 家合作银行的基础上，增加了工商银行安远支行，现共 6 家合作银行。

2. 主要举措

（1）拓宽农村信贷融资渠道。积极开展扶贫小额贷款，扩大林权贷款规模，深入推进农村土地承包经营权、农民住房财产权抵押贷款试点。加大创业担保贷款、助学贷款、妇女小额贷款、康复扶贫贷款实施力度。培育发展农民资金互助组织，开展农民信用合作试点（王建，2016），解决因超龄、未婚等不符合贷款条件的突出问题。继续落实"产业扶贫贷""搬迁贷""油茶贷""惠农信贷通"等金融扶贫产品。鼓励银行按照注入风险补偿金额的 8 倍以上比例放大贷款额度，撬动信贷资金，切实扩大贫困户贷款覆盖率，2017 年完成发放产业扶贫信贷通贷款约 4.68 亿元的任务（见表 2 – 7）。

表 2 – 7　安远县各乡（镇）2017 年"产业扶贫信贷通"计划任务

乡（镇）	贫困户户数	未贷款贫困户户数	扶贫贷款任务数（万元）	备注
鹤子镇	781	488	2520	任务数根据各乡（镇）建档立卡贫困户未贷款户数占比进行测算，包括带动扶贫户的企业、家庭农场（种养大户）和农民专业合作社贷款
孔田镇	1265	771	3990	
三百山镇	959	602	3110	
镇岗乡	982	618	3200	
凤山乡	587	251	1310	
欣山镇	1391	552	2860	
高云山乡	612	395	2040	
车头镇	994	591	3060	
新龙乡	665	309	1600	
版石镇	879	349	1800	
蔡坊乡	381	291	1520	
重石乡	624	421	2170	
天心镇	1480	1121	5800	
长沙乡	739	480	2480	
龙布镇	1084	738	3840	
塘村乡	484	395	2060	
双芫乡	456	250	1280	
浮槎乡	1004	419	2170	
合计	15367	9041	46810	

注：如赣州市有新调整则以赣州市正式下达任务目标为准。

（2）创优农村金融环境。加快银行卡助农取款服务点行政村全覆盖步伐，逐步整合涉农金融服务项目进入乡村便民服务点。政府出资建立风险缓释保障机制，鼓励保险公司开展农村小额信贷保险试点。争取保险资金参与扶贫，加大"金信保"产业扶贫信贷保证保险。探索成立扶贫基金管理机构，通过整合政府资源筹集资金，实行市场化运作，基金盈利主要用于帮助解决贫困群众生产生活困难（王建，2016）。

（三）实施光伏扶贫

1. 支持政策

第一，安远县财政补助。户用光伏电站每瓦由安远县财政补助 1.5 元，每户最高补助 7500 元；分布式村级光伏电站由县财政全额补助（从贫困村每村 100 万元的产业扶贫资金中列支），每个村级光伏电站安装容量为 100 千瓦以内。

第二，银行信贷政策。①贷款额度：各安装户贷款额度应根据光伏项目建设规模确定，原则上不超过安装户实际承担安装费用。②贷款期限：贷款合同期限为 5 年，合同期满后，视贷后管理情况和政策扶持情况可重新授信 1 个周期（贷款周期共计 10 年）。③还款还息：前 3 年只需支付贷款利息，第 4 年起分期等额本息归还贷款（曾小鹏，2016）。

第三，财政贴息政策。①贷款利率按银行同期贷款基准利率执行，并由安远县财政给予不超过 3 年的全额贴息，按季度贴息，实行先缴后补。②贫困户享受光伏产业扶贫资金财政贴息的贷款总额不超过 5 万元（曾小鹏，2016），贴息年限累计不超过 3 年。

第四，电站新发电量按照国家政策由供电部门全额收购。

第五，利用工业园厂房房顶、教学楼顶等公共建筑建设并被贫困户认购的光伏电站，同样享受上述财政补助、优惠电价等扶贫政策。

2. 主要举措

稳健推进光伏扶贫，重点保障无劳动能力贫困户通过光伏发电脱贫增收。2017 年 6 月 30 日前建成户用光伏电站 2900 户和"十三五"贫困村集体所有容量 100 千瓦以内的分布式村级光伏电站 70 个，解决贫困村集体经济收入问题。建设村级光伏电站所需资金由安远县财政统筹解决。

（四）全力推进就业扶贫项目

1. 拓宽转移就业空间

推进政府开发公益性岗位和购买家政服务、养老服务、物业服务、保安等服务性岗位，促进贫困劳动力就业，在原有的八大类 1820 个公益岗位的基础上，2017 年力争开发购买生态保护、旅游服务等公益性岗位 500 个，用于扶持建档立卡贫困人口就业。开展贫困村"一村一品"就业推进行动，制定扶持贫困村小微企业发展办法，主攻贫困村产业招商，扶持农民工返乡创业，鼓励工商资本投资贫困村产业发展或创办扶贫车间，建设 18 个乡（镇）扶贫车间，每个贫困村培育 1 个以上贫困户参与劳动密集型的小型扶贫车间，带动贫困户就近就地就业、脱贫增收。支持贫困劳动力自主创业，对符合条件的创业扶贫对象，给予全额贴息担保贷款，2017年完成发放8000万元以上创业贴息贷款。

2. 加强职业技能培训

对有意愿参加新型职业农民培训的贫困群众，优先免费安排培训。实施"雨露计划""江西春潮行动""省内工业园就业培训""阳光工程"，对贫困劳动力免费开展实用技术和职业技能培训，确保每个贫困劳动力都能掌握1~2门实用技术，完成2000人次就业培训。加大贫困劳动力转移就业创业力度，力争每年新增转移就业贫困劳动力2000人，扶持贫困人口创业及扶持能人创业带动贫困劳动力就业500人。积极培育贫困村创业致富带头人，支持科技人员开展创业式扶贫服务。

二、具体实施情况

（一）统筹整合财政涉农扶贫资金

通过统筹整合财政涉农扶贫资金，形成"多个渠道引水、一个龙头放水"的扶贫投入新格局，撬动金融资本和社会资金投入扶贫开发，加大产业等扶贫力度，提高财政涉农扶贫资金的精准度和使用效益（金锦花，2018）。

1. 资金整合范围

按照《江西省人民政府办公厅关于印发江西省统筹整合财政涉农扶贫资金实施方案的通知》规定，安远县将符合统筹整合范围内的中央、省、市及县财政安排的资金，全部纳入资金整合范围，做到应整尽整，具体表现为：

第一，中央资金。中央财政专项扶贫资金、水利发展资金（农田水利设施建设和水土保持补助资金、江河湖库水系综合整治资金、全国山洪灾害防治经费）、农业生产发展资金（现代农业生产发展资金、农业技术推广与服务补助资金）、林业改革资金（林业补助资金）、农业综合开发补助资金、农村综合改革转移支付、新增建设用地土地有偿使用费安排的高标准基本农田建设补助资金、农村环境连片整治示范资金、车辆购置税收入补助地方用于一般公路建设项目资金（支持农村公路部分）、农村危房改造补助资金、中央专项彩票公益金支持扶贫资金、产粮大县奖励资金、生猪（牛羊）调出大县奖励资金（省级统筹部分）、农业资源及生态保护补助资金（对农民的直接补贴除外）、服务业发展专项资金（支持新农村现代流通服务网络工程部分）、旅游发展基金，以及中央预算内投资用于"三农"建设部分（不包括重大引调水工程、重点水源工程、江河湖泊治理骨干重大工程、跨界河流开发治理工程、新建大型灌区、大中型灌区续建配套和节水改造、大中型病险水库水闸除险加固、生态建设方面的支出）。

第二，省级资金。江西省财政专项扶贫资金（含以工代赈资金、少数民族发展资金）、新农村建设和农村清洁资金、农业技术应用与公共服务专项资金（用于基层农业技术服务和农村沼气建设部分）、现代农业专项资金（用于农民专业合作组织、农业产业、现代农业示范区奖补部分）、林业资源保护资金（生态公益林补偿和古树名木保护及风景林建设部分除外）、林业产业发展资金（用于油茶产业和毛竹产业部分）、水利专项资金（用于水土保持重点建设工程和小型农田水利建设部分）、革命老区转移支付补助资金、赣南等原中央苏区转移支付资金、扶贫县农业综合开发省级配套资金、易地扶贫搬迁资金、赣南原中央苏区和罗霄山连片特困地区基础设施扶贫项目资金、新增建设用地土地有偿使用费安排的高标准基本农田建设补助资金、农村危房改造资金，以及江西省级预算内投资用于"三农"建设部分的资金（不包括重大引调水工程、重点水源工程、江河湖泊治理骨干重大工程、跨界河流开发治理工程、新建大型灌区、大中型灌区续建配套和节水改造、大中型病险水库水闸除险加固、生态建设方面的支出）。

第三，市级资金。按照《赣州市统筹整合财政涉农扶贫资金实施方案》（赣市府办字〔2016〕78号）确定的项目资金，具体为：市级扶贫专项资金、农村公路建设扶贫资金、示范镇建设资金、新农村建设市级配套资金、农村生活垃圾专项治理奖补资金、农业发展专项资金（柑橘黄龙病防控资金、果业发展资金）、林业发展专项资金（油茶产业发展资金）、水利专项资金（农村饮水安全市级配套资金、国家水土保持重点建设工程市级配套资金）、农业综合开发土地治理市级配套资金，以及市级预算内投资用于"三农"建设部分的资金（不包括重大引调水工程、重点水源工程、江河湖泊治理骨干重大工程、跨界河流开发治理工程、新建大型灌区、大中型灌区续建配套和节水改造、大中型病险水库水闸除险加固、生态建设方面的支出）。

第四，县级资金。包括新农村建设资金（含农村清洁工程资金）、农田水利资金、财政扶贫资金、果业发展资金、农村公路建设资金、债券资金等。

2. 资金的使用方向

除向国家开发银行（江西省分行）争取的贫困村基础设施建设融资 35000 万元以及统筹其他非整合范围内的资金外，安远县 2017 年计划统筹整合各级资金 42665 万元，涉及安远县扶贫和移民办、农工部、财政局等 18 个涉农整合责任单位和责任乡镇，整合资金主要用于安远县脱贫攻坚"十大扶贫项目"，具体如表 2-8 所示。

表 2－8　安远县 2017 年"十大扶贫项目"资金分配情况

序号	单位	计划整合资金（万元）	使用方向
1	扶贫和移民办	7623	1. 产业扶贫贷款贴息、光伏扶贫补贴、扶贫产业补助等产业扶贫项目 2. 金融扶贫项目 3. 60 个贫困村整村推进项目 4. 信息化扶贫项目
2	农工部	8027	整村推进项目
3	财政局	6485	整村推进项目
4	水利局	4174	水利扶贫项目
5	水保局	851	整村推进项目
6	果业局	800	产业扶贫项目
7	农粮局	768	产业扶贫项目
8	林业局	1669	产业扶贫项目
9	农发办	650	整村推进项
10	国土局	869	整村推进项目
11	交通运输局	8172	整村推进项目
12	发改委（以工代赈办）	335	整村推进项目
13	供销社	560	产业扶贫项目
14	城建局	182	安居扶贫项目
15	民宗局	40	整村推进项目
16	旅发委	100	整村推进项目
17	环保局	360	整村推进项目
18	版石镇	1000	整村推进项目

从表 2－8 来看，项目主要涉及整村推进、产业扶贫、安居工程、水利、信息化等，其中整村推进项目使用资金最多，其次是产业扶贫项目。

3. 资金整合措施

对纳入统筹整合范围内的财政涉农扶贫资金，要针对脱贫攻坚任务和制约农业生产发展的"瓶颈"问题和关键环节，实行统筹整合、集中使用。

第一，加强项目规划衔接。由安远县扶贫和移民办牵头，各相关部门单位配合，科学完善脱贫攻坚规划，按照脱贫攻坚的要求及时调整完善相关专项规划，实现脱贫攻坚规划与部门专项规划的有效衔接。部门专项规划与脱贫攻坚规划不一致的，原则上优先实施脱贫攻坚规划（胡强，2016）。

第二，明确项目申报程序。脱贫攻坚相关责任部门、各乡（镇）根据安远县2017年脱贫攻坚目标，提出具体建设项目，每个项目要包含实施地点、资金规模、建设内容等，确定具体项目后报安远县扶贫开发领导小组、安远县新农村建设领导小组审核，领导小组审核后报县政府讨论通过，通过后以安远县扶贫开发领导小组、安远县新农村建设领导小组名义下文批复，批复后的项目在执行过程中确需调整的，应重新报审。

第三，加强项目规范建设。项目批复后，项目实施单位根据项目管理的要求，制定切实可行的实施方案，明确项目建设的责任主体、建设内容及建设要求。达到财政投资评审要求的需进行投资评审，达到招投标要求的必须实行招投标，在实施中需要采购大宗物资、设备和服务的，应按照有关规定实行政府采购。

第四，规范项目验收程序。项目完工后，由项目所在乡镇向脱贫攻坚相关责任单位提出项目验收申请，脱贫攻坚相关责任单位组织安远县扶贫和移民办、农工部、审计局、监察局、财政局等部门组成验收小组对项目进行验收，并出具验收报告。

第五，完善资金拨付流程。项目资金拨付的流程：项目实施主体提出申请→乡镇审核→脱贫攻坚相关责任部门审核→安远县精准办审核→安远县财政局审核→安远县政府审批→拨付资金。

（二）就业扶贫的实施

1. 安远县历年产业、就业扶贫情况

与信丰县、兴国县一样，为了进行比较，本书根据安远县政府2011～2017年政府工作报告提供的数据制作了该县产业、就业扶贫情况表，其时间从2011年起，将2011年作为参照年份，从中可以发现苏区振兴政策以及精准扶贫、精准脱贫政策实施以来，安远县政府在解决本县居民就业问题上的变化情况，如表2-9所示。

表2-9 安远县产业、就业扶贫情况（2011～2017年）

年份	产业扶贫	就业扶贫
2011	1. 发放小额担保贷款4030万元 2. 实施林业小额贷款贴息补助710万元，完成率居江西省第一	—

续表

年份	产业扶贫	就业扶贫
2012	1. 发放小额担保贷款 6010 万元 2. 扶持了 980 户贫困户发展产业	新增城镇就业 3189 人
2013	发放小额贴息担保贷款 3681 万元	1. 新增城镇就业 2236 人 2. 转移农村劳动力 3963 人
2014	—	1. 为 105 名残疾人安排公益性岗位 2. 发放小额贴息担保贷款 9813 万元 3. 新增城镇就业 2349 人 4. 转移农村劳动力 4156 人
2015	1. 率先推出"惠贫信贷通"，为 1352 户贫困户提供贴息担保贷款 4016 万元 2. 为 1136 户贫困户发放种养业补助资金 248.5 万元	1. 开发公益性岗位 1320 个 2. 新增城镇就业 2259 人 3. 转移农村劳动力 4005 人 4. 发放再就业小额担保贷款 1.03 亿元
2016	1. 发放产业直补资金 305.6 万元 2. 产业扶贫贷款 3.6 亿元 3. 建立了紫薯种植、肉兔养殖等一批产业扶贫基地	1. 新增城镇就业 2520 人 2. 新增转移农村劳动力 5180 人
2017	1. 发放产业直补 2765.5 万元 2. 产业扶贫贷款 4 亿元，产业覆盖面达 97% 3. 完成村级光伏电站安装 71 个，户用光伏电站安装 1916 户	1. 城镇新增就业 2628 人，城镇登记失业率控制在 4.15% 2. 新增转移农村劳动力 5766 人

注："—"表示不详。

资料来源：安远县 2011～2017 年政府工作报告。

2. 就业扶贫工作的推进

2017 年，力争通过就业创业扶持政策帮助 1900 名贫困劳动力实现就业创业（优先支持安远县 2017 年计划脱贫的 60 个贫困村的贫困劳动力），其中，创建扶贫车间引导就业 400 人，推动转移就业 550 人，公益性岗位安置就业 500 人，扶持贫困人口创业及能人创业带动贫困劳动力就业 450 人。同时，为提升就业创业者的工作能力，参与职业技能培训达 180 人。

创建扶贫车间平台实现了在家门口就业。引进劳动密集型企业在乡（镇）、村闲置土地、房屋创办就业扶贫车间，组织贫困劳动力从事服装纺织、电子、手工工艺、农产品加工等生产或来料加工业务。对经过精准扶贫和就业部门认定的就业扶贫车间（蓝开文、少芬，2017），按吸纳贫困劳动力就业人数给予扶贫车间每人每月 150 元的场地租金、水电费等费用补助，全年最高补助不超过 2 万元；对扶贫车间与吸纳的贫困劳动力签订 6 个月以上劳动合同、贫困人员劳务收入达到最低工资标准的，给予贫困劳动力岗位补贴每人每月 300 元，以上补贴期限最长不超过 3 年。对当年新办、稳定运行且持续带动贫困劳动力就业的扶贫车间，按新办扶贫车间 5000～10000 元的标准给予一次性建设资金补助。全年帮助 400 名贫困劳动力到扶贫车间就业，在安远县新办就业扶贫车间 18 个。

搭建用工帮扶平台推动转移就业。强化县、乡、村三级就业信息共享联动，发挥基层公共就业服务平台作用，开展多种形式的"送岗进村""送岗入户"活动。全年举办 2 次以上就业扶贫专场招聘会，每季度组织 1 次送"岗位信息"下乡入村活动，每月开展 2 次乡（镇）就业援助活动。全年向各类企业转移输送贫困劳动力就业 550 人。对招用贫困劳动力稳定就业 3 个月以上的，给予贫困劳动力岗位补贴每人每月 300 元，并给予企业 1000 元/人的一次性奖补；对企业为其缴纳社会保险费的，按规定享受社保补贴。对吸纳贫困劳动力达到 10 人以上并缴纳社会保险费的企业，可认定为促进就业基地，按规定享受社保补贴、创业担保贴息贷款、培训补贴和税收优惠等扶持政策，并按规定给予奖补（蓝开文、少芬，2017）。对法定劳动年龄内，稳定就业 6 个月（含）以上，在江西省外务工的贫困劳动力每人每年给予 500 元的一次性交通补贴，在江西省内安远县外务工的贫困劳动力每人每年给予 400 元的一次性交通补贴。同时，为鼓励贫困劳动力到安远县内工业园区企业就业，给予在安远县内工业园区企业就业的贫困劳动力每人每年 300 元的一次性交通补贴。

开发扶贫专岗平台用于保障就业。继续整合开发乡（镇）、村公路养护，农村保洁，水库、河堤防安全管理，山林防护，文化活动室管理，农家书屋管理，学校、医院、养老机构保安保洁，以及城镇城管、环卫、园林等就业扶贫专岗，安置贫困劳动力就业。在脱贫攻坚期间，确保每个贫困村开发 5 个以上就业扶贫专岗用于安置法定劳动年龄内贫困劳动力就业（蓝开文、少芬，2017），如表 2 - 10 所示。

表 2 - 10 安远县 2017 年新增公益性岗位任务分配情况

责任单位	就业扶贫专岗位名称	2017 年新增目标任务
农工部	乡（镇）、村（社区）公共卫生保洁员	60
林业局	林区护林防火员	50
交通运输局	乡（镇）、村公路养护员	160

责任单位	就业扶贫专岗位名称	2017 年新增目标任务
民政局	公办养老（福利）机构保安、保洁员	10
残疾人联合会	农家书屋管理员	10
旅游发展委员会	生态旅游保安、保洁员	10
就业局	园区企业残疾人就业岗位	30
乡（镇）	乡（镇）、村（社区）公共服务管理员	170
合计		500

打造"一村一品"平台推进项目就业。立足贫困村自身特色优势，充分发挥辐射带动、示范引领效应，重点扶持猕猴桃、樱嘴桃、紫薯、海狸鼠、土香猪、山羊等种养产业，打造市、县级"一村一品"项目，帮扶贫困劳动力长期稳定就业。

通过技能实训平台促进技能就业。积极开展企业新吸纳贫困劳动力岗前培训、以电商培训为主的创业培训和家庭服务业培训等就业技能培训，并按规定给予培训补贴。对有意愿参加技术、职业技能、新型职业农民培训的建档立卡贫困户，优先免费安排培训。大力开展"雨露计划""春潮行动""江西省内工业园就业培训""阳光工程"行动，对贫困劳动力免费开展实用技术和职业技能培训，确保每个贫困劳动力都能掌握 1～2 门实用技术。企业招聘贫困劳动力就业，与其签订 6 个月以上劳动合同并开展岗前培训的，按每人 600 元标准给予企业职业培训补贴。对组织贫困劳动力参加家庭服务、电商等免费培训的定点培训机构，按规定给予每人 600～1600 元的培训补贴。对参加就业培训取得职业资格证或培训合格证的贫困劳动力学员，给予每人 500 元一次性求职补贴。培训期间，给予贫困劳动力每人每天 30 元的生活费补贴，累计不超过 300 元（蓝开文、少芬，2017）。全年参与职业技能培训人员达 2000 人，其中培训贫困劳动力 180 人。

发展能人创业平台鼓励带动就业。加大创业担保贷款支持就业脱贫力度，支持贫困劳动力自主创业，对符合条件的创业扶贫对象，给予贴息担保贷款。由就业局开设"就业扶贫小额担保贷款绿色通道"优先扶持贫困劳动力创业，优先给予贫困劳动力创业小额担保贷审核、发放；放宽贫困劳动力自主创业贷款担保人条件，放宽贫困劳动力创业或能人创业带动贫困劳动力就业贷款额度至 10 万元以内。全年以创业带动贫困劳动力就业 450 人。

截至 2017 年 6 月，安远县享受就业扶贫政策人数 223 人，其中职业技能培训 23 人、创业带动就业 200 人，扶贫车间项目正在进行申报验收。

（三）产业扶贫

1. 主要的扶贫产业

立足贫困村、贫困户的资源禀赋和生产条件，坚持因地制宜，充分尊重农户、贫困户意愿，引导有劳动能力和产业发展意愿的扶贫开发户、扶贫低保户发展种养业、光伏产业、电商产业、旅游产业及小吃产业等。

第一，引导发展种养业。在中南片区建设 5000 亩脐橙复产标准示范园，精心打造 1~2 个 500 亩精品示范点。培优烟叶产业，选择 2~3 个烟区乡（镇），发展不少于 500 亩的烟叶连片种植示范基地。扶持蔬菜、畜禽水产养殖、经济作物等传统家庭种养业，建设 1000 亩有机蔬菜产业园，以安远大竹湖生态农业有限公司为龙头，建设一个年出栏肉牛羊 5000 头以上的肉牛羊养殖基地。新建和改造低产油茶等生态种养业，完成 0.8 万亩新造油茶林建设，建设 2 个新造油茶林扶贫示范基地，辐射带动周边贫困户新造油茶走向脱贫之路；完成 0.5 万亩低效油茶林改造，建设 1 个低效油茶林改造扶贫示范基地。建设一个百亩猕猴桃科技示范园，集种质资源保存、良种扩繁、品种展示、技术培训四种功能于一体，带动贫困户发展猕猴桃产业。重点将猕猴桃、百香果、食用菌等新兴产业打造成农业增收产业，在安远县发展 3~4 个连片种植 100 亩以上的百香果、猕猴桃种植基地。

大力推进"一乡一业、一村一品"，努力形成一批优势产业村和种养殖大户，实现每户有劳动能力的贫困户参与 1 个以上产业扶贫项目。以贫困户为基本单元，继续采取"先种（养）后补"的方式，对贫困户发展家庭种养业按标准给予一定的资金补助，扶持贫困户直接参与产业发展。

第二，发展旅游扶贫。依托三百山风景名胜区创 AAAAA 和东生围围屋群旅游开发区创 AAAA 等发展契机，因地制宜发展乡村旅游，以具备发展乡村旅游条件贫困村为重点，推进旅游基础设施建设，打造精品旅游线路，安排贫困人口旅游服务能力培训和就业。重点打造东生围旅游扶贫示范点，通过"景区＋合作社＋贫困户"的发展模式，把东生围景区打造成为旅游扶贫样本。2017 年，安远县带动贫困户增收的农家旅馆、特色农家乐和林家乐达到 100 家，吸纳或直接带动贫困户 300 户以上。将以"安远三鲜粉"为主的特色小吃产业打造成带动旅游发展和贫困户脱贫的品牌产业，鼓励本土返乡人员在县内外创办"安远三鲜粉"旗舰店、标准店，通过门店创业或务工等形式，实现贫困户脱贫。2016 年，特色小吃产业快速发展，创建了 462 家"安远三鲜粉"标准店。

2. 产业扶贫的路径

围绕上述产业的工作重点，安远县积极按照打造龙头、创新机制、撬动贷款、提供服务的产业培育路径发展扶贫产业。

第一，打造龙头。把龙头企业培育作为创新农业经营体制、加快现代农业发展和扎实推进产业扶贫的重要抓手。对照安远县农业产业特点、布局，在现有的江西省、赣州市农业龙头企业中挑选 1~2 家，扶持做大做强，建设一个集生产、加工、营销、科研、中介服务于一体的现代农业产业园。鼓励推动企业帮扶贫困村，形成"百企入村"示范，带动良好氛围，提升安远县扶贫产业整体层次。引导龙头企业围绕农业生产经营管理、科学种植（养殖）技术、新品种和新技术示范推广应用等方面，全面加大对贫困群众的培训力度，并从生产资料、技术服务等方面予以帮扶指导，有力促进贫困群众向懂经营、会管理的新型职业农民转变，提升贫困户自我发展、脱贫致富的能力和水平。

第二，创新扶持机制。通过扶持奖补等政策，加快培育新型农业经营主体，大力发展能带动贫困户入股或稳定提供务工就业岗位的经营实体，鼓励贫困户资产资源向经营实体入股、流转，建立保底分红、劳务增收、订单生产的利益联结机制，实现企业增效益、农民得实惠的"双赢"效果。对于已组建的但没实质性运作的"空壳社"，帮助其按扶贫型合作社的要求进行完善，尽快开展正常业务工作。鼓励和引导同行业、同类别的农民合作社组建农民合作社联合社（联合社由 3 家以上合作社组成），保障贫困户在合作组织中的参与权、决策权，切实防止贫困户边缘化。

第三，撬动贷款。根据贫困群众和涉农企业的现实需求，积极破解扶贫产业发展中资金短缺的"瓶颈"。有效整合金融资金、社会扶贫基金和财政专项扶贫资金，扩大产业补助、信贷资金总量，放大产业补助和"产业扶贫信贷通"扶持效益。2017 年通过财政筹集资金设立风险缓释基金，撬动约 4.68 亿元信贷资金发放"产业扶贫信贷通"贷款，并为每个贫困村提供 100 万元扶贫贷款，用于发展果业、蔬菜、烟叶、生猪、肉牛、光伏等产业，重点扶持烟叶、果业、生猪、蔬菜、粮油、药材、旅游等见效快、可持续的扶贫产业以及有益于贫困户脱贫的其他产业。安远县未贷款且基本符合银行信贷条件、有信贷意愿的建档立卡贫困户实现信贷扶贫全覆盖，继续重点推动企业贷、光伏贷的实施，将信贷指导任务分配到各乡（镇）和各涉农银行，并纳入年终考核。切实防止贫困户将产业扶贫信贷资金转存为定期存款，以及其他变相操作行为，如挪作他用（作为消费贷款）或转借他人，积极发挥产业扶贫贷款扶持产业发展的作用。建立健全农业经营主体扶贫信贷审批制度，明确责任单位、落实监督责任，做到分头审核把关，从而防控风险。

截至2017年6月，安远全县完成放贷2153户，总放款金额7207.23万元。其中，经营主体贷款5户，贷款金额309万元，带动贫困户33户。各银行完成贷款具体如下：农业银行完成贷款251.65万元，占比2.54%，农商银行完成贷款6916.58万元，占比45.50%，邮储银行完成贷款79万元，占比0.80%，村镇银行完成贷款0万元，占比0%，赣州银行完成贷款0万元，占比0%。

第四，提供服务。积极培育多元化的技术推广服务组织，发挥人才支撑作用，开展技术培训、推广服务，解决扶贫产业发展技术和服务难题。充分利用中国供销赣南脐橙交易中心、电商孵化园等平台优势，健全农产品交易市场体系和农业生产资料市场体系，完善交易、加工、冷藏、配送、信息和标准化等设施。力争在2017年前，安远县各行政村均建有产业服务网点，构建起城乡一体化的产业服务体系。

截至2017年6月13日，安远县共完成产业直补申报2920户，其中农业产业2391户，果业产业103户，烟叶产业10户，林业产业416户；完成补助139户26.155万元（仅三百山镇完成了第一季度的补助发放）。

（四）光伏扶贫

安远县稳健推进光伏扶贫，重点保障无劳动能力贫困户通过光伏发电脱贫增收。建成70个容量为100千瓦以内的贫困村村级光伏电站及2883个容量为3~5千瓦的贫困户自建户用光伏电站，建成了2000个容量为3~5千瓦的贫困户认购光伏电站。

1. 目标任务

第一，村级光伏电站。在安远县70个"十三五"贫困村建设分布式村级光伏电站，每个电站容量为100千瓦以内。

第二，自建户用光伏电站。2017年在安远县建档立卡贫困户中动员支持2883户安装光伏电站，每户安装3~5千瓦。重点扶持有安装条件且有信贷资格的贫困户；对有安装条件且已享受"产业扶贫信贷通"政策，并愿自费安装的建档立卡贫困户，可同样按政策给予补助。

第三，认购光伏电站。重点扶持无劳力、无资源、无稳定收入来源且无信贷条件的建档立卡贫困户，联合组成合作社，争取银行支持以按揭方式还贷，充分利用标准厂房、公共机构等屋顶集中建设光伏电站，力争完成2000户贫困户认购，实行统建统管。

2. 实施对象

本着自愿原则，为有安装条件且有贷款资格的建档立卡贫困户安装分布式户用电站（"产业扶贫信贷通"政策调整为每户最高额可贷款 8 万元，增贷部分优先安排建设户用光伏电站）；有贷款资格、没有安装条件的贫困户可联合组建合作社，在公共屋顶集中安装。

安远县 70 个"十三五"贫困村每村可以安装 100 千瓦以内的村级光伏电站。其中，60 千瓦收益归村集体所有，剩余 40 千瓦收益部分，剔除已安装户用光伏电站的贫困户和已享受兜底保障政策的贫困户后，再根据各村实际贫困户户数进行平均分配，由村委会统一造册，统一存入此类贫困户的"一卡通"账户。

3. 安装条件

房屋结构相对较好的屋顶，有充足的光照条件，光伏发电系统四周无树木、山岭及建筑物遮挡；户用电站有 220 伏交流电源，公用电站有 380 伏交流电源，附近有变压器便于并网；朝向南面、东南面或西南面的水泥屋面平顶。村级光伏电站优先安排在村部、村内其他公共屋顶。

4. 实施步骤

第一，宣传摸底阶段。各乡（镇）组织帮扶干部采取多种形式广泛宣传光伏产业扶贫的各项惠民政策。各乡（镇）以行政村为单位，组织帮扶干部入户进行摸底调查，填写《安远县光伏产业扶贫用户申请表》，需要银行贷款的安装户，同时应填写银行贷款申请。

第二，申请审查阶段。①乡村初审。各乡（镇）、村组织人员初步审查申请对象资格（重点审查是否为建档立卡贫困户和是否具备安装条件等情况，并如实详细记录，确保拟实施户具备项目建设条件），填写《安远县光伏产业扶贫用户申请表》及《安远县＿＿＿乡（镇）光伏产业扶贫用户汇总表》，由所在乡（镇）政府主要负责人签字加盖乡（镇）政府公章后，报安远县光伏产业扶贫领导小组办公室。②县级复核。安远县领导小组办公室收到各乡（镇）报来的《安远县＿＿＿乡（镇）光伏产业扶贫用户汇总表》及《安远县光伏产业扶贫用户申请表》后，由安远县扶贫和移民办、发展和改革委员会、财政局、供电公司组成联合工作组，采取联合审批形式，一次性签署审批意见，审批后将名单推荐给合作银行进行实地贷前调查。③村级电站备案。各贫困村建设村级电站前需到安远县发展和改革委员会进行备案，备案需提供的材料：项目备案申请、项目建议书或实施方案、房屋产权证明、供电部门并网意见、签订的相关协议等。

第三，项目建设阶段。安装企业提供产品应具备以下三个条件：①产品供应商必须是江西省能源局《关于调整江西省光伏发电项目推荐设备目录的通知》（赣能新能字〔2016〕69号）的企业或取得上述入围企业唯一授权的单位；②光伏组件和逆变器需符合江西省能源局《江西省光伏发电项目验收指导意见》（赣能新能字〔2015〕63号）要求，且必须达到国家一类产品技术参数标准，逆变器需经过检测认证，所有设备和材料必须有经中国国家认证认可监督管理委员会（以下简称"国家认监委"）批准的认证机构的光伏产品合格证书（如CQC认证证书）；③安装支架必须使用彩钢成型整体热镀锌，材料厚度大于2.5毫米，光伏发电设施对载荷校核、安装方式、抗风、防震、消防、避雷必须符合国家标准和工程规范。

签订安装合作协议。安远县领导小组办公室负责起草《安远县光伏产业扶贫合作协议》，本方案实施对象为协议甲方，与所规定的安装服务企业签订合作协议。

由安远县政府授权县扶贫和移民办、财政局、金融局与合作银行签订《"产业扶贫信贷通"财政风险补偿金管理协议》，需银行贷款且经贷前调查符合条件的安装户，应与相关合作银行签订贷款合同，同时出具委托函，委托银行将贷款划转供应商抵作工程款，以便供应商开工建设。

安装完成后由安远县供电公司与安装户签订《并网发电合同》，免费提供计量电表，按国家有关规定并网收购。

第四，综合验收阶段。安远由县领导小组组织验收小组，统一对全县贫困户的光伏发电系统进行验收，填写《安远县光伏产业扶贫工程竣工验收表》。

第五，建立档案。以户为单位，对确定的安装户拍摄居住房屋前、后、左、右、上（安装光伏板屋顶）5个方位电子照片，电子版报乡（镇）存档并报安远县领导小组办公室备案一份，连同贫困户提供的申请及相关资料，分户整理归档，确保每户申报档案整齐完备。

5. 安装企业安排

安远县光伏电站安装主要由安远科陆绿能节能环保有限公司、赣州久久新能源有限公司安远分公司、中华通信系统有限责任公司负责。具体安排如下：

第一，安远科陆绿能节能环保有限公司负责安装鹤子、孔田、三百山、镇岗、凤山、欣山、高云山、新龙、车头9个乡（镇）贫困户分布式户用电站及9个村级电站（按招标文件每个乡〈镇〉各安排一个）。

第二，赣州久久新能源有限公司安远分公司负责安装版石、蔡坊、重石、天心、龙布、双芫、塘村、浮槎9个乡（镇）贫困户分布式户用电站及9个村级电站（按招标文件每个乡〈镇〉各安排一个）。

第三，中华通信系统有限责任公司安装2017年新增的村级光伏电站及统建统管认购电站。

已安装的分布式户用电站、村级电站及认购电站由各公司各自申报验收，执行原政策核准。同时，为加快拨款流程，争取于2017年6月30日前全面完成，光伏电站安装并网且验收以后，各类补助由安装企业按流程向安远县财政申报，扣除质保金后直接拨付安装企业。

6. 运营管理

第一，光伏产业扶贫项目建成后运营管理及后续服务由建设安装企业负责，安装企业应建立售后服务网点，提供后续维修并对安装户进行日常管护培训、发放维护手册。质保期为6年，保修期为20年，质保期内，非人为损坏的，由安装企业免费维修；质保期外保修期内的，由安装企业义务维修，农户支付材料成本费。

第二，探索成立第三方专业化公司或委托第三方专业公司负责设施的日常维护。

第三，通过招标方式，择优引进商业保险企业提供光伏发电项目财产保险服务。

7. 收益结算

安远县供电公司、财政局根据国家、江西省、赣州市光伏发电收购政策，及时办理上网电费、国家度电补助等收益的结算手续。目前，政策价格执行0.98元/度的标准（如政策有变更，以新政策标准执行）。

由于施工进度、组织协调等各方面原因，光伏产业扶贫工作进展缓慢，截至2017年6月，安远县完成安装总容量4115千瓦，其中村级电站安装16个，户用安装453户，已完成投资金额达2880.5万元。其中，村级电站完成选址11985kW，已动工安装7290kW，已完成安装容量2105kW，已并网1355kW；户用电站完成推荐4525户，完成户用放款1155户，已动工686户，已安装453户，已并网345户。

（五）电商扶贫

安远县积极探索"互联网＋"扶贫新模式，加快发展农村电商扶贫。面向70个贫困村，建立"为村"微信公众平台，提供便民服务、智慧村务、信息咨询，实现宣传村庄、推广旅游、农产品销售一体化。

1. 总体思路

以建档立卡贫困村贫困户为主体，加大电商培训力度，大力发展贫困村农产品电子商务，不断提升贫困村干部群众的电子商务应用能力；强化"一乡一品"电商扶贫的产业支撑和合作社组建，培育壮大特色产业、对接整合优质资源，坚持以点带面、整体推进，力争构建线上线下互动、购买销售并重、成规模、可持续、见实效的电子商务扶贫格局。

2. 总体目标

2017 年全面提高农村电子商务应用水平，加快实施电商精准扶贫工程，逐步实现对有条件贫困村的三重全覆盖：一是广泛开展贫困户电子商务知识免费培训 500 人次以上，每个贫困村至少培训 4 名以上建档立卡贫困对象，实现电商培训全覆盖；二是对有条件发展电子商务的贫困村实现电商扶贫合作社全覆盖，重点对贫困户参与的电商扶贫类型合作社进行销售扶贫；三是对有条件的贫困村实现"邮乐购"电商精准脱贫站点及"腾讯为村"平台全覆盖。通过电商扶贫，拓宽贫困村特色优质农副产品销售渠道和贫困人口增收脱贫渠道，实现农产品进城促增收，工业品下乡便民生。

3. 主要措施

第一，加大贫困村电商人才培训。以精准扶贫为目标，针对建档立卡贫困户、大学生村官、农村青年致富带头人、村干部、驻村工作队队员等制定电商培训计划。整合各类培训资源免费开展电商扶贫培训，全年培训 500 人次以上，每个贫困村至少培训 4 名以上建档立卡贫困对象，对有条件的贫困村实现每个贫困村至少有 1 名电商扶贫高级人才，形成一支懂信息技术、会电商经营、能带动脱贫的本土电商扶贫队伍（邓德艾，2017）。建立和完善农村电商人才培养、引进和奖励机制，按照"电商培训挑选一批人、筛选孵化一批人、帮带培育一批人"的人才培训理念，建立贫困学员档案，跟踪贫困学员电商就业创业进展和需求，及时对接后续服务，重点帮扶、培养一批农村电商脱贫带头人。

第二，组建电子商务扶贫合作社。各乡（镇）要结合实际情况和农特产品种养规模，大力发展兰花、紫山药、番薯、灵芝、脐橙、百香果、猕猴桃等适合电子商务销售的产业，指导帮助有条件的贫困对象积极参与和组建"一乡（镇）一品"电子商务扶贫合作社。培育一批能制定适应电子商务农产品质量、分等分级、产品包装、业务规范等标准，推进电商扶贫产业标准化、规模化、品牌化，辐射带动能力强的合作社，整合资源，对合作社农产品质量安全检验检测、产地认证、质量追溯、冷藏保鲜、分级包装、冷链物流设施等方面给予支持。

第三，推进"邮乐购"电商精准脱贫站点建设。加快贫困村"邮乐购"电商精准脱贫站点建设，安远县邮政公司已启动"工业品下乡"与"农产品进城"项目，2017年再建150个"邮乐购"电商服务批销站点，同时安远县邮政公司将与安远县交通局合作，在安远县打造15个"交通运输站与邮乐购电商脱贫站综合服务精品站点"。安远县70个贫困村的邮乐购站点建设必须与整村建设同步规划、同步建设，确保与整村推进项目建设同步完成。建立完善电商扶贫站点与建档立卡贫困户利益联结机制，以保护价优先收购、销售贫困户农特产品，形成"一店带多户""一店带一村"的网店带贫模式。

第四，推动"腾讯为村"网络扶贫建设。对有条件且有发展意愿的贫困村上线"腾讯为村"定制微信公众号，推动集便民服务、智慧村务、信息资讯、村庄宣传、旅游推广、集资众筹、活动召集、农特产品销售为一体的"互联网+乡村"管理模式，促进村庄与城市需求精准对接，有效发展特色产业，营销村庄农副产品，用互联网手段挖掘村庄独特价值，培育一个能熟练运用电子商务、众筹、互联网金融等手段开展精准扶贫工作的互联网脱贫致富。

2016年全年电商年交易额突破8亿元，电商创业孵化园被评为江西省科技企业孵化器，安远县荣获"江西县域电商十大领军县"称号。截至2017年8月，安远县已建立了81个乡村"农家书屋+电商"服务站点，带动800多户贫困户实现了创业就业。

第三章　赣南三县的美丽乡村建设

美丽乡村建设包括生态宜居和乡风文明两个层面的内容。生态宜居是硬件建设，乡风文明属于软件建设，必须软硬件建设有机结合。其中，生态宜居是提高美丽乡村发展质量的保证。其内容涵盖村容整洁，村内水、电、路等基础设施完善，以保护自然、顺应自然、敬畏自然的生态文明理念纠正单纯以人工生态系统替代自然生态系统的错误做法等。它提倡保留乡土气息、保存乡村风貌、保护乡村生态系统、治理乡村环境污染，实现人与自然和谐共生，让乡村人居环境绿起来、美起来。乡风文明是美丽乡村建设的灵魂。乡风文明建设既包括促进农村文化教育、医疗卫生等事业发展，改善农村基本公共服务；又包括大力弘扬社会主义核心价值观，传承遵规守约、尊老爱幼、邻里互助、诚实守信等良好乡村习俗，努力实现乡村传统文化与现代文明的融合；还包括充分借鉴国内外乡村文明的优秀成果，实现乡风文明与时俱进（李周，2018）。

第一节　信丰县的美丽乡村建设

一、乡风文明建设情况

（一）主要特点

乡风文明建设是治理能力现代化建设面临的一个新课堂。信丰县从本县实际出发，把乡风文明建设与社会综合治理结合起来，从化解历史信访积案、解决历史遗留问题入手，通过为群众办实事，化解群众怨气（见图3－1）。信丰县还创新扶贫帮扶模式，把扶贫攻坚与乡风文明建设紧密地结合起来，要求驻村工作队和帮扶干部一边结合贫困户实际情况，因人制宜制定"一户一策"帮扶计划，统筹开展"黄赌毒"专项治理、农村生活垃圾专项整治，加快推进"十大扶贫工程"，一边狠抓乡风文明行动，向"厚葬薄养"等农村传统陋习叫板，通过开展"道德模范""身边好人""文明家庭""好家风、好家训"等评选活动，用身边事教育身边人（见图3-2）。

图3-1　信丰县美丽乡村建设宣传条幅

此外，信丰县在各村农民集聚地和文化广场打造乡风文明"文化墙"，积极倡导文明、健康、科学的生活方式，并通过电视、新闻媒体等大力宣传报道孝老敬亲、厚养薄葬等乡风文明的先进典型，以乡风文明助力脱贫攻坚（见图3-3）。

为解决大操大办、吃喝浪费等"舌尖上"和"餐桌上"的致贫问题，信丰县303个村（居）成立了红白理事会，修订了村规民约（见图3-4），把农村有威望、做事公道的群众、老党员等选入红白理事会，对乡村移风易俗等事项进行引领、监督。还特别针对贫困村的实际情况，在婚丧嫁娶中做出硬性规定。

图 3 - 2　信丰县好人榜

图 3 - 3　信丰县新田镇华历村乡风文明文化墙

图 3-4　张贴于信丰某村墙上的村规民约

信丰县坚持抓"物质扶贫"和"精神扶贫"双管齐下，把乡风文明建设作为脱贫攻坚的重要内容，着力让贫困群众不仅要"富口袋"，如在村庄建设便民服务中心和"三留守"亲情联络室（见图 3-5 和图 3-6）实现物质上的脱贫，还要"富脑袋"，养成好习惯、形成好风气，实现精神上的脱贫。

（二）文化扶贫工作情况

1. 创新投入机制

信丰县对贫困村的文化广场和文化室的建设开展了指导和扶持，按国家标准完善提升，达到"五个一"标准：1 个面积 100 平方米的文化活动室，1 个 600 平方米的文体小广场（见图 3-7），1 个农家书屋，1 套"村村响"广播和应急响应系统，1 套文体器材（见图 3-8 和图 3-9）（赖赋春、李春梅、刘滨，2017）。

2015 年，第一批 30 个村文化活动室建设已经完成。2016 年，信丰县积极推进第二批公共文化服务标准化示范点建设，每年都打造 5 个村级文化活动中心。同时，加强搬迁移民集中安置点公共文化设施建设，把文化设施建设规划纳入到移民搬迁集中安置点建设规划中，并按照"五个一"标准，扶持大塘埠镇合兴"三引点"社区，铁石口镇、长远新村、高桥新村等搬迁移民集中安置点建设了符合标准的文化室（活动中心）和文化广场。并整合贫困村宣传文化、党教、

图 3-5 信丰县正平镇球狮畲族村的便民服务中心

图 3-6 信丰县新田镇坪地山村的"三留守"亲情联络室

科普、体育健身等设施资源，建设了一批综合性文化室（见图 3-10），搭建贫困村综合性公共文化服务平台，丰富和完善服务功能。

图3-7 信丰县新田镇铜锣丘村的文化舞台

图3-8 信丰县新田镇金鸡村村民活动场所的健身器材

图 3 - 9 信丰县新田镇金鸡文体广场

图 3 - 10 信丰县新田镇华历村的综合性文化室

截至 2017 年初，已完成了 16 个乡镇综合文化站的新建，建设村（社区）文化活动室 293 个，农家书屋 273 个（见图 3 - 11），在信丰县 16 个乡镇设立了 263 个文化信息共享工程基层服务点，通过多年的努力实现了村村有文化活动广场、有戏台的目标。广播电视村村通和农家书屋建设覆盖率达到100%（赖赋春、李春梅、刘滨，2017）。县、乡、村三级公共文化服务设施网络基本形成，为公共文化服务提供了更高效、更可靠、更便捷的载体。

图3-11　信丰县大塘埠镇合兴村合兴之家的社区图书室

2. 典型示范引路

2015年，信丰县被列为赣州市公共文化服务标准化建设试点县。信丰县文化和广播电影电视局（以下简称"文广局"）根据中央、省、市文件精神制定了《信丰县公共文化服务标准化建设实施方案》，明确了县、乡（镇）、村三级公共文化服务建设的标准、任务和时限。试点工作将在三年内分期分批完成，每年推出一批达到国家、江西省基本公共文化服务标准的典型成果。2015年，信丰县文广局以中心村、大型社区为重点打造了30个公共文化服务示范点（见图3-12），整合党建、科普、体育健身等各种资源，建设村（社区）综合性文化服务活动室，让农民在家门口享受便捷的文化服务，信丰县财政将以奖代补的方式给予了扶持。

图 3 - 12　信丰县新田镇铜锣丘村的居家养老服务中心

2016 年，信丰县积极推进第二批公共文化服务标准化建设和"农家书屋 + 电商"建设，投入 230 余万元，完成了 73 个示范点建设，其中，市级 10 个、县级 63 个。截至 2017 年初，已完成了 32 个"农家书屋 + 电商"服务示范点建设任务。通过"农家书屋 + 电商"服务示范点建设，有效推进了互联网与公共文化服务融合发展，创新了公共文化服务新模式，大力促进了农村公共文化服务体系建设、公共服务信息传播、电商进农村体系建设和农产品交易等。同时，信丰县各乡镇的民俗文化表演丰富多彩。重大节日，国家级非遗保护项目古陂蓆狮、犁狮，江西省省级非遗保护项目大阿子孙龙、万隆瑞狮迎龙，嘉定镇镇江村王氏感恩节等，都要举行民俗文化活动（见图 3 - 13）。通过举办民俗文化活动，凝聚了民心，增进了邻里和睦关系，打架、斗殴、赌博村风陋气少了，讲文明树新风的多了，带动了村风民风明显好转。

3. 强化人才支撑

信丰县为每个乡镇文化站都配置了专（兼）职工作人员，每村配置一名财政补贴的文化管理员。信丰县文化馆、图书馆、博物馆等单位建立了文化志愿者队伍，长期服务于贫困村文化培训和辅导工作。各乡镇组建了民营业余文艺团

图 3 - 13　信丰县的舞龙队

队，每村建立了一支业余文艺队伍，成为农村文化服务的重要补充，把乡土人才民间艺人培养成农村文化的主力军，激发基层文化人的创造活力，使许多沉寂的乡土文化人才焕发了热情，积极参与到文化建设中来。

　　公共文化管理得到了加强。建立健全了规章制度，推进了县、乡、村公共文化机构服务的规范化、标准化、制度化。信丰县以打造"二胡之乡""合唱之乡""舞龙之乡"为重点，大力培育乡镇文化队伍，确保每个乡镇至少有一支二胡乐队、一支合唱团，一支舞龙队。目前已培育和建立了800人以上规模的文化志愿者队伍，并加强了培训，不断提高志愿者文化素质。文化志愿者通过结对帮扶、辅导、培训等措施，为信丰县各村培养了一支永不走的本土文化人才队伍，形成了村村有文化队伍的目标。这些本土文化人才队伍成为当地文化的主力军，通过开展各项文艺活动（见图 3 - 14）将过去的"送文化"变为现在的"种文化"，丰富了基层文化载体。

　　4. 盘活文化资源

　　在非物质文化遗产保护方面，信丰县鼓励贫困村群众积极参与非遗保护传承活动，每人每天给予 100 元的补助，对成功申报国家级、省级的项目传承人给予5000～30000 元的资金奖励。建立完善了传承名录体系和传承保护机制，出版了非遗画集《橙乡古韵》。目前，信丰县已向上争取文化遗产保护资金 600 多万元，

图3-14 信丰县农民文艺活动

成功申报国家级保护项目一个（蓆狮、犁狮），省级保护项目5个，市级保护项目7个，县级保护项目32个。争取上级资金80万元完成了上乐塔的抢救性保护维修，争取上级专项保护维修资金80万元，完成了待批省级保护单位大埠头黄氏宗祠的保护性修缮。全国重点文物保护单位大圣寺塔和玉带桥保护专项资金331万元，其中大圣寺塔修缮工程263万元，玉带桥保护维修工程68万元。新屋里毛泽东旧居、古陂中革军委旧址、红军干部学校等一批革命旧居旧址被列入到2015年中央苏区红色旧址保护维修计划中。

（三）创建"合唱之乡"

由吴冬玲、赖清华执笔写就的《橙乡飞出欢乐的歌——信丰县创建"合唱之乡"纪实》比较典型地反映了信丰县在乡风文明建设中的一些创新。为保证资料的完整性，本处予以全文引用。

近年来，信丰县群众文化的形态正悄然地发生着变化，而最能反映市民文化素质和参与文化活动热情的艺术形式，当属合唱。截至目前，信丰县群众性合唱团队有115支，成员近万人。如今，在信丰县大大小小的公园、广场、文化场馆，尤其是社区活动室，都能看到合唱团队表演、排练的画面。可以说，合唱活动已经成为信丰县人民文化生活的重要内容。不仅如此，这些合唱团队也让信丰县有了一道别致的风景——机关单位、厂矿、学校、社区等，凡是有老百姓活动的地方，总会有歌声飘过。

几年来，信丰县委领导班子树立"文化特色发展"思路，努力为申报"合唱之乡"搭建平台，积极引导，形成现在几乎年年有大赛，月月有活动，周周有排练的热闹景象（万珂雯，2017），"合唱之乡"名副其实（见图3－15）。欢快的歌声，和谐的氛围弥漫在橙乡大地，合唱文化成为信丰县一张亮丽的文化名片，"橙乡"飞出了欢乐的歌。

图3－15 信丰县新田镇元旦文艺活动颁奖现场

1. 一个班子推动一项工程

近年来，信丰县委、县政府高度重视创建"合唱之乡"工作，全力打造"歌城"品牌。2012年5月，信丰县成立了合唱协会，举办了信丰县创建"合唱之乡"启动仪式暨江西省合唱基地挂牌仪式。同日，江西省合唱协会在信丰县挂牌，设立了江西省合唱协会（信丰）合唱示范基地。并在信丰县举办了江西省合唱协会（信丰）基地合唱指挥培训班，由江西省合唱协会专家亲自授课，参加培训的人员来自赣州市及各县、市共130多人，取得了良好的社会效益。

为了进一步提升整体水平，信丰县积极鼓励、组织合唱队员参加各类合唱辅导班、讲座等，利用业余时间经常参加排练，促使他们努力提高自身的专业化水平，使这些合唱队员能真正代表信丰县人民唱出高水平。信丰县还以发展先进文化为动力，努力完善公共文化服务体系，积极提升"合唱之乡"的品牌建设。

对内加强各级各类合唱组织的领导，对外则加强与中国合唱协会、江西省合唱协会等专业协会和优秀合唱团队的沟通，精心构建文化交流平台，全力打造更为精品化、更具"地标性"的合唱团队和合唱作品。

为进一步打造合唱文化活动品牌，信丰县委、县政府把合唱活动列入议事日程，坚持每两年举办一次合唱节，2011 年和 2013 年已成功举办了两届合唱艺术节，2016 年又举办了第三届以"中国梦·橙乡韵"为主题的合唱艺术节。合唱节的举办推动了信丰县合唱事业的蓬勃发展。两年一度的"合唱艺术节"已成为信丰县重要的文化品牌活动。通过合唱活动，凝聚了广大干部群众改革创新、砥砺奋进的强大动力，激发了万千橙乡儿女干事创业、建设家乡的澎湃热情。丰硕的成果，不仅增强了城市的影响力和知名度，也提升了城市的品位，促进了信丰县合唱事业的蓬勃发展，合唱已成为信丰县一张亮丽的文化名片。多年来，在江西省合唱协会及上级各主管部门的大力支持和关心下，信丰县的合唱事业得到了蓬勃的发展，群众性合唱队伍不断发展和壮大，目前，全县共有合唱团队 115支，其中示范性合唱团 10 支。

2. 一支队伍带动全民参与

近年来，信丰县合唱团队如雨后春笋般成长壮大，这些团队的发展离不开示范合唱团队的示范带动作用，其中最有影响力的当属信丰县群星艺术团。信丰县群星合唱团成立于 2010 年 3 月，是丰富信丰县干部群众文化生活的重要力量，主要由机关干部、单位职工、学校教师等 100 余名业余音乐爱好者组成，合唱团以演唱经典红歌、地方民歌、展示干部职工风采为宗旨，该团曾参加"全国南方三年游击战争理论研讨会"等重大文艺演出。

经过几年的发展，如今信丰县群星艺术团已成为信丰县一支赫赫有名的合唱团队，也成为信丰县艺术爱好者的交流阵地，成为培养优秀合唱指挥、优秀培训教师的重要平台。群星艺术团的演员利用在团里学到的知识带动其他合唱团的发展，他们免费充当文化志愿者的角色，活跃在信丰县的广场、公园、校园和社区，成为信丰县人民精神生活的新景观。现在的信丰县大到上千人的歌会，小到几十人的街道社区歌咏活动已此起彼伏、层出不穷，标志着合唱活动已深入人心，充分展示出新时代信丰县人民的精神风貌。信丰县除了这种本县合唱团队开展合唱比赛表演外，还鼓励各合唱团队组织开展对外交流活动，2011 年 6 月，信丰县群星合唱团代表江西省参加了由国家文化部和重庆市委、市政府主办的中华红歌会比赛，取得了优胜奖，使合唱团走上了正规化的道路。目前，信丰县文化志愿者人数达到 510 余人，在信丰县精品合唱团、群星合唱团、老年人合唱团、红领巾合唱团等示范团队的带动影响下，信丰县 100 多支合唱团队吸引了 10000 多名合唱队员。

3. 一次合唱彰显鲜明主题

2016 年上半年，信丰县文化艺术中心排练大厅不时传来阵阵大合唱排练的美妙歌声。这是信丰县各大合唱团队在为 4 月 29 日举办的"中国梦·橙乡韵"合唱节进行的精心准备。13 支机关队伍和 16 支乡镇队伍同台演唱，同唱中国之梦，欢度"五一"劳动节。

嘹亮的歌声，整齐的队伍，统一的着装，2000 多名党员干部同台歌唱，以歌声表达他们对生活的热爱、对劳动的热情、对赣南苏区振兴发展的期盼。合唱活动在机关组供电系统大合唱《中国之梦》《红旗颂》中拉开序幕，《远方的客人请你留下来》《康定情歌》《天路》《打靶归来》等一首首荡气回肠、催人奋进的歌曲不断响起，动人的旋律、铿锵的歌声唱出了广大群众立足岗位，为实现中国梦而不懈奋斗的坚定理想和信念。大合唱《永远跟党走》《江山》《我们走在大路上》《旗帜颂》《香格里拉》等，唱出了广大党员干部积极投身苏区振兴的发展热潮，为民服务，访民情解民忧，打好扶贫攻坚战的信心和决心，展现了党员干部一心为民的务实情怀和人民群众在党的领导下，生活越来越幸福的美好景象。

信丰县，古有"比屋弦歌"之美誉。近年来，随着人们生活水平的提高，群众性合唱活动在信丰县城乡空前发展，无论是工厂、学校，还是在机关、团体中，大合唱成为信丰县弘扬爱国主义情操，活跃群众文化生活，进行自我娱乐、自我教育的重要文化活动（万珂雯，2017）。

"我们的合唱团队，处处体现着团结和奉献精神"，说起合唱协会，信丰县文化馆馆长戴丽芬很是自豪。她说，在协会，大家对合唱的"合"字有着深刻的理解。合唱是集体合作的艺术，要求参与者具备团队精神、奉献意识。不仅歌唱时要根据声部的要求，服从集体，演唱之外也需要互爱互谅，共同营造和谐美好的氛围。在合唱协会，在合唱团中，大家不分你我，没有利益冲突，如歌声般纯净、欢乐。

一次次精心组织的合唱活动，主题突出，凝聚了人心，团结了干群关系。如今，信丰县业余的合唱活动进入了有人关心、有人组织、有人提高的新阶段，信丰县的合唱文化活动也渐渐成了该县一张活跃的文化名片，先后参加并举办了"凝心聚力促和谐"文艺晚会、"三送"宣传文艺演出、为高考学子进行的慰问演出、"永远热爱党，永远跟党走"橙乡歌会暨第三届艺术节青年歌手大奖赛、

"橙之韵"新春音乐会等一系列大型活动。内容为歌颂党、歌颂社会主义、歌颂伟大祖国、歌颂改革开放、歌颂人民群众、歌颂民族团结、歌颂幸福生活、歌颂劳动创造、歌颂美好未来的合唱活动得到了信丰县广大党员干部的积极参与，大家在合唱中既展示了自己的风采，也增强了团队的凝聚力。信丰县老师郭华敏说："合唱活动对于我们来说是非常有意义的，既丰富了我们的业余文化生活，又增强了我们的团队凝聚力，对于我们自身来说，也是一次很好的锻炼和提升的机会。"

4. 一支好歌久在百姓中流传

"山有几道弯，水有几道弯，弯呀，弯呀，总有脐橙香！"

"风调雨顺，充满希望，人信物丰，百业兴旺。吉祥的彩云绕山冈，吉祥的橙乡喜洋洋。啊呛，鼓也欢腾，锣也敲响，人信物丰，人人向往。吉祥的鸟儿报喜讯，吉祥的橙乡奔小康……"

著名歌唱家张也倾情演唱的信丰县歌《橙乡吉祥》，让全国人民认识了信丰县、了解了信丰县，更让信丰县群众"扬眉吐气"，彰显了信丰县父老乡亲热爱生活、感恩党的美好情怀。

近年来，信丰县审时度势，紧扣时代脉搏，紧贴群众需求，着力提升全县文化软实力，强力加强文化建设，努力打造文化强县和"合唱之乡"，极大地丰富了人民群众的精神生活，满足了人民群众对精神文化的需要，使得信丰县的文化建设走在了赣州市前列。《橙乡吉祥》的推出，是信丰县打造"合唱之乡"的经典之作，是近年来信丰县群策群力、合力打造"合唱之乡"的成果总体体现。"合唱之乡"的打造，为百姓搭建了一个大舞台，各类活动风格质朴亲近、语言幽默风趣，乡土气息浓厚，丰富了农村的文化生活，凝聚了民心、鼓舞了干劲、增进了和谐。各合唱团通过贴近生活、寓教于乐的演出，消除了干群间的隔阂，化解了邻里间的宿怨，成为推动平安信丰建设的"稳压器"。通过演出，合唱团以合唱的形式把党的政策宣传到群众中，潜移默化地提高人民群众的思想认识、精神状态和生活方式，成为和美信丰建设的"健脑丸"。

《橙乡吉祥》唱出了信丰县人民的心声，唱出了信丰县人民对未来美好生活的憧憬与期待，唱出了凝聚力与向心力，更提振了全县干部群众主动适应新常态、打造新信丰的信心。

二、乡村环境整治

（一）建设情况

建设美丽乡村，打造良好生产生活环境是脱贫攻坚整改工作的重要内容。在美丽乡村建设方面，信丰县主要开展了以下三个方面的工作。

1. 环保督查问题整改

信丰县积极进行中央环保督察问题整改工作。2017 年 7 月 10 日上午，赣州市城乡环境综合整治、乡风文明建设、文明城市创建暨中央环保督察问题整改工作推进会召开。会议传达了李炳军同志对做好赣州市城乡环境综合整治、乡风文明建设、文明城市创建暨中央环保督察问题整改工作的重要批示精神，组织观看了赣州市城乡环境整治、乡风文明建设和文明城市创建工作综合专题片。会后，信丰县立即召开会议部署相关工作。黄蕙同志要求，各乡镇、相关部门要高度重视，迅速行动，抓好落实；继续强化措施，增强征拆力度，坚决拆除"两违"建筑，用"铁心硬手"来抓城乡环境整治。全力以赴打好文明城市创建攻坚战，坚持以问题为导向，细化措施、落实责任，严而又严、实而又实抓好整改工作，确保事事有回音、件件有着落；要督查问责，加大督查督办力度，及时通报整改情况，集中力量，全力以赴开展城乡环境整治工作，确保城乡面貌干净整洁、秩序安全稳定、环境文明和谐。

2018 年 3 月 9 日，信丰县召开环境保护工作暨中央环保督察问题整改工作推进会议。会议指出，2017 年信丰县环保工作取得新进展、新成绩、新突破，三大攻坚战之一的蓝天保卫战也取得了历史好成绩，信丰县优良天气指数达到了环保要求，农村生活用水得到了切实保障，尤其是重要水源地保护工作取得了良好成效，生态红线保护力度加大，生态修复工程有序推进。同时，环境保护工作也存在一些问题，需要信丰县上下攻坚克难，真抓实干，久久为功。结合中央环保督察组和省、市环保部门检查反馈的问题，要求从四个方面来做好 2018 年环境保护工作：①要提高政治站位。充分认识到生态环境保护的重要性、紧迫性和严峻性，重点关注工业园区和各乡镇工业企业环境现状，突出问题导向，严格整改问题。②要突出工作重点，重拳出击治理"脏乱差"。结合城市网格化管理工作，充分调动人、财、物等资源，各责任主体单位密切配合，积极调动群众力量，抓好做细城市和农村垃圾整治、畜禽养殖产业污染周边环境、绿色殡葬改革等工作。③要坚决做好污染源的管控工作，认真贯彻落实"净空、净水、净土"三个方面的要求。交管部门要严肃查处黄标车，做好机动车尾气动态检测和实时跟踪。严格落实河长制和湖长制，坚决做好水治理和水防治工作。规范矿山开采尤其是煤矸石开采和砖厂行为，各乡镇要压实监管责任，做好矿山植被覆盖工作，形成长效工作机制。④要充分发挥考核指挥棒的引领作用，对于重点行业、重点领域要明确绩效考核指标，赏罚分明，真正将各项工作落到实处，抓出成效。

信丰县环保局环境执法人员对中央环保督察组"回头看"反馈问题的小江、铁石口镇辖区内共13家砖厂的粉尘、脱硫设施等进行了专项检查。经检查，以上砖厂均按要求进行整改并基本达标，防止跑、冒、滴、漏现象的发生。

2. 城乡环境整治

2017年3月20日下午，信丰县城乡环境整治暨乡风文明行动工作会议召开，会议深入贯彻落实江西省、赣州市关于城乡环境整治和乡风文明建设要求，部署信丰县城乡环境整治和乡风文明行动相关工作。会议对开展城乡环境整治和乡风文明行动提出四点要求：①要明确职责，迅速行动。各乡（镇）、各部门要结合实际，创新宣传，发挥党员干部示范引领力量，建立健全制度机制，树立正反典型，抓好督促检查，迅速在信丰县上下掀起城乡环境整治和乡风文明建设的热潮，确保各项工作扎实、有力推进。②要明确重点，稳步推进。要建立专门队伍，抓好"三沿六区"范围内的整治，狠刹婚丧嫁娶大操大办、厚葬薄养、封建迷信、农村庭院和家庭"脏乱差"等不良风气，运用各种宣传方式在全社会倡导文明新风，推动形成上下重视、各方支持、人人参与的良好氛围；要把集中整治与建立长效机制结合起来，构建起党章党规、法律法规、公共政策、规范守则相互支撑的制度体系，推动实现标本兼治、高效管理。③要明确节点，狠抓落实。要按照文件精神，对照整治要求，列出问题清单，明确整改责任，落实整改期限，突出关键点、抓住突破口，推进全面整改落实。④要明确标准，严格奖惩。各乡镇、各部门要因地制宜地出台相关政策方案，强化督查力求实效，通过严督实查、奖优罚劣、持续用劲，常态化开展群众性精神文明创建活动。

信丰县县城环境的整治。2017年9月23日，黄蕙同志率第十六网格各责任单位负责人及信丰县环保局、信丰县农粮局、信丰县市管局、嘉定镇等单位负责人，就第十六网格区域内城市管理的重点、难点问题进行调度。黄蕙同志一行先后来到博大新城旁的物流公司、文化艺术中心周边的养猪场，了解店铺占道经营整治情况、养猪场拆除存在的困难等，并听取相关部门负责人的汇报，现场办公讨论解决问题。就物流公司占道经营行为整治，黄蕙同志要求，相关部门要对辖区内的物流公司进行摸底调查，对于具备经营资质的企业责令其整改，限制其经营活动在室内开展；对于不具备经营资质的公司要实施劝离、关停。同时，要加强与业主沟通，引导和鼓励物流公司向更开阔的经营场所搬迁，规范物流公司的经营行为。关于养猪场的关闭拆除工作，黄蕙同志要求相关部门做好养殖户的思想工作，积极稳妥地推进禁养区内养猪场的关闭拆除工作。

开展农贸市场环境整治"大比武"活动。信丰县市容环境专项治理指挥部联合信丰县城管局、公安局、交管大队、市场监管局、嘉定镇等相关职能单位，重点对桥北农贸市场及周边秩序、卫生进行专项集中整治，共发放《限期整改违法（章）行为通知书》480 余份，粘贴整治通告 40 份，清理各类占道堆放杂物 21 车，拆除乱搭乱建亭棚 24 顶、固定铁皮棚 12 处、砖混构筑物 2 个 200 平方米，拖离乱停乱放摩托车、电动车 260 余辆，清理占道经营店铺、摊点 200 余家。同时，积极开展各项安全隐患排查工作，共发现整改安全隐患 11 个。信丰县城管局对信丰县城区内渣土运输车辆进行了专项整治，严厉打击带泥上路、沿途抛撒遗漏等污染城市道路的违法违章行为。目前，已发放相关宣传资料 2000 余份，查验、纠正、规范整改各类运输车辆 116 台（次），处置各类运输车辆违法行为 29 起，批评教育车主和驾驶人员 67 人（次）。对信丰县城区水北市场、水阁塘市场、水东综合农贸市场开展了集中专项整治行动。对市场内的占道经营、卫生死角、广告纸等进行清理，对违章搭建遮阳棚进行依法拆除，对排水沟进行疏通。整治期间，清除占道经营 34 户，清理垃圾杂物 23 吨，疏通堵塞排水沟 10 处，拆除遮阳棚、雨棚 21 户，发限期整改通知书 35 份。

乡镇环境整治。坚持以规划为引领，以镇村联动为抓手，以培育中心村为重点，推进"整洁美丽、和谐宜居"新农村建设。加大空心村、农村违章建筑的整治和农村建房的管理力度，抓好村庄环境、垃圾处理和污水处理，加快"七改三网"基础设施建设，因地制宜配套"8 ＋4"综合公共服务项目，改善农村人居环境，提升农村综合公共服务水平。加大投入，加强管理，切实抓好圩镇环境的综合整治。如嘉定镇采取每周一督查、每周一通报、每月一排名的形式，对全镇 39 个村的农村生活垃圾治理工作进行督查。以暗访督查、走村入户的方式，拍照取证、记录问题、建立微信工作群，指出问题，督促整改，分享各村的治理经验。安西镇实施圩镇道路美化靓化工程，通过整治圩镇道路交通，清扫莲丰大道，清理、修补绿化带 1000 米，悬挂大灯笼 200 余盏，美化靓化了镇容镇貌。圩镇还组织开展安全隐患及矛盾纠纷大排查，对发现的问题及时整改，并及时了解群众关心的热点、难点问题，特别是劳动报酬、债务纠纷、土地纠纷等，积极化解矛盾，切实把各种安全隐患和不稳定因素消灭在萌芽状态。

3. 推行河长制

2017 年 6 月 2 日下午，信丰县生态文明建设暨河长制会议召开，深入贯彻落实江西省、赣州市生态文明建设领导小组会议暨总河长会议精神，总结信丰县 2016 年的工作，研究部署 2017 年的重点任务。出台了《信丰县 2017 年生态文明

建设工作要点》《信丰县全面推行河长制工作方案》《信丰县 2017 年河长制工作
要点及考核方案》。

关于生态文明建设，刘勇同志要求，要按照赣州市委提出的"统筹考虑、问
题导向、突出重点、狠抓落实"的思路，着重抓好五个方面的工作。要抓整改，
大力整治环保突出问题。要补短板，尽快补齐环保设施短板。加快推进信丰县垃
圾焚烧发电厂的建设，完善生活垃圾治理和垃圾无害化处理设施，加快推进工业
园污水处理厂和污水管网建设。要谋全局，全面实施生态建设工程。抓好山水田
林湖综合治理项目建设，实施低质低效林改造。要促转型，努力发展低碳循环经
济。积极化解过剩产能，淘汰落后产能，严格执行产能过剩行业项目禁批限批政
策。要严责任，落实最严格的生态制度。要坚决实行领导干部生态保护"一票否
决制"和环境损害责任终身追究制，更加鲜明地体现生态导向，以铁的手腕严厉
打击环境违法行为。

关于河长制的落实，刘勇同志要求，要按照赣州市委"建立一河一档案、加
强一河一监测、实行一河一对策、打造一河一景观""五个一"的要求，抓好水
资源保护、水污染防治、水环境改善和水生态修复，打造"水清、河畅、岸绿、
景美"的良好环境。今后要抢抓机遇、聚力攻坚，在加强水资源保护、河湖水域
岸线管理保护、水污染防治、加强水环境治理、水生态修复和涉河执法监管六大
重点任务方面务求实效。要继续完善河长制的相关体制机制。要继续加强河湖的
长效保护管理。要继续深化"清河行动"。要继续推进水质不达标河湖治理。要
继续深入开展河长制宣讲活动。

（二）主要成绩

经过整改，信丰县城乡面貌发生了重大变化，主要体现在以下三方面：

第一，城市扩容提质。城区建成面积 31.8 平方公里，城区人口达 31.7 万
人，城镇化率达 55.6%。105 国道绕城改建项目的顺利实施，拓展城市框架近 20
平方公里。投入 49.1 亿元实施了 24 个城市基础设施项目，水东磨下农贸市场、
6 个垃圾中转站、45.4 公里城区污水管网改造、水东片区两条主干道改造提升工
程、7 个停车场等项目已完成，闲置了 10 多年的水东汽车站投入使用，城市功
能明显完善。创新实施了城市网格化管理，将城区划分为 35 个网格，整治了一
批城市顽疾，城市环境更加整洁有序。拆除影响恶劣的"两违"建筑 502 宗
12.6 万平方米，"两违"行为得到了有效遏制。

第二，农村基础设施更加完善，乡村更加秀美。苏区振兴政策实施以来，随
着对口支援、"四位一体"工作的不断推进，农田水利工程、农村道路、桥梁、

安全饮水、电网改造等项目建设力度加大，信丰县农村基层设施不断完善（见表3-1）。仅2017年就投入了8267万元完成了17个中心村和363个一般自然村点的整治建设，建设了安西田垅、正平球狮、新田坪地山等主题鲜明的特色村庄。完成了信丰县域高速沿线建筑立面整治，改造各类房屋1287栋28.92万平方米。村庄整治效果明显，拆除农村"空心房"7.28万栋463.29万平方米，投入了4066万元推行农村生活垃圾治理服务外包，新建了14个乡镇垃圾中转站，农村生活垃圾治理初步实现了全覆盖。扎实推进乡风文明行动，西牛镇曾屋村入选第七批"全国民主法治示范村"。

表3-1 信丰县农村基础设施建设情况（2011~2017年）

年份	农田水利工程	饮水安全	路、桥、电	贫困村推进
2011	—	—	—	—
2012	—	—	—	159个重点扶持贫困村整村推进扶贫开发全面启动，落实扶贫项目67个、扶持资金3641万元
2013	—	—	—	1. 积极开展"四位一体"组合式扶贫 2. 重点推进了159个贫困村整村推进扶贫开发
2014	—	—	—	1. 江西省领导定点联系信丰"四位一体"工作稳步推进 2. 落实扶贫资金5968万元、扶持项目426个，提升了159个贫困村和49个库区移民村的产业发展和基础设施建设水平
2015	—	—	—	—
2016	新增的7座小型病险水库除险加固全部开工	改造新田、正平、安西等集中供水工程6处，新增农村安全饮水人口9.35万人	通村通组道路进一步完善提升，行政村通车率进一步提高	—
2017	—	—	—	—

注："—"表示不详。

资料来源：信丰县2011~2017年政府工作报告。

第三，生态文明建设深入推进。认真开展中央环保督察反馈问题整改工作，虎山交头坑废弃稀土治理项目顺利通过市级验收。持续开展畜禽养殖污染治理，关停拆除禁养区内 165 家养猪场，完成限养区和可养区内 375 家养猪场配套设施建设。环境空气自动监测站实现与省市联网运行。工业园区污水处理厂投入运行。首次向桃江河大规模增殖放流 500 万尾鱼苗；综合治理水土流失面积 30 平方公里；完成低质低效林改造 6.29 万亩。铁石口镇江背村等 3 个村荣获"省级生态村"称号，正平镇中坝村等 29 个村被评为"市级生态村"。

第二节 兴国县的美丽乡村建设

一、精神扶贫与乡风文明建设

（一）精神扶贫实施情况

如何激发贫困户内生动力，增加他们的收入，实现脱贫？关键是解决精神脱贫问题。在这方面，兴国县进行了积极的探索。

扶贫先扶志，兴国县积极把"精神扶贫"作为打赢脱贫攻坚战的突破口，鼓舞贫困户脱贫的志气。物质扶贫和精神扶贫齐头并进，加大精神帮扶力度，制定了《兴国县精准扶贫智志双扶工作方案》《兴国县"强化道德教育助推脱贫攻坚"活动实施方案》，强化对贫困户的思想引导、能力建设和典型示范，变"要我脱贫"为"我要脱贫"，变"输血式"扶贫为"造血型"扶贫。主要措施为开展政策形势教育。让贫困人口充分认识中央、省市县打赢脱贫攻坚战的决心，认清 2020 年全面建成小康社会的形势，宣传好各项脱贫政策，确保政策知晓率达到 100%。

针对内生动力不足、道德失范等"瓶颈"性问题，兴国县用政策宣传开路，深入挖掘、宣传贫困群众身边的脱贫典型，创作鲜活优秀的文艺作品，并结合"三下乡"活动，充分发挥"兴国山歌""乡村舞台""村级文化广场"的作用。以文艺小分队的形式，为贫困群众讲政策、讲形势，送经验、送技术，解决贫困户视野狭隘、信心不足，精神萎靡、动力不强，技能缺乏、致富无门等突出问题，实现志智双扶。

开展文化技能培训。整合培训资源，开展文化素质培训、农村实用型技术培训、职业技能培训、农产品营销知识培训，增强致富本领和底气。同时，打好实践组合拳。通过创办扶贫车间（30 家），带动贫困户在家门口就业（285 人）。将出台专项方案，采取针对性措施支持贫困青年、妇女、残疾人就业创业。物质和精神扶贫形成互动、相互促进，充分激发贫困户脱贫内生动力。如 2017 年 4月，在帮扶干部的鼓励下，黄芳鼓起勇气，报名参加了兴国县组织的"兴国表嫂"家政服务员免费培训班（见图 3 - 16）。培训结束后，有了一技之长的她，开始了月嫂工作。一年来，她工作勤勤恳恳，获得了一个又一个雇主的信赖和好评，月薪从开始的 2600 元提高到了现在的 6800 元，真正走上了脱贫致富路。

图 3 - 16　家政服务培训班培训现场

授人以鱼，不如授人以渔。近年来，兴国县通过文化素质培训、农业实用技术培训、农产品营销知识培训、职业技能培训、创业就业服务等，增强了贫困户的致富本领，解决了贫困群众因没有一技之长而"不会脱贫"的问题。

（二）乡风文明建设情况

推动移风易俗、树立文明乡风是农村精神文明建设的重要内容，是广大农民群众的迫切需要，是服务发展的需要，是顺应民心的需要，事关打好攻坚战、同步奔小康。

兴国县城乡环境整治暨乡风文明行动推进会召开以来，各乡镇纷纷成立乡风文明行动领导小组，出台配套文件，召开环境整治暨乡风文明行动推进会或动员会，组织学习和部署贯彻落实全县会议精神，为兴国县乡风文明行动稳步推进夯实了基础。为加强宣传，交流经验，推进工作，从 2017 年 4 月开始，兴国县乡风文明行动领导小组以简报形式，定期介绍兴国县乡风文明行动工作动态及各地先进工作经验。

为让文明乡风浸润心田，兴国县坚持贴近实际、贴近生活、贴近群众，精心设计活动载体，全面推进乡风文明行动，为美丽乡村植入鲜活"基因"。紧扣"推动移风易俗、树立文明乡风"主题，出台了乡风文明建设系列方案，构筑起乡风文明建设框架，让"无形的文明"有形化。兴国县要求所有村（居）须成立红白理事会、志愿服务队、农民文艺演出队，制定村规民约、兴国家训，建立综合文化服务中心、社会主义核心价值观文化墙、身边好人榜，以及创办乡村讲堂等，引领兴国县乡风民风更加文明，实现乡风民风美起来、人居环境美起来、文化生活美起来。针对铺张浪费、天价彩礼等陈规陋习，兴国县把集中整治与建立长效机制结合起来，各村（居）纷纷组建农村红白理事会，出台婚丧嫁娶办事流程、标准和奖励办法，建立相应的检查评比和考核机制，向乡村陋习"亮剑"（梁健、赖福鑫，2017）。如长冈乡组织全体党员干部签订《党员干部践行乡风文明承诺书》，要求干部职工自觉抵制陈规陋习，带头移风易俗，树立文明新风，做到"婚事新办、喜事廉办、丧事简办、小事不办"。同时通过召开村民大会、宣传栏、LED 显示屏、发放致农民朋友的一封信等形式引导群众用积极健康的方式代替大操大办，当好移风易俗的宣传员、践行者，引导全乡树立良好的社会文明新风气。如今，兴国县 314 个村（居）100% 修订完善了村规民约，100% 成立了红白理事会，文明新风拂面而来。兴国县还积极开展不孝行为专项治理行动，由公检法等多部门联合下发了《关于依法治理不孝行为推进法治扶贫专项工作的通告》，对明确拒绝赡养老人、不尽赡养义务的，列入诚信"黑名单"，取消其享受的相关政策待遇。通过道德教育，教育感化一批、选树褒奖一批、舆论谴责一批、法律制裁一批，解决农村中存在的不赡养老人、败坏社会风气的问题，营造了尊老、爱老、敬老的新风尚。

为让优良乡风民风文化"种"在农村，兴国县因地制宜，广泛开展多种形式的"种文化"活动。着力抓好文化引领，创新把乡风文明内容编成一曲曲通俗易懂的兴国县山歌，组织兴国县山歌演艺中心、理论宣讲队等文艺队伍下乡演唱宣传，让文明乡风"扬"起来；经常开展"三下乡"、邻里节、劳动技能比赛等活动，制作以移风易俗等为主要内容的手绘文化墙和公益广告等，全方位、多角度地传播文明乡风；创办乡村讲堂，全面开展道德讲堂活动，引导群众崇德向善（梁健、赖福鑫，2017）。

2017 年 4 月 1 日，兴国县乡风文明行动领导小组办公室编发了《乡风文明倡议书》，并在"兴国发布、兴国宣传"等微信公众号广泛传播。各乡镇也陆续编发新媒体宣传稿件，如《兴莲乡吹响城乡环境整治暨乡风文明行动号角》《永丰乡大力推进乡风文明行动》《隆坪乡"乡风文明行动"系列宣传活动之走进睦子坳》等，在网络上营造了铺天盖地的宣传声势。例如，2017 年 4 月 1 日，隆坪乡举行的"乡风文明行动"系列宣讲活动之走进睦子坳宣讲会，结合本地的历史文化和当地实际，在全乡开展一系列具有本地特色乡风文明宣讲活动，让移风易俗、厚养薄葬等文明新风入脑入心。良村镇将乡风文明、移风易俗有关内容编写成通俗易懂的兴国县山歌，并组织山歌演唱队进村入户进行演唱宣传，通过群众喜闻乐见的方式有效引导村民移风易俗，让乡风文明吹进乡村角落，吹进全镇人民心中。

目前，兴国县开展移风易俗专题宣传演出 147 场，观众突破 10 万人次；埠头乡垇上村、龙口镇文院村、长冈乡塘石村成功跻身国家级文明村镇，涌现"江西好人""赣州好人""兴国好人"200 多人；打造和谐秀美乡村建设点 588 个，涌现特色旅游村庄 109 个（梁健、赖福鑫，2017）。

二、乡村整治

遵循在四年内将兴国县农村"扫一遍"的基本工作思路，兴国县 2017 年共安排了 588 个自然村点，涉及 621 个村组，其中江西省建点 389 个、自建点 199个。2017 年兴国县的新农村建设比过去两年谋划更早、行动更快、措施更有力，各项工作顺利启动、扎实推进。

（一）主要特点

1. 基础工作较为扎实

经过反复征求意见，2017 年 3 月就制定下发了《兴国县"整洁美丽，和谐宜居"新农村建设行动规划（2017～2020 年）》《兴国县 2017 年度"整洁美丽，和谐宜居"新农村建设工作方案》两个文件，比 2016 年整整提前了两个多月。为有效推动规划工作，聘请了上海开艺建筑设计有限公司、福州绿榕园林工程有限公司、赣州市田野景观规划设计有限公司等 13 个专业规划设计队伍对 588 个新农村建设点进行规划设计，各个乡镇、抓点单位能结合乡村实际、动员当地农民群众参与到规划中来，经过乡村初审、兴国县新村办审核再反馈修改等程序，目前 52 个脱贫村和 13 个特色金叶新村建设点全部完成了评审并已出规划文本，村庄整治建设规划到位率达 100%，其中兴莲官田、龙口睦埠和隆坪上洛等建设点的规划设计方案亮点较突出，有较强的建设性和可操作性。

2. 工作氛围较为浓厚

为更好更快地使兴国县干部、群众熟悉今年新农村建设工作政策，做到早宣传早发动，2017 年 3 月 20 日，举办了各乡镇主要负责人、分管领导、新村办主任、村支部书记、兴国县直各单位抓点干部等计 310 多人参加的新农村建设明白人培训班。培训班结束后，兴国县掀起了一股新农村建设宣传发动的高潮，各乡镇、建设点通过广播电视宣传、召开村民大会、张贴宣传标语、致建设点农户公开信、举办专题培训班等形式加强宣传，召开乡村及农户会议 760 次、张贴标语 487 条，发放资料 12560 份，组建村民理事会 377 个、新农村建设促进会 142 个，不少建设点还利用晚上的时间召开群众大会，动员发动群众主动参与新农村建设，宣传氛围不断得到浓厚。在申报"七改三网"和"8+4"新农村建设项目的过程中，注重发挥农民主体作用，在广泛征求群众、规划队伍、抓点单位的意见基础上，筛选了 1300 多个项目，计划投入资金 5 亿元。兴国县 115 个县直、驻县单位全部安排到 25 个乡镇驻点抓新农村建设，实现了单位抓点全覆盖。

3. 村庄面貌改善明显

经过半年的集中推进，各建设点的环境面貌有了明显的改善，所有建设点已全面开工，开工率达 100%。完成"空心房"拆除 2963 栋 379145 平方米，立面改造 1609 栋 58.18 万平方米，坡顶改造 334 栋 4.49 万平方米，通组路 93.6 公里，入户道 9964 户，新改水 2998 户，改厕 2499 户，排水沟 23 公里；新建综合服务平台 5 个、卫生室 13 个、便民超市 12 个、农家书屋 12 个、文体活动场所 17 处、垃圾处理设施 92 处、污水处理设施 5 处、公厕 5 所、金融网点 14 个、公交站 3 个。高速沿线立面整治已粉刷外墙 554 栋 246329 平方米，平改坡 47 栋 5640 平方米，整治户外广告牌 25 处。其中高速沿线乡镇及连接线已粉刷外墙 10763 平方米，平改坡 1200 平方米，拆除空心房 15332 平方米，整治户外广告牌 25 处。

2017 年全年农村环境治理展示了新面貌。588 个新农村建设点有序推进，投入 6426 万元治理农村生活垃圾，兴国县农村生活垃圾无害化处理达 90% 以上，顺利通过江西省垃圾专项治理工作验收，获江西省赣州市领导一致好评。改造农村危旧土坯房 2281 户，拆除"空心房"415.3 万平方米，修缮 78.56 万平方米。开展了畜禽养殖、入河排污口专项整治活动。严格落实了平江河河长职责，加强了平江河水资源保护、水域岸线管理、水污染防治等工作。山水林田湖生态保护修复深入推进，2000 余处崩岗治理点全力推进，治理水土流失综合治理面积 87.5 平方公里，塘背水土保持科技示范园获评国家级水保科技示范园区。改造低质低效林 8.74 万亩，获评赣州市先进，潋江湿地公园上升为国家级湿地公园。高兴镇高多村、杰村乡含田村、埠头乡枫林村、潋江镇杨澄村入选赣州市首届生态秀美乡村。梅窖镇三僚村、兴莲乡官田村成功申报"全国第一批绿色村庄"。崇贤乡圩镇获赣州市"最美圩镇"评比第一名。

（二）农村生活垃圾专项治理

2017 年是兴国县农村生活垃圾专项治理申请江西省、赣州市验收的重要一年，围绕江西省定验收的"有完备的设施设备、有成熟的治理技术、有稳定的保洁队伍、有完善的监督制度、有长效的资金保障"的"五有"标准，对照考核验收细则，查缺补漏，确保能顺利如期通过省级验收。

1. 存量垃圾的清理

重点对"五边两点一区"（圩镇边、路边、河边、塘边、村庄边，农村危旧土坯房改造集中建设点、和谐秀美乡村建设点）的存量垃圾进行清除，城乡接合部和边远村庄的存量垃圾得到了有效清理，农村群众环卫意识明显增强，各乡镇圩镇、主干道垃圾清运及时，垃圾下河现象明显减少，农村生活垃圾基本上得到了较为妥善的处理。

2. 第三方治理的落实

采取"县级奖补、乡镇配套"方式整合资金，县级按兴国县统计局出具的人口数 30 元/人·年的标准保障资金，乡镇按照 10 元/人·年的标准配套补充，目前，25 个乡镇全部落实了第三方治理工作，102 个行政村建立长效缴费机制。

3. 打造特色"样板"

围绕 2017 年 3 月 22 日下发的《兴国县 2017 年度农村环境卫生综合治理创建"样板村、样板路与样板河"实施方案》文件要求，通过综合整治，落实责任主体，着力打造一批"兴国样板"，走出一条可操作、可复制、可推广的农村垃圾处理路子，兴国县 25 个乡镇申报了"样板村、样板路、样板河"项目（邓冬猛，2018），明确了项目范围及责任人，建立"样板村、样板路与样板河"责任公示牌，目前，已实施样板村 54 个，样板河 47 条，全长 240 公里；样板路 48 条，全长 278 公里。督促乡镇做好"样板村、样板路、样板河"监督公示牌的制作及安装工作，大部分乡镇的监督公示牌已安装到位。

4. 完善设施设备

2017 年通过政府公开招投标，采购了一批垃圾处理设备，其中，240 升塑料垃圾桶 6000 个、勾臂车 12 辆、洒水车 16 辆、挂桶垃圾车 21 辆、可卸式垃圾箱 700 个、移动压缩中转站 2 座、电动保洁车 25 辆，洒水车和塑料垃圾桶已投入使用。根据江西省考核验收认定办法，每一个乡镇按规划要求建成一座垃圾转运站或符合环保要求的终端处理设施，已建热解炉 11 座，其中 6 座已投入使用，5 座已完成焚烧炉主建工程。2017 年 5 月 18 日下拨了 21 个乡镇 20 万元垃圾中转站建设的启动资金，并拟按乡镇人口比例，3 万人口以上采购 18 方移动压缩站 6 座，3 万人口以下乡镇采购 12 方移动压缩站 13 座，现已启动了移动压缩站项目采购程序。

（三）农村"空心房"整治

兴国县按照存量"空心房"就是任务的原则，针对市级验收发现的问题，进一步增补措施、强化调度、严明奖惩，多措并举狠抓"空心房"整治整改工作。

第一，建立奖惩机制促成效。一是将"空心房"整治工作纳入到兴国县年度"三督查一通报"督查考评内容，同时将"空心房"整治工作列入 2018 年三级干部表彰大会，选定 7 个乡镇及 6 个挂点单位进行表彰及资金奖励。二是对"空心房"整治整改工作未通过市级验收的乡（镇）党委书记、乡（镇）长及分管领导进行追效问责，同时对未通过市级验收的村委会，坚决撤换村书记、村主任。三是每周将上周整治整改情况向兴国县四套班子领导进行通报，并要求挂点兴国县领导切实做到亲临一线参与，并亲自调度、督促。四是坚持各乡镇 2018 年 6 月底前每天必须最少发三张当天"空心房"整治现场工作照片到兴国县微信工作群，每周四上午下班前将"空心房"整治进度及整改前后对比图片发兴国县整治办。五是对整治整改工作落后的乡镇进行约谈问责，要求被约谈的乡镇对现有工作措施进行深刻反思、剖析，找出成效不明显的原因，对症下药，增补更有力的工作措施。

第二，实行部门联动保进度。一是抽调了 19 个兴国县直单位人员组成兴国县验收督导组，由各单位领导带队，采取包干作业 1～2 个乡镇的形式，督促乡镇全力以赴抓好整治整改工作，同时对乡镇整治整改质量进行复核检查，确保整治整改成效。二是全县乡、村两级成立了整治扫尾工作攻坚组，组建了专业拆除队伍，每个工作组由1名党政领导带领若干名干部，包干多个村小组的形式，以开展整治"集中推进月"活动为抓手，对存量"空心房"户户过点，整村推进，形成了"乡镇力量一边倒，领导干部齐上阵"的局面。三是在各村选择了一些在群众中威信高、农村工作经验丰富的"五老"人员成立整治工作理事会，同时邀请乡贤、在外知名人士共同参与，通过上门宣讲、小喇叭宣传、发放宣传单、悬挂横幅等形式，切实做好动拆思想工作、日常矛盾纠纷调解、土地有偿退出调剂等事宜，通过理事会的合理运作，有效消除整治工作"肠梗阻"，确保了整治进度。

第三，集中比武比赶超。一是确定以"五比五看"为重点的"空心房"整治"大比武"活动（即比内业看工作基础、比存量看整治进度、比平整看实质效果、比整改看执行力度、比配套看后续利用），强化力量、严格督导、狠抓落实，确保在既定时间内完成整治整改任务。二是确定通过抽样对比、现场会、交叉检查等方式组织各乡镇集中开展大比武活动。集中比武由兴国县委、县政府分管领导带队，分河东及河西两个片区开展，共开展4次大比武（其中，2018年3月16日看贫困村存量及整治进度为重点；3月26日看贫困村问题整改为重点；4月15日看非贫困村存量及整治进度为重点；5月15日看非贫困村存量问题整改为重点）。三是明确在整治工作落后的乡镇召开现场促进会，同时落后的乡镇及县挂点单位需进行表态发言。

第四，以政策红利续利用。一是确定了"空心房"整治补助标准（拆除按占地面积40元/平方米，修缮1500元/栋），仅2017年，兴国县已向各乡镇预拨整治补助资金共计5508.8871万元，拆除"空心房"腾出土地330多万平方米，为整治及后续利用奠定了良好基础。二是为充分调动乡、村积极性，兴国县坚持让利于乡、村的原则，明确"空心房"整治配套增减挂钩政策收益实行"541"分成政策（即增减挂钩指标交易收益分成比例为县、乡、村各占50%、40%、10%）。三是为解决乡镇增减挂钩项目启动资金及工作经费难的问题，兴国县委、县政府明确给予乡镇3万元一亩增减挂钩项目工作经费，其中2万元为工作经费，1万元为复垦经费。四是通过政策红利的推动，目前，"空心房"整治配套增减挂钩项目已立项面积达6206.58亩（其中第一批项目707.5亩，完成复垦面积331.81亩，完成复垦率46.9%，第二批项目5409.91亩，已拨付项目启动资金，正在组织复垦）。

（四）取得的成绩

1. 城乡建管成效显著

第一，城市建设步伐持续加速。城市建城区面积达 26.89 平方公里，城镇化率达 49.8%。东街、西街片区棚户区改造实现两年任务一年完成，迎宾大道、模范大道改造全面完工，将军大道改造、一江两岸景观改造等工程快速推进。

第二，农村基础设施不断完善。实施了一批国省道和农村公路建设，硬化通自然村水泥路 753 公里、改造危桥 107 座。建成高兴 110 千伏、良村 35 千伏输变电工程，治理低电压用户 3500 余户。洋池口水库通过国家烟草专卖局预审，长龙灌区改造、65 处农村饮水巩固提升等工程加快实施（见表 3 - 2）。

表 3 - 2　兴国县农村基础设施建设情况（2011 ~ 2017 年）

年份	农田水利工程	饮水安全	路、桥、电	整村推进
2011	1. 造林绿化 5.08 万亩 2. 综合治理水土流失面积 1766 公顷	—	—	—
2012	—	—	—	—
2013	—	1. 完成农村安全饮水工程 13 处 2. 解决不安全饮水人口 9.8 万人	1. 硬化通组公路 240 公里 2. 新建、改造农村电网 10 千伏线路 101 公里、低压线路 110 公里，累计实现 3.1 万低电压用户正常用电	茶园扶贫开发示范乡和 165 个整村推进扶贫重点村建设有序推进
2014	被评为"江西省农田水利建设先进县"	完成农村饮水安全工程 19 处，累计解决不安全饮水人口 24.56 万人，提前完成"十二五"规划实施任务	1. 启动实施了 319 国道路面大中修工程 2. 启动华坪至杰村、高兴至茶园、古龙岗至兴江公路改造 3. 硬化通组公路 245 公里 4. 新建、改造农村危桥 28 座 5. 改造农村电网 10 千伏线路 164 公里、低压线路 248 公里	江西省定"四个一"组合式扶贫有序推进
2015	1. 农田水利设施进一步完善，完成高标准农田建设 29.5 万亩 2. 小（2）型病险水库除险加固 43 座	实施农村饮水安全工程 50 处，解决 24.56 万人安全饮水问题	1. 改建农村公路 1972 公里、农村危桥 64 座 2. 新（改）建 10 千伏线路 686 公里、低压线路 676 公里	—

续表

	农田水利工程	饮水安全	路、桥、电	整村推进
2016	—	—	—	—
2017	—	—	—	创新建立"项目池""资金池"、实行扶贫领域工程招投标"绿色通道"等工作经验在江西省推广

注："—"表示不详。

资料来源：兴国县 2011～2017 年政府工作报告。

第三，城乡面貌发生明显改观。扎实开展文明城市创建，整治小街小巷 14 条，拆除"两违"建筑 17 万平方米。实施 588 个新农村点"七改三网"基础设施建设，累计拆除"空心房"415.3 万平方米。整合 6426 万元全面推进农村生活垃圾专项治理，垃圾无害化处理率达 90% 以上。乡风文明行动深入实施，歪风陋习破除有力。

2. 生态环境持续向好

第一，生态修复和保护工程扎实推进。8.74 万亩低质低效林改造任务全面完成，遥前—罗兴—石浒废弃稀土矿山治理项目竣工验收，崩岗侵蚀劣地水土保持综合治理工程加快推进，启动实施水土流失治理 87.5 平方公里。

第二，生态文明建设制度更加健全。制定了贯彻落实《国家生态文明试验区（江西）实施方案》的实施意见；生态红线基本划定，兴国县约 32.79% 的国土面积划入生态红线范围。自然资源负债表编制工作有序推进，古龙岗镇领导干部自然资源资产离任审计试点全面完成。

第三，人民群众对生态保护获得感明显增强。深入实施大气、水、土壤污染防治行动计划，专项整治"四尘三烟三气"，城区空气优良率达 89.4%；严格落实"河长制"，全面完成中小河流治理任务，出境水段面水质达到 Ⅱ 类以上标准，饮用水源区水质控制达标率为 100%。建设潋江国家湿地公园、桐溪公园、朱华塔公园等公园，城区新增公园绿地 180 万平方米，成功创建了省级森林城市。

第三节　安远县的美丽乡村建设

一、精神脱贫与乡风文明建设

关于安远县的精神扶贫实施情况，肖斐杰同志进行了较好的总结。其文《强化"三扶"举措以精神扶贫助推脱贫攻坚——江西安远脱贫攻坚的做法与思考》刊登于 2017 年的《老区建设》上。文章认为，安远县大力开展以"扶志、扶智、扶德"为主要内容的精神扶贫，坚持外力帮扶与自力更生互相结合、精准快速与持续稳定互相支撑，个体脱贫与乡风教化互相促进，切实增强贫困户脱贫的内生动力，推动安远县脱贫攻坚取得明显成效。2014 年以来，安远县实现精准脱贫 5.38 万人，贫困发生率下降了 17.5%。

（一）开展"三扶"的现实必要性

安远县贫困程度较深，2016 年有 71% 的贫困户家庭总收入在 2000～5000 元。深度贫困的成因既与当地长期经济欠发达、产业基础薄弱等客观因素有关，也与贫困户自身安于贫困、不思进取、知识技能不足等主观因素有关。安远县贫困户精神贫困问题，突出表现在三个方面：一是思想落后缺乏志气。一些群众安于现状，得过且过，"等靠要"思想严重，"你急他不急""上动下不动"，把扶贫帮扶当作"天上掉馅饼"。安远县绝大多数贫困户都不同程度地存在这种思想。二是文化较低技能不足（肖斐杰，2017）。一些群众虽然脱贫愿望强烈，但苦于文化素质较低，导致自我发展能力较弱，脱贫信心不足。安远县建档立卡贫困人口 50228 人中，文盲或半文盲占 5.86%，小学、初中文化程度占 85.17%，高中及大专以上文化程度仅占 8.97%。三是道德滑坡风气不良。受陈规陋习影响，有的贫困户因为盲目攀比，大办"红白喜事"，致贫返贫；有的贫困户生有多个子女，子女却任由老人居住危旧土坯房，不愿赡养老人；有的贫困户好逸恶劳、懒惰成性，终日赌博。这些"精神贫困"问题如不解决，即使政府花费大量的人力、物力、财力推进脱贫攻坚，也只能解一时之困，治标不治本，容易陷入"越穷越要、越要越懒、越懒越扶"的恶性循环，脱贫攻坚难以取得真正的成效。因此，精神扶贫是精准脱贫的重要前提和保障。只有同步抓好精神扶贫，充分调动贫困户的主动性、积极性、创造性，营造良好社会风气，才能从根本上激活脱贫动力，巩固脱贫成效。鉴于此，自开展精准扶贫工作以来，安远县就高度重视精神扶贫，围绕"扶志、扶智、扶德"下功夫、做文章，助推精准脱贫不断取得新成效。

（二）主要举措

为深入实施智力扶贫和精神脱贫，激活贫困户自我脱贫内生动力，杜绝"养懒汉"现象，安远县出台了《安远县扶贫又扶志工作方案》。

1. 加强扶贫扶志宣传

第一，印发一本小手册。制作适用于干部职工了解掌握扶贫政策的宣传小册子，制作适用群众增强脱贫主动性和提升脱贫致富技能的宣传小手册，发给帮扶干部和贫困户。

第二，开展扶志服务活动。一是由文明办、妇联、民政、教育、司法等12个部门组成政策宣讲组，深入18个乡镇进行一次巡回宣传；二是成立由挂点单位帮扶干部、村"第一书记"、村干部、先进党员、脱贫成效显著的贫困户等组成的"扶志服务团"，做好需扶志贫困户的摸底工作，开展一次对贫困户的扶贫又扶志政策宣讲工作，以正面激励增长"我要脱贫"的志气。

安远县把"扶志"放在脱贫攻坚的重要位置，制订出台了《安远县扶贫又扶志工作方案》，引导贫困群众树立"脱贫致富靠自己、小康生活等不来"的思想，积极帮助贫困群众增强脱贫愿望，树立脱贫信心。通过安远县电视台、《东江源报》等县内主流媒体，微信群、朋友圈等新型媒体，采茶戏小舞台、村级小广场等乡村活动场所（肖斐杰，2017），以演出、播报、展示等多种形式对贫困户自力更生的典型事例进行广泛宣传，同时，还成立由挂点单位帮扶干部、村第一书记、村干部、先进党员、脱贫示范户等组成的"扶志服务团"，巡回开展宣讲活动，将"勤劳致富、脱贫光荣"的社会正能量传递到基层，延伸到贫困户中，通过思想教育，引导贫困户不当懒汉、不做穷户。仅2016年，安远县就发放《筑梦路上铿锵行》《扶贫政策图示》等宣传画册1.5万本，印制增强群众脱贫主动性和提升脱贫致富技能的宣传小手册2.1万份，播放《脱贫路上》励志专题片26期，评选脱贫示范户86户，大大激发了贫困群众脱贫的热情、信心和干劲。

2. 加强法治扶贫工作力度

第一，加强法治扶贫宣传教育。按照"谁主管谁普法"的"七五"普法原则，发挥乡镇法律顾问的作用，每半年开展一次法治讲座，重点加强村"两委"干部和精准扶贫对象的法制宣传；将法治扶贫宣传纳入到帮扶干部的帮扶内容中，为挂点贫困户提供法律帮助。重点宣传好《农业法》《土地承包法》《种子法》《劳动合同法》《婚姻法》《人口与计划生育法》《未成年人保护法》《妇女权益保障法》《老年人权益保障法》《信访条例》《法律援助条例》等法律法规。

第二，为贫困户提供免费法律援助。针对一些乡镇收受高额彩礼买卖婚姻致贫、有儿不养等违法行为提供免费法律援助。针对农村因"黄赌毒"、不赡养老人等违法或不良习惯致贫返贫问题，安远县大力实施法治扶贫。组织开展"送法下乡""法治进村""法治进校园"等系列活动，加大法制宣传；大力整治"六合彩"等违法行为，对农村不尽孝道者公开进行调解宣判并列入诚信"黑名单"，加大惩戒力度；组建法律服务队，免费帮助贫困户"打官司"，维护贫困户合法利益，减少维权成本。自 2015 年以来，先后拘留"黄赌毒"人员 86 名，对 642 名不赡养老人的群众进行行为矫正，为贫困户办结法律援助案件 53 起，营造了遵纪守法、尊老养老、勤奋进取的良好社会风气。

3. 推行移风易俗，树立文明乡风

第一，在贫困村深入开展社会主义核心价值观宣传教育。以安远新闻、公益广告、文化长廊、遵德守礼提示牌等为载体，大力宣传社会主义核心价值观；广泛开展文明村镇、文明家庭创建评选活动。

第二，组建一个红白理事会。理事会由群众推举德高望重、热心服务、公平公正、崇尚节俭、有一定礼仪特长的人士组成。加强对红白理事会的工作指导，提高其政策把握能力和为群众服务的水平。

第三，开展一项移风易俗专项治理行动。一是聘礼彩礼方面，提倡订婚聘礼（彩礼）数额（含饰物、认亲等）控制在当地人均年收入的 3 倍数额以内，避免因高额彩礼返贫。二是树立"婚丧新办"倡导计划，倡导"婚事新办、丧事简办、其他喜庆事宜不办"新风。三是党员干部带头倡导移风易俗。实行党员干部操办婚丧喜庆事宜报告制度，对违反规定的党员干部，按有关规定处理。四是狠刹打牌赌博风。建立群众监督举报体系，一经举报，坚决依法严肃查处。

在安远县每个村成立由"五老人员"组成的红白喜事理事会，发挥理事会对村民的引导和管理作用，推动移风易俗，革除当前较为突出的天价彩礼、大操大办、厚葬薄养等陈规陋习。与此同时，以乡镇为单位，对风水先生、媒婆等人员进行培训，引导他们依法参与移风易俗行动，并将其纳入到监管范围中，规范他们的行为活动，形成婚事新办、丧事俭办、厚养薄葬、勤俭节约的文明新风尚，防止贫困户因陈规陋习致贫返贫。新龙乡唐某在处理母亲丧事时，原准备请乐队，并预付了 600 元定金，在红白理事会上门宣传后，唐某按照新办俭办的原则操办，整个丧事节约资金约 6000 元。仅 2017 年上半年，安远县婚事新办、丧事俭办共节约 500 余万元。

4. 创新文化扶贫方式

第一，创作一批文化扶贫精品。邀请文化部门或者民间艺人，以法制、移风易俗、精准扶贫为主题，创作编排广大农民喜闻乐见的精品采茶戏剧目。

第二，开展"文化下乡""文化惠民"系列活动。一是开展文艺扶贫巡演。以送采茶戏、送电影、送图书、送书画下乡的方式，深入到乡村进行巡回演出，开展法制、移风易俗、精准扶贫宣传教育，寓教于乐。二是实现广播电视"户户通"。让每位贫困户都能看到电视，进一步丰富农民群众的文化生活。

安远县充分利用赣南地区采茶戏发源地、中国楹联之乡的独特文化优势，大力弘扬传统美德。以"乡村舞台"为载体，结合"送戏下乡"活动，编排以社会公德、职业道德、家庭美德、个人品德为主题的采茶小戏曲目进行演出，以群众喜闻乐见的方式进行宣传教育；以"送对联"活动为契机，将孝老敬亲、邻里和谐等内容融入对联，实现潜移默化的熏陶作用（肖斐杰，2017）。同时，还通过组织由群众评选的道德模范、先进人物组成的"道德宣讲团"，进村巡回宣讲；在中小学校开设传统美德教育课程，建设农村"文化墙"等，让"崇德尚善"在农村蔚然成风。

5. 做好特殊贫困户优生优育工作

第一，建立贫困户计生档案。对贫困户新婚、怀孕、子女出生时间和再生育意愿、节育措施、联系方式等基本信息进行造册登记，建立贫困户妇幼卫生、计划生育服务需求信息档案。

第二，开展贫困户计生免费服务。安远县妇幼保健计划生育服务中心为贫困户提供免费婚前检查；对计划怀孕对象，主动上门做好一孩、二孩生育服务登记，发放生育服务卡，并动员其参加免费孕前优生检查；对怀孕中的对象，免费提供叶酸，并加强服务指导；对生育后的对象，免费发放营养包，积极落实农村孕产妇住院分娩补助政策；对纯女户、生育二个子女还想再生育的对象，加强思想教育，引导其转变观念，动员其落实一项长效节育措施。

6. 抓教育，阻断贫困代际传递

开展"小手拉大手、共立脱贫志"系列活动。一是开展社会主义核心价值观的普及宣传，加强学生思想品德教育；二是组织开展普及法制进校园活动，宣传尊老爱幼、勤劳致富、知识改变命运等正能量；三是转变安远县北部地区家长认为女孩读书无用的观念，在学校课程中开设家风家训、脱贫致富课程，培养孩子的志气志向、知识技能和现代化观念以影响其父母，从而带动家庭整体脱贫。

（三）加强领导与指导

安远县努力通过实施智力扶贫和精神脱贫计划，使全县各部门单位扶贫工作举措更加有力，贫困户脱贫摘帽的信心更加充足，全面提升脱贫攻坚成效，确保2017年全县提前脱贫摘帽，到2020年与全国同步全面建成小康社会。

1. 加强组织领导

为确保扶贫又扶志工作有序推进，成立由方飞同志任组长，施志福同志任副组长，安远县纪委、安远县委组织部、安远县委宣传部、安远县文明办、安远县扶贫办、安远县妇联、安远县司法局、安远县文广新局、安远县教育局、安远县民政局、安远县卫计委等部门单位主要负责人为成员的安远县扶贫又扶志工作领导小组。领导小组下设办公室设在安远县文明办，由刘振宇同志兼任办公室主任，陈跃星同志任办公室副主任。各责任单位要对照方案要求，切实承担起各自的工作职责，结合工作实际，制定切实可行的工作子方案，扎实开展扶贫又扶志工作，确保扶贫又扶志工作取得明显成效。

2. 强化业务指导

安远县扶贫又扶志工作领导小组要加强对各责任单位的调度、指导和督查，促使每项工作落到实处，办公室要加强与各责任单位的沟通与协调，掌握工作进展情况，及时向安远县扶贫又扶志工作领导小组汇报，各乡镇要依据方案和各责任单位的工作要求具体抓好落实。

3. 严肃督查考核

安远县委督查室、安远县政府督查室会同工作领导小组办公室，对全县扶贫又扶志工作执行情况和进展情况进行督查考核，对在工作中阳奉阴违、敷衍塞责、拖延推诿的单位和个人在全县进行通报批评，并上报纪检监察机关依法依规追究责任。

二、美丽乡村建设与整村推进

（一）主要内容

第一，推进生态文明建设。继续争取国家对东江源生态补偿机制的支持，以更好地保护东江源头生态环境。进一步完善工作机制，落实工作月报制度，将生态文明建设制度化、日常化。组织各部门单位对照《安远县生态文明先行示范区建设实施方案》明确的发展定位、发展目标、重点任务等内容，抓好落实，确保完成年度目标任务。推进生态文明机制的创新，重点在生态补偿、主体功能区、生态执法、环保责任考核等领域有所突破。发展生态产业，围绕生态资源优势，积极规划和发展旅游、观光农业、林下经济、新能源等生态产业，构建以生态农业、绿色工业和现代服务业为主要内容的生态产业体系。加快城镇生活污水、工业园区工业污水处理设施和配套管网建设，强化污染防治。

第二，推进美丽乡村建设。加强农村环境卫生整治，持续开展农村垃圾专项治理工作，突出抓好圩镇环境卫生整治，完成三百山镇、孔田镇等8个乡镇压缩式中转站建设。持续推进乡镇"三个示范点"建设，重点打造三百山镇虎岗村、镇岗乡老围村、凤山乡凤山村、车头镇官溪村4个秀美乡村示范点。

根据《安远县脱贫摘帽攻坚实施方案》（安办字〔2017〕54号）文件要求，按照"规划先行、项目推进、整合资源、产业优先、安居为乐、服务均等、乡风文明"的工作思路，安远县出台了《安远县2017年贫困村整村推进扶贫项目实施方案》，成为安远县整村推进的纲领性文件。

总体要求。到2017年底，安远县未脱贫的2.01万贫困人口实现脱贫，剩余的60个"十三五"贫困村有序退出，安远县贫困发生率控制在2%以内；对已脱贫的贫困人口和已退出的贫困村继续扶持巩固，确保脱贫不返贫。贫困村群众全面实现走平坦路、喝干净水、上卫生厕所、住安全房的愿望，进一步完善贫困村基础设施和公共服务设施，美化村容村貌，构建"整洁美丽，和谐宜居"的新农村。

目标任务。对照贫困村退出指标体系，按照"缺什么、补什么"的要求，通过整合各类涉农资金，重点完善全县"十三五"期间70个贫困村交通、饮水、住房、用电、通信、环境建设和公共服务等设施，把扶贫开发、现代农业发展、美丽乡村建设有机结合，做到"推进一个村，脱贫一个村"，努力实现农民富、农业强、农村美。

主要内容有三项，具体如下：

1. 科学编制规划

对照贫困村退出指标体系，围绕贫困村和贫困户"双脱贫"目标，按照"产业第一、能力至上、群众急需、到村到户"的要求，因地制宜，科学合理编制贫困村整村推进规划，突出培育增收产业、改善人居环境、完善基础设施、提升公共服务，积极探索整村推进与扶贫到户相结合的扶贫工作模式，建立道路交通项目、基础设施项目、公共服务项目等项目库。

第一，道路交通方面。①25户以上自然村通村委会道路硬化。根据《安远县2016年交通运输工作实施方案》，加快贫困村村组路网建设，积极推进25户以上（含25户）自然村通村委道路硬化，改造贫困村危旧桥，新建贫困村交通服务站，确保满足贫困村退出的道路建设需要。②100%农户入户路硬化。按

《安远县 2017 年"整洁美丽，和谐宜居"新农村建设工作方案》文件要求，组织实施全县 70 个"十三五"贫困村农户入户道路硬化项目。

第二，水利设施方面。①100% 农户安全饮水。全面实施农村饮水安全巩固提升，对需要进行管网延伸或建引水、输水、净水、配水等工程的贫困自然村组进行升级改造，确保 100% 农户有水质、水量达标的自来水、家用井水或山泉水。②实施好水利扶贫项目。根据《2017 年水利扶贫项目实施方案》，重点从农村饮水安全巩固提升、农田水利及小型灌区续建配套与节水改造、抗旱应急水源、防洪保安工程等方面，加大贫困村水利项目建设和资金投入，有效提高贫困村生产和生活用水保障水平，进一步提高抵御洪旱灾害能力。

第三，住房保障方面。①实施好农房改造项目。对需进行危旧土坯房改造的建档立卡贫困户，按照《安远县全面推进 2016 年农村贫困户危房改造实施方案》文件规定的农房改造补助政策进行补助，切实改善贫困户居住条件，确保 100% 的贫困户住房安全。②抓好农村"空心房"整治。根据《安远县 2017 年农村"空心房"整治决战方案》，在 2017 年 5 月底前，按照规范有序、干净整洁、和谐宜居的要求，将闲置废弃、存在安全隐患的"空心房"全面拆除，对有保留价值的"空心房"进行修缮维护，拆除"空心房"后退出的宅基地采取建设村民文化广场、重新安排符合条件村民建房、复垦等方式进行综合开发利用，进一步提高土地利用效率。

第四，电力设施方面。①实现 100% 农户通生活用电。组织实施对农村特别是贫困村用电安全情况进行全面排查，彻底消除农村用电安全隐患。全面实施贫困村农网改造升级工程，确保实现 100% 农户通生活用电。②实现所有贫困村村委会所在地通"三相四线"动力电。科学制定贫困村电力设施发展规划，全面推进贫困村电网标准化建设，解决贫困村变压器过载、供电线路半径过长、导线线径过细等问题，确保所有行政村村委会所在地通"三相四线"动力电。同时，主动服务光伏产业扶贫工程，确保已实施的光伏扶贫项目顺利接入电网。

第五，通信基础方面。①村委会所在地通光宽带网络。根据《安远县农村信息化扶贫实施方案》实施农村信息扶贫项目，重点提升 4G 通信网络在农村特别是贫困村的覆盖能力，使贫困村 4G 通信网络覆盖率达到 100%；加快农村宽带光纤化建设（高莉娟、王建，2016），力争在 2017 年底贫困村光宽带覆盖率达到 100%，全面实现"村村通"宽带网络。②100% 农户能够收看电视节目。根据《2017 年度安远县文化扶贫实施方案》，重点推进行政村广播电视直播卫星户户通工程建设，将符合条件的行政村纳入直播卫星户户通服务区域，优先满足贫困村用户的安装需求。实现100%农户能通过广电网络或卫星接收设施收看电视节目。

第六，环境排水沟渠整治方面。①100%农户冲水式卫生厕所建设。按《安远县2017年"整洁美丽，和谐宜居"新农村建设工作方案》文件要求，组织实施全县60个贫困村农户改建冲水式卫生厕所项目，确保100%农户有冲水式卫生厕所。②25户以上自然村排水沟渠建设。彻底治理村庄内污水横流问题，实现"村庄美"，进一步改善村容村貌，对60个贫困村人口相对密集的区域增设污水处理设施和对需改建排水沟渠的所有自然村进行排水沟渠建设，重点解决排污排水问题。③25户以上自然村有保洁员和垃圾集中收集点。完善垃圾清运设施设备及垃圾集中收集点设备，配强配齐清运保洁队伍，按月均工资不低于1200元的标准，在安远县70个贫困村聘用保洁员，实现25户以上自然村保洁员和垃圾集中收集点全覆盖。

第七，公共服务设施方面。①贫困村村级卫生室建设。根据《安远县"十三五"贫困村产权公有卫生计生服务室建设实施方案》，在70个"十三五"贫困村建成村级卫生室的基础上，按每村不低于10万元，不高于12万元的标准，配备必要的医疗设备，完善诊疗室、治疗室、计生技术服务室、观察室、药房（计生药具室）、人口学校、值班室、档案信息室、公共卫生间等"八室一间"设施。②贫困村有农村综合服务平台或综合文化活动室（中心）。按照"8+4"基本公共服务项目（建设便民公共服务平台、卫生室、便民超市、农家书屋、文体活动场所、垃圾处理设施、污水处理设施、公厕，建设小学、幼儿园、金融服务网点、公交站）做好公共服务建设工作，确保每个贫困村有集宣传文化、党员教育、体育健身等为一体的综合公共服务平台，实现农村社会经济可持续协调发展。

2. 加强产业发展项目实施

按照"领导带队、部门参与、企业上阵"的思路，通过"121"（1个县级领导、2个部门、1个龙头企业）平台，整合各类资源，落实产业发展项目资金，确保每个贫困村落实资金不低于500万元，做好贫困村农业产业发展项目，打造贫困家庭稳定收益项目，壮大村级集体经济。

第一，产业扶贫项目。按照乡乡有主导特色扶贫产业、村村有扶贫项目、户户有增收门路，确保到2017年底每个乡（镇）除兜底对象以外的建档立卡贫困户产业扶贫100%覆盖。积极鼓励扶持贫困村、贫困户发展蔬菜类、经济作物类、畜禽养殖类、水产养殖类、果业产业类、林下经济类、烟叶产业类七大类产业补助项目，并根据《安远县"五个一"产业扶贫工程工作方案》《安远县人民政府办公室关于做好贫困户家庭种养产业项目申报、验收及资金发放工作的通知》等产业扶贫政策给予扶持和补助。

第二，光伏扶贫项目。根据《安远县光伏产业扶贫实施方案》，在安远县"十三五"贫困村建设分布式村级光伏电站，每个电站容量为100kW以内。扶持有安装条件且有信贷资格的贫困户自建户用光伏电站，每户安装3～5kW。重点扶持无劳力、无资源、无稳定收入来源且无信贷条件的建档立卡贫困户，联合组成合作社、争取银行支持以按揭方式还贷，充分利用标准厂房、公共机构等屋顶集中建设光伏电站。

第三，金融扶贫项目。根据《安远县2017年"产业扶贫信贷通"实施方案》，新增发放4.68亿元信贷扶贫资金，用于发展有益于贫困户脱贫的产业，重点扶贫果业、蔬菜、畜牧养殖和光伏发电等产业，实现安远县未贷款且基本符合银行信贷条件、有信贷意愿的建档立卡贫困户信贷扶贫全覆盖。

3. 提升内生动力

提升贫困村内生动力水平，助力乡风文明建设跨步向前，助推贫困村脱贫退出。

第一，推进乡村文明建设。根据《2017年度安远县文化扶贫实施方案》，大力发展农村文化，加快构建农村公共文化服务体系，不断丰富农民的精神文化生活。推进公共文化服务标准化、均等化建设，按照"覆盖城乡、便捷高效、保基本、促公平"的要求，坚持重点突出、点面结合、统筹推进。开展具有乡土特色的文化活动，推动文化与特色农业有机结合，提升农产品文化附加值。支持完善乡（镇）、行政村公共文化服务设施，不断拓展农村精神文明建设的阵地与渠道。

第二，抓好贫困户的扶志工作。根据《安远县扶贫又扶志工作方案》，推动社会主义核心价值观在农村落地生根，培育新型农民、优良家风、文明乡风和新乡贤文化。推行移风易俗，梳理文明乡风，做到贫困户的优生优育引导工作。通过实施智力扶贫和精神脱贫计划，使贫困户脱贫摘帽的信心更加充足。

第三，做好法治扶贫工作。根据《安远县2017年法治扶贫实施方案》，提升贫困群众的法治意识和法律素养，帮助贫困群众解决法律难题，积极加快脱贫步伐，推动农村移风易俗，从简操办婚丧喜庆事宜。让贫困群众法治意识进一步增强，法律援助（司法救助）机制更加完善，群众合法权益得到有效保障，法治精神深入人心，形成依法治贫、依法扶贫的良好法治环境。

第四，推进"为村"服务平台建设。在安远县70个"十三五"贫困村建成"农村e邮乐购"电商服务站点，大力推进"为村"平台建设。充分发挥移动互联网在统筹城乡发展和社会主义新农村建设中的重要作用，探索信息化助推农业、农村发展的新机制，加快用网络信息技术推进社会治理，提升农村移动互联网综合运用能力。

（二）实施步骤

具体可分成三个阶段，每个阶段的工作内容分别如下：

1. 第一阶段

为规划编制及审核阶段（2017 年 2 月 20 日至 3 月 30 日）。按照"规划先行、项目推进、整合资源、产业优先、服务均等、乡风文明"的工作思路，坚持做到"五个结合"（即与群众积极性结合、与打造大旅游结合、与产业基础结合、与扶贫攻坚结合、与美丽乡村建设结合）的总要求，对村庄进行规划编制。由安远县委农工部、安远县扶贫和移民办、财政局、城建局等部门组成联合工作小组，对各贫困村规划进行审核，并将修改意见反馈给乡（镇）。按照规划列出完整的整村推进扶贫项目建设汇总表，项目建设汇总表要及时上报相关主管部门审核，审核通过后报安远县精准扶贫办备案。

2. 第二阶段

该阶段为项目建设实施阶段（2017 年 3 ~ 10 月）。第一，依项目建设汇总表按项目类别及招投标要求，完成相关程序，完成项目施工，在施工中要突出抓好项目建设内、外部配套条件的落实工作。

第二，完善项目开工前各项审批手续，落实资金、物料、人力等建设要素。成立整村推进扶贫工作理事会，负责监督、管理、推动项目建设工作。项目建设所需的供电、供水、道路、规划许可、土地占用等建设条件，明确责任，采用"一事一议""特事特办"等办法重点加以解决。每半年要召开一次全县的整村推进扶贫工作现场会，交流做法、学习先进，确保年内完成项目建设。

第三，在项目施工过程中要突出抓好影响项目建设进度的各类问题的协调和解决。各乡（镇）要进一步强化责任意识，对项目建设工作中存在的突出矛盾和问题，采取积极应对措施，督导项目业主单位强化时间、任务观念，做好工程施工节点衔接；要不断优化建设环境，切实加快项目建设进度，确保达到退出标准。

第四，各乡（镇）要做好整村推进工作的总结提炼，在做好硬件设施建设的同时也要兼顾做好宣传标语张贴、图片影像收集、文档资料归档等相关工作。

3. 第三阶段

为巩固提高阶段（2017 年 11 ~ 12 月）。对照江西省、赣州市《贫困村退出考核办法》要求，做好项目扫尾、查漏补缺和完善提升等工作，建立健全各项工作机制，完善村点档案和资料整理，落实农村新社区建设等有关工作。聘请第三方评估机构对各村整村推进项目建设完成情况先行评估验收，确保实现基础设施较为完善，基本公共服务领域各项指标高于全省平均水平，确保国家检查时能全部退出。

（三）保障措施

1. 编制计划

即编制好整村推进项目计划。各乡（镇）认真做好2017年村庄规划编制工作，实现脱贫攻坚规划与各项专项规划有效衔接，并严格按规划做好到村、到组的整村推进项目申报工作，积极加强与各有关部门单位的协调对接，确保整村推进项目精准到位。各责任单位压实责任，落实职责任务，及时组织制订项目实施计划，明确项目实施地点、资金规模、时间进度计划及建设任务等内容，加强项目监管与调度，抓好计划落实。

2. 组织项目实施

即组织好整村推进项目实施。各乡（镇）、各部门单位要根据安远县委、县政府的统一部署和要求，制定工作方案，明确目标和工作职责，确保70个贫困村有关指标达到或者超过考核验收标准，实现贫困村退出和发展环境提升。对农村道路硬化、水利设施、安全饮水、文化、教育、卫生等项目建设，要狠抓工程建设质量和进度，落实安全生产措施，确保如期完成工作任务。

3. 落实资金

落实好整村推进项目资金整合。根据《安远县统筹整合财政涉农扶贫资金实施方案》文件要求，通过统筹整合财政涉农资金，形成"多个渠道引水、一个龙头放水"的扶贫投入新格局。抓住贫困村退出、贫困人口脱贫的目标，严格按照"六个精准""五个一批"的要求，整合各类扶贫资源，分类施策，加快资金拨付进度，实现项目实施提速增效。

4. 强化调度与督查

强化好整村推进项目调度督查。建立项目信息报送制度。各乡（镇）、各部门单位要安排专人负责收集和汇总整村推进项目实施情况，并定期上报安远县精准扶贫办。对各乡（镇）、各部门单位进展情况，每月进行一次通报，每季进行一次小结，年终进行全面总结。同时，按照《安远县脱贫攻坚工作督查办法》采取日常督查、重点督查、专项督查、部门督查相结合和督查计分排名通报的办法进行督查，对工作不力导致工作滞后的乡（镇）、部门单位，将按照《安远县脱贫摘帽绩效考评奖惩办法》进行问责。如2017年8月，安远县人大组织调研组开展涉及中央环保督查反馈意见整改落实情况专题调研。调研组一行通过实地察看、座谈交流等方式，对安远县稀土产业发展工作概况、稀土开发造成生态破坏、水土流失和流域污染情况，废弃矿山生态修复、矿区水污染治理情况等进行了调研，并听取大家对今后加强稀土矿山治理、生态修复工作的意见建议。调研组对安远县涉及中央环保督查反馈意见整改落实情况给予了肯定，希望各相关部门单位要继续重视稀土矿山治理和生态修复工作，加强稀土矿山的巡查，坚决遏制违法违规行为的发生，切实把中央环保督查反馈意见整改落实到位。

5. 完善考核机制

即完善好整村推进项目考核机制。整村推进项目的实施，关系着贫困村能否退出，各乡（镇）、各部门单位要切实增强使命感和责任感，高度重视、严格标准、全力以赴落实好相关工作。要建立和完善好考核考评机制，把整村推进项目实施情况列入年度工作考核内容，对未按时间节点完成任务的责任单位，追究其单位主要负责人责任，对项目实施成绩突出、完成效果好的单位和个人，按照《安远县脱贫摘帽绩效考评奖惩办法》给予表彰和奖励。

6. 构建管护机制

即构建整村推进管护机制。明确管护责任，以乡（镇）人民政府为责任主体，以行政村为工作单元，将道路桥梁、河塘沟渠、小型水利等基础设施，公厕、垃圾收集、污水处理、绿化亮化等环卫设施，农家书屋、休闲广场、活动室、卫生计生服务室、公交站台等服务场所，全部纳入日常管护范围，实现管护无死角。明确资金来源，建立县乡补助、村集体和农民投入、社会赞助的多元投入机制。其中财政补助资金主要用于支付管护人员报酬和设施维修费用。明确工作机制，建立健全民主议事制度、购买服务制度、管护责任制度、考核奖惩制度、资金保障制度等，确保农村基础设施、公共服务体系持续发挥效益，农村面貌和生态环境持续改善。

（四）案例

1. 信息化扶贫

第一，主要内容。

（1）提升4G通信网络在农村特别是贫困地区的覆盖能力，计划2017年投入2870万元，使贫困村4G通信网络覆盖率达到100%；

（2）加快农村宽带光纤化建设（高莉娟、王建，2016），计划2017年投资1400万元，力争2017年年底贫困村宽带覆盖率达到100%。

第二，重点项目。

（1）农村4G通信网络建设项目。①移动公司：2017年计划投资2000万元用于4G通信网络建设，新建4G基站62个，到2017年底安远县移动4G基站将达到437个。②电信公司：2017年计划投资450万元用于4G通信网络建设，新建4G基站65个（含共享基站），到年底安远县电信4G基站将达到183个。③联通公司：因区域限制、技术瓶颈等原因，无法在农村开展4G通信网络建设，计划年底完成农村3G基站升级，升级为3G＋。

（2）农村宽带覆盖（光纤化改造）和提速项目。①移动公司：2017年计划投资1000万元进行宽带网络建设，力争2017年贫困村移动宽带覆盖率达到62%（见表3－3）。②电信公司：2017年计划投资400万元用于宽带网络建设，力争2017年贫困村电信宽带覆盖率达到100%（见表3－4）。③联通公司：安远县联通公司实行乡（镇）承包宽带网络建设制度，力争2017年贫困村联通宽带覆盖率达到38%（见表3－5）。

表3－3　2017年安远县农村信息化扶贫调查情况（移动公司）

序号	乡镇	贫困村名	情况调查	
			农村宽带建设	4G信号覆盖
1	欣山镇	下庄村		已覆盖
2		古田村	已覆盖	已覆盖
3		教头村	已覆盖	已覆盖
4		富田村		已覆盖
5		教塘村		已覆盖
6	孔田镇	下河村		已覆盖
7		下龙村	已覆盖	已覆盖
8		新塘村	已覆盖	已覆盖
9		上寨村		已覆盖
10		上魏村	已覆盖	已覆盖
11	版石镇	河西村	已覆盖	已覆盖
12		安信村	已覆盖	已覆盖
13		湘洲村		已覆盖
14		岭东村	已覆盖	已列入工程、部分覆盖
15		赖坑村	已覆盖	已覆盖

续表

序号	乡镇	贫困村名	情况调查	
			农村宽带建设	4G 信号覆盖
16	天心镇	长布村		已覆盖
17		大坌村		已覆盖
18		崇坑村	已覆盖	已覆盖
19		小乐村	已覆盖	已覆盖
20		仰湖村		已覆盖
21		龙布村	已覆盖	已覆盖
22	龙布镇	中邦村		已覆盖
23		新村村	已覆盖	已覆盖
24		阳光村		已覆盖
25	鹤子镇	阳佳村	已覆盖	已覆盖
26		杨功村		已覆盖
27		半迳村	已覆盖	已覆盖
28	三百山镇	咀下村		已覆盖
29		黄柏村		已覆盖
30		符山村	已覆盖	已覆盖
31	车头镇	龙竹村	已覆盖	已覆盖
32		车头村	已覆盖	已覆盖
33		南屏村		已覆盖
34	镇岗乡	龙安村	已覆盖	已覆盖
35		赖塘村		已覆盖
36		富长村	已覆盖	已覆盖
37	凤山乡	东河村		已覆盖
38		井坵村		工程实施中、存在居民阻工
39	新龙乡	新龙村	已覆盖	已覆盖
40		长坜村		已覆盖
41		江头村	已覆盖	已覆盖
42	蔡坊乡	渡江村		已覆盖
43		仕湖村		已覆盖
44	重石乡	官布村		已覆盖
45		大坑村		已覆盖

续表

序号	乡镇	贫困村名	情况调查	
			农村宽带建设	4G 信号覆盖
46	重石乡	莲塘村		已覆盖
47		共和村	已覆盖	已覆盖
48	长沙乡	吉祥村	已覆盖	已覆盖
49		渡屋村		已覆盖
50		园当村	已覆盖	已覆盖
51	浮槎乡	长河村	已覆盖	已覆盖
52		槎江村		已覆盖
53		河秋村		已覆盖
54	双芫乡	刀坑村		已覆盖
55		固营村	已覆盖	已覆盖
56	塘村乡	塘村村	已覆盖	已覆盖
57		三联村		已覆盖
58		龙庄村		已覆盖
59	高云山乡	铁丰村		已覆盖
60		圩岗村		已覆盖
合计	18 镇（乡）	60 个村	28 个村（已覆盖）	58 个村（已覆盖）

表 3－4 2017 年安远县农村信息化扶贫调查情况（电信公司）

序号	乡镇	贫困村名	情况调查	
			农村宽带建设	4G 信号覆盖
1	欣山镇	下庄村	已覆盖	
2		古田村	已覆盖	已覆盖
3		教头村	已覆盖	已覆盖
4		富田村	已覆盖	已覆盖
5		教塘村	已覆盖	
6	孔田镇	下河村	已覆盖	已覆盖
7		下龙村	已覆盖	已覆盖
8		新塘村	已覆盖	已覆盖
9		上寨村	已覆盖	已覆盖
10		上魏村	已覆盖	已覆盖

续表

序号	乡真	贫困村名	情况调查	
			农村宽带建设	4G信号覆盖
11	版石镇	河西村	已覆盖	已覆盖
12		安信村	已覆盖	已覆盖
13		湘洲村	已覆盖	已覆盖
14		岭东村	已覆盖	已覆盖
15		赖坑村	已覆盖	已覆盖
16	天心镇	长布村	已覆盖	已覆盖
17		大坋村	已覆盖	已覆盖
18		崇坑村	已覆盖	已覆盖
19		小乐村	已覆盖	已覆盖
20		仰湖村	已覆盖	已覆盖
21		龙布村	已覆盖	已覆盖
22	龙布镇	中邦村	已覆盖	已覆盖
23		新村村	已覆盖	已覆盖
24		阳光村	已覆盖	已覆盖
25	鹤子镇	阳佳村	已覆盖	已覆盖
26		杨功村	已覆盖	已覆盖
27		半迳村	已覆盖	已覆盖
28	三百山镇	咀下村	已覆盖	已覆盖
29		黄柏村	已覆盖	已覆盖
30		符山村	已覆盖	已覆盖
31	车头镇	龙竹村	已覆盖	已覆盖
32		车头村	已覆盖	已覆盖
33		南屏村	已覆盖	已覆盖
34	镇岗乡	龙安村	已覆盖	已覆盖
35		赖塘村	已覆盖	已覆盖
36		富长村	已覆盖	已覆盖
37	凤山乡	东河村	已覆盖	已覆盖
38		井坵村	已覆盖	已覆盖
39	新龙乡	新龙村	已覆盖	已覆盖
40		长坋村	已覆盖	已覆盖
41		江头村	已覆盖	已覆盖

续表

序号	乡镇	贫困村名	情况调查	
			农村宽带建设	4G 信号覆盖
42	蔡坊乡	渡江村	已覆盖	已覆盖
43		仕湖村	已覆盖	已覆盖
44	重石乡	官布村	已覆盖	已覆盖
45		大坑村	已覆盖	已覆盖
46		莲塘村	已覆盖	已覆盖
47		共和村	已覆盖	已覆盖
48	长沙乡	吉祥村	已覆盖	已覆盖
49		渡屋村	已覆盖	已覆盖
50		园当村	已覆盖	已覆盖
51	浮槎乡	长河村	已覆盖	已覆盖
52		槎江村	已覆盖	已覆盖
53		河秋村		已覆盖
54	双芫乡	刀坑村	已覆盖	已覆盖
55		固营村	已覆盖	已覆盖
56	塘村乡	塘村村	已覆盖	已覆盖
57		三联村	已覆盖	已覆盖
58		龙庄村	已覆盖	已覆盖
59	高云山乡	铁丰村	已覆盖	已覆盖
60		圩岗村	已覆盖	已覆盖
合计	18 镇（乡）	60 个村	59 个村（已覆盖）	58 个村（已覆盖）

表 3-5　2017 年安远县农村信息化扶贫调查情况（联通公司）

序号	乡镇	贫困村名	情况调查	
			农村宽带建设	4G 信号覆盖
1	欣山镇	下庄村		已覆盖
2		古田村	已覆盖	已覆盖
3		教头村		已覆盖
4		富田村	已覆盖	已覆盖
5		教塘村	已覆盖	已覆盖

续表

序号	乡镇	贫困村名	情况调查	
			农村宽带建设	4G信号覆盖
6	孔田镇	下河村	已覆盖	已覆盖
7		下龙村	已覆盖	已覆盖
8		新塘村		已覆盖
9		上寨村	已覆盖	已覆盖
10		上魏村	已覆盖	已覆盖
11	版石镇	河西村	已覆盖	已覆盖
12		安信村	已覆盖	已覆盖
13		湘洲村		已覆盖
14		岭东村	已覆盖	已覆盖
15		赖坑村	已覆盖	已覆盖
16	天心镇	长布村		
17		大坋村		
18		紫坑村		
19		小乐村		
20		仰湖村		
21		龙布村	已覆盖	已覆盖
22	龙布镇	中邦村		已覆盖
23		新村村	已覆盖	
24		阳光村		
25	鹤子镇	阳佳村	已覆盖	已覆盖
26		杨功村	已覆盖	已覆盖
27		半迳村		已覆盖
28	三百山镇	咀下村		已覆盖
29		黄柏村	已覆盖	已覆盖
30		符山村		已覆盖
31	车头镇	龙竹村		已覆盖
32		车头村		已覆盖
33		南屏村		已覆盖
34	镇岗乡	龙安村		已覆盖
35		赖塘村		已覆盖
36		富长村		已覆盖

续表

序号	乡镇	贫困村名	情况调查	
			农村宽带建设	4G 信号覆盖
37	凤山乡	东河村		已覆盖
38		井圫村		已覆盖
39	新龙乡	新龙村		已覆盖
40		长坽村		
41		江头村		
42	蔡坊乡	渡江村		
43		仕湖村		已覆盖
44	重石乡	官布村		
45		大坑村		
46		莲塘村		
47		共和村		已覆盖
48	长沙乡	吉祥村		
49		渡屋村		
50		园当村		
51	浮槎乡	长河村		已覆盖
52		槎江村		
53		河秋村	已覆盖	已覆盖
54	双芫乡	刀坑村		
55		固营村		已覆盖
56	塘村乡	塘村村		已覆盖
57		三联村		
58		龙庄村		
59	高云山乡	铁丰村		
60		圩岗村		
合计	18 镇（乡）	60 个村	17 个村（已覆盖）	38 个村（已覆盖）

2. 水利扶贫

目标任务。重点从农村饮水安全巩固提升、农田水利及小型灌区续建配套与节水改造、抗旱应急水源等方面，加大对贫困山区的水利项目投入，为贫困村脱贫打下坚实基础。2017 年水利扶贫项目 3 个，项目实施后，可以新增、改善农村供水人口及饮用水源问题，可以有效提高贫困村的生产、生活用水的水平，进一步提高抵御洪旱灾害的能力，受益人口13.139万人，受益贫困村18个，受益贫困户2305户。

主要项目。以提高贫困村的生产、生活用水的水平，进一步提高抵御洪旱灾害的能力为重点，2017年投资9500万元，其中中央投资3906.9万元、省级投入资金250万元、市县乡各级财政投入资金5343.1万元。其中，水利精准扶贫投资970万元。具体表现为以下三个方面：

第一，农村饮水安全巩固提升项目。2017年投资1000万元。其中，水利精准扶贫投资500万元。主要是对现有农村饮水安全工程进行挖潜、改造，进一步提升效益，提高供水标准，增加供水范围。受益贫困村13个，受益贫困户2224户。

第二，农田水利项目县项目。2017年投资700万元。其中，水利精准扶贫投资150万元。受益贫困村4个，受益贫困户65户。

第三，抗旱应急水源项目。2017年投资7800万元。其中，水利精准扶贫投资320万元。受益贫困村1个，受益贫困户16户。

保障措施。主要从以下三个方面给予保障：

第一，加强规划指导。依照《安远县水利扶贫实施方案》制定目标要求，扎实做好水利行业扶贫工作，继续完善水利扶贫项目储备机制，实行规划项目滚动管理，加强2017年计划安排水利扶贫项目规划指导。在安远县水利发展"十三五"规划中对贫困地区项目予以倾斜支持，加强水利扶贫项目与各专项规划衔接。推进水利扶贫项目前期工作，认真组织开展有关工作，为水利扶贫工作推进奠定坚实基础。

第二，加大资金投入。进一步加大水利扶贫资金投入力度，倾斜安排贫困地区水利项目资金，围绕2017年水利扶贫项目，积极争取上级对水利扶贫项目资金支持，持续加大水利扶贫投入。加强县、乡各级财政对水利扶贫项目投入力度，落实资金保障。强化政策性投入，继续落实从土地出让收益中提取10%用于农田水利建设等政策。多渠道筹措资金，拓宽投融资渠道，积极鼓励群众和社会资本参与水利扶贫项目建设，广泛吸纳社会资金，多方汇聚资金为水利扶贫项目建设提供资金保障。

第三，强化项目组织实施。安远县水利局、财政部、发改委等部门要强化责任，落实有效措施，要严格按照项目建设与管理的有关文件和相关技术规程、规范要求，加强工程建设与管理，严格执行"四制"，完善招投标程序，加强项目质量监督，要对照各项工作目标任务，强化措施，规范管理，围绕具体工作要求，逐项抓好落实，加快工程实施进度，建立台账，强化调度管理，确保工程建设取得实效。要督促参建各方职责履行到位，建立健全质量保证体系，确保工程建设实现"工程安全、资金安全、干部安全、生产安全"。切实保证各水利扶贫项目优质高效建设完成，充分发挥水利工程效益，真正让贫困地区的老百姓得到实惠。

（五）取得的成绩

1. 城区基础设施不断完善

第一，2017 年投资 1.6 亿元、占地 380 亩的书香公园基本建成。拥军路、城西路、城南大道一期、和谐路二期等重要路网改建完工。安远县城区铺设污水管网 13.25 公里，超额完成市级下达指标任务。龙泉路改造、横二路排水渠工程、横四西路改造等项目有序推进。启动了西街坝特色商业街建设，以及美食城、步行街等重要区域的改造。

第二，市容市貌整治有力。深入开展"两违"整治和"三城同创"工作，拆除违法建筑 9.5 万平方米，完成东江源大道 520 余户房顶专项整治，拆除城区 1500 余户乱搭乱建铁皮棚，农贸市场、夜宵市场更加规范有序。

2. 农村环境明显改善

第一，农村基础设施不断加强，环境面貌发生巨大变化。苏区振兴政策实施以来，在上级资金大力支持下，安远县下大力气加强农田水利、农村道路、桥梁、电网和安全饮水工程建设，大力实施整村推进工程（见表 3-6）。仅 2017 年就投入 5.4 亿元实施了贫困村整村推进和非贫困村村庄整治，打造了 419 个新农村建设点。农村生活垃圾治理工作在赣州市率先通过了省级评估验收。拆除危旧"空心房"207.5 万平方米、乡村乱搭乱建铁皮棚 46.8 万平方米。梅屋村、虎岗村、龙头村获评"赣州市生态秀美乡村"。

表 3-6 安远县农村基础设施建设情况（2011~2017 年）

年份	农田水利	饮水安全	路、桥、电	整村推动
2011	—	完成农村饮水安全工程 3 座，解决了 1.1 万人的饮水不安全问题	—	—
2012	—	完成集中供水工程 3 座，解决了 1.5 万人的饮水不安全问题	推进了农网升级改造，新建 1 座 35kV 变电站	—

续表

年份	农田水利	饮水安全	路、桥、电	整村推动
2013	—	实施农村饮水安全工程3座，解决了3.5万人的饮水安全问题	1. 改造加固农村危桥5座，硬化农村道路160公里 2. 完成2013年农网升级改造	投入300万元新（改）建村部49个
2014	荣获"全国生态文明先进县"，是江西省唯一获此殊荣的县	新建第二自来水厂并顺利竣工供水	—	—
2015	完成第五批小农水重点县建设： 1. 山塘除险加固62座 2. 建成防洪工程4座	新建集中供水工程2座，解决了3.2万农村人口的饮水不安全问题	1. 新建通村（组）公路155公里 2. 改造乡村道路100公里、农村危桥7座 3.559公里乡村公路列入养护补助 4. 完成低电压治理6401户	—
2016	全面完成第五批小农水重点县项目建设，新增农田水利项目、抗旱应急引调提水工程全面完工	1. 安远县第二自来水厂全面投入运行，彻底解决了县城居民的安全饮水问题 2. 巩固提升农村饮水安全工程，4.65万山区群众喝上了安全的饮用水	全面完成70个贫困村进村主干道畅通工程和25户以上自然村通组公路建设，其中实施了56个贫困村进村主干道"油化"工程	—
2017	—	—	—	—

注："—"表示不详。

资料来源：安远县2011～2017年政府工作报告。

第二，生态环境治理成效明显。认真落实中央环保督察反馈问题整改工作，关停了安远县禁养区内的畜禽养殖场，完成了简易生活垃圾填埋场整改工作，治理废弃矿山面积累计达3.44平方公里。启动了安远县南部地区5个乡镇生活污水处理设施建设，出境断面水质、集中式饮用水源地水质，达标率均为100%。大力实施生态保护修复工程，山水林田湖项目全面开工建设，完成低质低效林改造5.32万亩，生态环境更加秀美。

第三，生态效益初步彰显。积极开展稀土矿山生态恢复治理，大力开展植树造林，完成植树造林3.6万亩，治理水土流失面积50.07平方公里。大力实行生态环境保护"三禁、三停、三转"措施，组织开展了生态、水资源、耕地"三条红线"划定工作，依法取缔非法制砂场14家，停产整治污染企业2家，关停污染企业3家。启动实施"河长制"工作，构建了县乡村三级"河长"组织体系，东江源头水质一直保持在国家Ⅱ类标准以上。全面完成了第五批小农水重点县建设项目，除险加固山塘62座，完成防洪工程4座，新增农田有效灌溉面积0.62万亩，抗旱应急水源工程进展顺利。推进东江源森林公园一期工程和东江源国家湿地公园建设，生态环境质量得到了巩固和提升。积极推进生态乡村创建工作，镇岗乡老围村等9个村被评为市级生态村，三百山等10个乡（镇）分别获得国家级、省级生态乡（镇），争取江西省首批生态文明先行示范县并获得成功。江西东江源国家湿地公园通过了国家林业局的验收。

第四章 赣南三县乡村振兴个案研究

第一节 信丰县西牛镇乡村振兴个案研究

信丰县西牛镇位于信丰县北部，2001 年 5 月由西牛、黄泥、星村三乡合并建成镇。南接嘉定镇、信丰县工业园，西毗大阿镇、油山镇，北邻赣县区王母渡镇、阳埠乡、南康区龙回镇。东西跨度 35.2 千米，南北跨度 15.5 千米，距信丰县城 10 千米，镇域总面积达 234 平方千米。全镇地势西高东低，东北部和西北部群山环绕，中南部多为丘陵，土壤以红壤为主。最高峰天华山，主峰海拔为 748.5 米；最低点五羊村乌漾滩，海拔为 135 米。属中亚热带季风湿润气候，年平均气温 19.40℃，年降水量达 1500.7 毫米，无霜期为 297 天。镇内经济以农业为主，有耕地 41762 亩。主种水稻，盛产烤烟、甘蔗、花生、大豆、西瓜、蔬菜、甜玉米等经济作物，是安远县烤烟、甘蔗主要产地之一。共辖 33 个村，4 个居委会，486 个村民小组，13500 户，6.5 万人。

西牛镇交通便利，105 国道、京九铁路过镇内。信丰县工业园区占地面积为 14.6 平方千米，其中大部分占地位于西牛镇，信丰县纳税大户海螺水泥、集友日用品等企业均位于西牛镇。因此，早在 2010 年，西牛镇就实现工农业总产值 5.35 亿元。本章以西牛镇下辖的曾屋村为例，具体研究其脱贫攻坚、产业发展与乡村振兴情况。

一、总体情况

(一) 资源禀赋

信丰县西牛镇曾屋村距离信丰县城 15 千米、离 105 国道 12 千米。辖区面积

2.6 平方千米（刘善庆、尤琳、刘梦怡，2017），全村耕地面积为1997.8亩，小（二）型水库两座、山塘112口，山林面积12500亩。目前，全村通组公路已全部硬化，家家户户喝上了干净的山泉水，太阳能路灯安装到村小组，主渠道已基本浆砌，憨农合作社发展势头良好。主要产品有水稻、蔬菜、脐橙、红心火龙果、小白草莓、蓝莓、小香瓜、烟叶、甜玉米，砂质土壤非常适合种植瓜果蔬菜。

曾屋村位于天华山脚下，共有19个村民小组，分别是香树下、大塘面、老谭屋、上屋仔、大水塘、增坑、新坝、老坝、坪沙塘、新屋下、寨下、老曾屋、城角头、上芫背、下芫背、下洋、走马丘、马牯丘、下屋仔。曾屋村有480户2100人，总劳动力约为1405人，男性劳动力约为843人，女性劳动力约为562；其中，小学及以下文化程度的劳动力约占31%，初中文化程度约占57%，高中、中专文化程度的约占12%；16～35岁劳动力约230人，35～45岁约381人，46～60岁约794人。总人口中，有党员41人；建档立卡贫困户有54户157人，占总户数的11%，占总人口数的7.4%；其中一般贫困户有20户76人，占总户数的4%，占总人口数的3.4%；低保贫困户有9户31人，占总户数的1.8%，占总人口数的1.4%；"低保"户19户44人，占总户数的3.9%，占总人口数的2%；五保户有6户6人，占总户数的1.2%，占总人口数的0.2%。2015年正常退出8户，甄别删除1户4人。

截至2015年，曾屋村获得的荣誉详见表4-1。

表4-1 信丰县西牛镇曾屋村2011~2015年获奖名单

获奖名称	发奖单位	获奖时间
人口和计划生育基层群众自治示范村居	国家人口和计划生育委员会、中国计划生育协会	2011年11月
江西省综合减灾示范社区	江西省减灾委、江西省民政厅	2013年12月
江西省省级生态村	江西省环境保护厅	2012年7月
赣州市"十一五"老年体育工作先进村（社区）	赣州市老年人体育协会	2010年12月
信丰县2010老年体育工作先进村	信丰县老年人体育协会	2011年3月
2010年度新农村建设工作先进村	中共信丰县委、信丰县人民政府	2011年2月
2012年度烟叶生产先进村	信丰县人民政府	2012年11月
2012~2014年获信丰县优秀党员	信丰县人民政府	—
获省委组织部基层远程教育优秀播放员	江西省组织部	2013年6月
荣获"中国乡村旅游致富带头人"	国家旅游局	2015年7月

注："—"表示不详。

（二）乡村振兴的初步探索

曾屋村民贫困的原因主要有以下四个方面：一是身患大病致贫。重大疾病的开支是一个普通家庭无法承受的，且病人需专人伺候，劳动力也相应减少。二是缺劳智障致贫。家中有残疾人、体弱或年老丧失劳动能力的成员，不仅对家庭没有收入的贡献，反而还增大支出，导致家庭长期陷入贫困之中，难以脱贫。还有陷入遗传性智障的家庭，生育和生活已陷入恶性循环。三是文化低下致贫。有的贫困人口因病失学，又因失学缺乏实用技术和资金，发展家庭经济后劲不足，成为新一代贫困人口（戚爱华、孙艳，2018）；外出打工收入也与非贫困户差距较大，缺乏脱贫致富的信心。四是观念落后致贫。有的农户主观脱贫意识差，没有危机感，思想观念还停留在自给自足的自然经济时期，不愿接受新观念、新产业、新技术、新方法，虽然每年忙忙碌碌，日子却过得非常拮据；有的农户还有严重的依赖思想，等、靠、要国家的扶贫救济，不思进取，一直处在贫困线上。

阅读曾屋村的资料发现，曾屋村是通过发展集体经济实现乡村振兴的道路。在我国，集体经济是公有制经济的重要组成部分，体现了共同富裕的原则。农村集体经济的发展，既关系到农民的切身利益，也关系到农村改革和发展的大局；既是提高党在农村的执政能力、农村党组织领导经济社会发展能力的必然要求，也是在脱贫攻坚时期，引导贫困人口脱贫致富的现实需要。因此，如何发展农村集体经济，带领农民脱贫致富，是各级政府必须面对并着力解决的重大问题（刘善庆、尤琳、刘梦怡，2017）。

集体经济的实质是合作经济，包括劳动联合和资本联合。中共中央、国务院印发的《中国农村扶贫开发纲要（2011～2020年）》提出，在农村扶贫开发工作中，各地要"积极探索发展壮大集体经济、增加村级集体积累的有效途径"。《中共中央、国务院关于打赢脱贫攻坚战的决定》提出，贫困地区发展壮大集体经济的重要途径是加强农民合作社的培育工作。在脱贫攻坚战中，各地结合自身实际，勇于探索发展农民合作社、壮大集体经济的途径和方法（刘善庆、尤琳、刘梦怡，2017）。曾屋村几经探索与实践，基本找到了一条比较适合自身特色的集体经济发展之路。

曾经的"空壳村"。党的十一届三中全会后，农村实行了统分结合的经营体制，分产到户激发了广大农民的生产积极性，很快改变了中国农村、农民的命运。但是，进入21世纪以来，其固有的弊端日益暴露。随着大量青壮年人口离开农村，空巢家庭、"空壳村"现象日趋严重，农村的衰败气息不断加重。这种现象的出现既是农业比较效益不断降低的结果，也与既有的经营体制密切相关，因为单纯依靠"统分结合"的双层经营体制，无法适应变化了的形势，极易产生"空壳村"，无法实现农民预期的增收。

集体化时期，资源掌握在集体手中，分配取决于集体，削弱了个人的积极性，村集体失去了发展活力和农民支持。分田到户后，农民的主体地位得到尊重，个人的自主性得到增强，家庭收入得到了保障，但是大部分农业村庄却没有了集体资产和集体收入来源，形成了"村穷民富"的局面。尤其是随着农业税、农业特产税的相继取消，农村集体经济收入来源渠道急剧缩小。如曾屋村，由于离信丰县城较远，既无法随城市化进程加快而获取土地征用补偿提留金，也难以从农民合作社获取收入，村集体经济一穷二白。不仅如此，还倒欠外债几十万元，是一个典型的"空壳村"（刘善庆、尤琳、刘梦怡，2017）。

集体空，民心散。由于是"空壳村"，曾屋村不仅无法进行基础设施建设、产业发展，就连村干部的工资也只能依靠转移支付解决。加之村干部的年龄普遍偏大、文化水平较低、队伍不稳定，致使村党支部没有威信，党组织凝聚力、号召力、战斗力不强等问题突出。加强党的农村基层组织建设，加强党对农村工作的领导，已经成为发展壮大农村集体经济、带领农民脱贫致富的迫切要求。基于此，西牛镇党委果断改组曾屋村党支部，重组村级领导班子（刘善庆、尤琳、刘梦怡，2017）。

新的党支部成立后，曾屋村积极尝试增加村集体经济收入的办法。结合信丰县大力发展烟叶种植的情况，曾屋村党支部积极鼓励村民种植烟叶。通过烟叶种植，一方面可以增加村民收入，另一方面村集体也可以从中获得烤烟返税、烤烟收购奖励等收入。此举虽然增加了曾屋村的村集体收入，还清了村级欠债，但是，由于禁烟控烟令的实施，公众健康关切程度不断提高，以及宏观经济受到全球经济增长乏力的影响，导致国内烟草消费出现了停滞甚至负增长的迹象，加之烟草行业属于国家专卖行业，烟叶种植受到较多约束，虽然可以获得一些收入，却无法从根本上壮大曾屋村的集体经济以及解决贫困户的脱贫问题，需要找到一条与曾屋村资源禀赋紧密结合的发展集体经济之路（刘善庆、尤琳、刘梦怡，2017）。

二、乡村振兴的"三板斧"

（一）抢抓政策机遇

近年来，曾屋村的发展主要抢抓了以下三大政策机遇。

第一，《国务院关于支持赣南等原中央苏区振兴发展的若干意见》所赋予的政策机遇。2012 年党中央国务院出台了振兴赣南等原中央苏区的发展政策，赣南成为中央政府倾斜支持的特殊区域，为支持信丰县等 18 个县（市、区）早日振兴发展，中央采取了许多特惠政策，如国家部委对口支援支持政策，信丰县成为国家农业农村部对口帮扶的县。曾屋村紧紧抓住了这次千载难逢的机遇，积极争取国家农业农村部的支持。在信丰县党政及其相关工作部门的大力支持下，国家农业农村部在倾力帮扶信丰县振兴发展的工作中，给予了曾屋村大量的政策资源。

第二，脱贫攻坚政策机遇。党的十八大以来，我国掀起了大规模的脱贫攻坚行动，重点是革命老区等广大贫困地区。在这些地区，实施精准扶贫、精准脱贫。为了确保如期完成脱贫目标，中央地方出台了系列特殊扶持政策，实行中央统筹、省负总责、市县抓落实的工作机制，形成了省、市（州）、县、乡（镇）、村五级书记一起抓扶贫的工作格局。赣南既是革命老区、原中央苏区，又是贫困地区，在享受原中央苏区扶持政策的同时，还享受脱贫攻坚政策扶持。曾屋村紧紧抓住了这个机会，向上争取了相当的政策资源，在信丰县委农工部的对口帮扶下，大力进行基础设施建设，改善民生，实施精准扶贫、精准脱贫（见表4-2）。

表4-2　信丰县村（居）精准扶贫帮扶脱贫规划

2016 年的 扶贫帮扶 计划	1. 搭建大棚 150 亩发展现代农业示范园 2. 修建农业产业路 3400 米 3. 三江小学建设（曾屋村、旁塘村两村合并的完全小学） 4. 进一步完善农村垃圾处理工程 5. 老曾屋河堤加固、绿化 2 公里，建拦水坝 4 处 6. 建设 110 立方米的蔬菜冷库 7. 解决社区用电难问题 8. 解决贫困户就业 20 人，帮扶贫困户脱贫 51 人
2016~2018 年的扶贫 帮扶规划	1. 产业帮扶：重点发展蔬菜产业，结合村情和贫困家庭人口、资源、技能、致贫原因、产业发展意愿，推动精准扶贫 2. 就业创业帮扶：加大培训力度，组织贫困家庭劳动力参与"雨露计划""电商培训"等让扶贫对象掌握 1~2 项职业技能、农村实用技术。积极为扶贫对象提供职业介绍、就业信息和参与憨农合作社就近务工等就业服务，帮助贫困对象转移就业。用好信贷通政策，支持贫困对象创业，吸引贫困家庭大中专毕业生回乡创业。力争在 2017 年全面脱贫 3. 改善农村贫困家庭的水、电、路、通信等配套设施，到 2017 年底，帮扶实施安全饮水工程、农网改造、道路硬化、宽带入户等工程 4. 按照中心村"10+4"的要求改善基本公共服务设施，到 2017 年底建成运行。帮扶开展农村生活垃圾、污水治理工作，到 2017 年底，完成垃圾收集清运网络、再生资源回收网点、生活污水处理设施建设 5. 帮扶打造生态旅游示范村，主要帮扶村集体发展火龙果、小香瓜、白草莓等时鲜水果采摘体验基地，支持憨农田园农民专业合作社发展农家乐、旅游观光园、休闲农庄等

第三，信丰县的政策机遇。虽然相比于赣南其他县，信丰县的社会经济状况较好，但是，从全国看，其经济社会发展仍然处于落后状态。为了早日摆脱贫困，信丰县从实际出发，结合自身资源禀赋，积极进行政策布局，尤其在产业发展上面精心谋划，着力发展农业产业，期望借助国家农业农村部对口支援的东风，建设现代农业，实现农业产业的转型升级。曾屋村紧紧抓住了信丰县农业产业布局的机遇，将其产业纳入天华山片区，从而获取了政策支持，发展蔬菜产业，建设现代农业综合体（见图4-1）。

图4-1　信丰县西牛镇曾屋村周边生态农业综合示范区规划

截至2016年底，曾屋村先后得到国家农业农村部对口帮扶专项资金20万元用于蔬菜大棚建设，信丰县委农工部、信丰县农粮局、信丰农业开发办、水保局等单位在新农村建设、河道治理、高标准农田建设等项目帮扶资金达500万元，累计得到近千万元建设资金。

（二）打造利益共同体

如何将上述政策有机融合，发挥政策的叠加效应？曾屋村找到了一个很好的载体，这个载体就是建立合作社——憨农田园农民专业合作社，以并此为平台，整合各种资源，从而使全体村民实现利益共享。

从时间上看，曾屋村合作社起步不早，但是起点较高，且运营较规范，通过实现"小集体"与"大集体"的耦合，真正体现了通过发展集体经济实现脱贫攻坚、共同富裕的政策意图。其耦合机制如下：

第一，确保村级集体经济获得固定比例收益25%。在鼓励村民大力种植烟叶的同时，曾屋村种养齐抓，着力调整农业产业结构，探索发展特色产业，先后建立了200亩香瓜、400亩甜玉米、300亩商品蔬菜、380亩中药材油茶等特色产业基地，养殖麻鸡、贵妃鸡5000羽。为了更加有效地整合全村资源，进一步提升曾屋村特色产业组织化程度，2015年1月，由村支书发起、村"两委"干部和党员能人带头参与，正式成立了信丰憨农田园农民专业合作社。合作社鼓励村民以土地、资金等各种生产要素入股。为确保村集体经济收入，曾屋村党支部根据有关政策规定，将上级部门投放到村兴办基础设施的项目资金，折成合作社25%的股权，无偿划归村集体所有。25%的股权收益作为村集体经济收入，从而实现在合作社发展的同时，村集体经济同步发展。仅2016年，曾屋村集体经济收入就达到18万元（刘善庆、尤琳、刘梦怡，2017）。

每年25%的村集体收入主要用于村民福利以及全村公共品供给等公益事业。其中，10%用于全村成员的二次分红，其余15%由村集体掌握，用于村公用事业开支。

第二，"利转股"，确保脱贫可持续。在脱贫攻坚战中，赣州市在金融扶贫工作中创造性地出台了"产业信贷通"政策，支持有劳动能力、有产业发展意愿的贫困人口通过银行贷款获得产业发展启动资金。曾屋村依托憨农田园农民专业合作社，采取"合作社＋贫困户"的发展模式，大力推进产业扶贫。针对曾屋村贫困户的特殊情况，合作社采取贫困户土地入股、金融扶贫贷款入股的方式鼓励其加入合作社，同时优先安排贫困户在合作社就业。目前，已有30户贫困户96人入股加入合作社，吸纳80多名普通村民和贫困户就业（刘善庆、尤琳、刘梦怡，2017）。2016年分红，即按照约定的每股600元进行分红；在合作社就业的村民仅务工收入每月就达2300元。这样，贫困户既可以通过在合作社就业获取工资，又可以根据其所占股份的多少享受合作社的年终分红（见图4-2）。双重收益的获取，有效地带动了曾屋村贫困户脱贫致富。

图 4 - 2 2016 年憨农田园农民专业合作社贫困户年终分红大会

由于产业信贷通等金融扶贫贷款有严格的时限性，为确保贫困户脱贫不还贫，曾屋村在合作社年终分红时，将贫困户金融扶贫贷款收益一分为二，其中50% 由贫困户现场领取自用，另外 50% 折成贫困户的股份进入合作社，永久持有。长短有效结合，既缓解了贫苦户当前生活困难的问题，又从根本上确保了贫困户在合作社享有永久股权从而持续获得分红的问题（刘善庆、尤琳、刘梦怡，2017）。

第三，资源入股，为无劳动能力者收益兜底。针对贫困户中部分人员因各种原因丧失了劳动能力而生活困难的情况，曾屋村尝试为其进行收益兜底。其方法是吸纳这类贫困户自愿以土地、山林、土坯房等自有资源折价入股憨农田园农民专业合作社，成为合作社股东；合作社年终分红时，该贫困户依据其所占股份多少获取相应的分红所得。这样，他们除了获得国家的各种补助外，既可以享受村集体收入的二次分红，还可以凭其在合作社所占股份获得股权收益。目前，憨农田园农民专业合作社吸纳了曾屋村两户无劳动能力的贫困户入股进行试点。2016年，憨农田园农民专业合作社为贫困户分红 11.52 万元（刘善庆、尤琳、刘梦怡，2017），详见表 4 - 3。

表4-3 2016年憨农田园蔬菜基地贫困户分红明细

序号	姓名	村	小组	入股金额（万）	分红金额
1	陈青	曾屋村	老曾屋	2	1200
2	曾广芊	曾屋村	走马丘	5	3000
3	金理财	曾屋村	寨下	4	2400
4	谢显贵	曾屋村	增坑	3	1800
5	郭家洪	曾屋村	芫背	5	3000
6	王良香	曾屋村	大塘面	3	1800
7	曾笑	曾屋村	下屋仔	2	1200
8	兰师英	曾屋村	坝仔上	4	2400
9	李朝兰	曾屋村	城角头	5	3000
10	谭远杰	曾屋村	新屋下	4	2400
11	郭良明	曾屋村	芫背	3	1800
12	张兰福	曾屋村	增坑	4	2400
13	曾祯先	曾屋村	下洋	4	2400
14	王祥红	曾屋村	香树下	4	2400
15	刘文财	曾屋村	大塘面	3	1800
16	任英杰	曾屋村	城角头	3	1800
17	郭家祚	曾屋村	芫背	3	1800
18	谭远愈	曾屋村	新屋下	5	3000
19	任英仟	曾屋村	城角头	2	1200
20	周礼美	曾屋村	坪沙塘	1	600
21	肖三妹	曾屋村	芫背	3	1800
22	赖图贵	曾屋村	坝仔上	5	3000
23	钟良玉	曾屋村	大塘面	2	1200
24	周运玉	曾屋村	大塘面	2	1200
25	曾九生	曾屋村	走马丘	4	2400
26	曾广雄	曾屋村	马牯丘	3	1800
27	温九姣	曾屋村	香树下	3	1800
28	曾先明	曾屋村	下洋	2	1200
29	张桂妹	曾屋村	坪沙塘	2	1200
30	眭明玉	曾屋村	芫背	1	600

（三）打造坚强管理团队

这是确保曾屋村实现乡村振兴的核心。从曾屋村这几年的发展情况看，在打造坚强管理团队方面，信丰县、西牛镇、曾屋村县乡村三级各司其职，协力合作，通力配合，因而成效显著。其中，尤以西牛镇党委的作用最大，具体表现在其选准了曾屋村的带头人曾梓清，并积极引导、大力支持其工作。

火车跑得快，全靠车头带。农村集体经济的发展壮大离不开强有力的农村基层党组织和自身本领过强、作风过硬的带头人。但是，在欠发达地区的革命老区尤其是赣南等原中央苏区，符合这些条件的农村干部非常稀缺。西牛镇党委高度重视曾屋村党建工作，一直在为该村物色领头人。曾梓清从 2011 年 11 月任村书记以来，西牛镇党委政治上高度信任，曾梓清自身坚持带头，当好班长，以"创建党建先进村、产业发展特色村"为目标，运筹帷幄。

曾梓清自 1992 年毕业后，被分配至信丰县矿产局工作，1998 年从事农特产品生产营销，打造了烟叶、药材生产基地，组建成立了天华山蔬菜专业合作社，年产值达 100 多万元。2001 年，承包了村里的林场。2004 年经村民推介当上了曾屋村公路建设理事长，2004 年着手筹建曾屋村主干道公路 3.3 千米，自掏腰包，修出了一条长达 3.3 千米、宽 4.5 米的主干道，帮助村民解决困难。应该说，远在西牛镇任命其为曾屋村党支部书记之前，曾梓清就已经凭借自己在村里的实际行动赢得了很好的民望，是曾屋村的魅力型领袖人物。

在他的感召下，原先在外地工作的一些年轻人先后返回，参与家乡建设。在西牛镇的坚强领导下，经过 2015 年的改选，曾屋村形成了以曾梓清为班长的村支部、村民委员会。这些其中不少年轻人陆续进入村党支部、村民委员会、合作社等机构任职。这些新成员不仅年轻，思想活跃，文化水平较高，多数具有大中专学历，而且在外创业就业，有见识、能力较强，充满自信，有献身精神和开拓精神。他们的加入，提升了村级领导团队的整体素质，增强了战斗力（刘善庆、尤琳、刘梦怡，2017）。为了进一步提升曾屋村组织化程度，在村支部下还成立了党小组。从而实现了党员—党小组—党支部的组织化。党支部通过党小组将全体党员联结起来，在引进外来技术、产业发展、土地流转等方面发挥宣传、带头、示范和引领作用。

支部建在合作社。在曾屋村之下，除了原有的村民小组外，还在合作社成立了党支部，在村里成立了理事会，从而进一步提升农民的组织化程度。

在打造团队方面，曾屋村党支部主要采取了以下三方面的措施：

第一，在思想上真正树立为民服务的意识，并且落实在行动上。在上级党委的领导下，重视政治学习和政策学习，及时了解国家大政方针情况。着重解决一些党员理想信念模糊动摇、精神空虚迷茫的问题；组织观念淡薄、组织纪律散漫的问题；群众观念淡漠、忽视群众利益，服务意识欠缺、漠视群众疾苦，为群众办事不上心、不主动，有的甚至损害群众利益，假公济私、优亲厚友、吃拿卡要等问题，以及安于现状、不思进取，精神不振、作风懈怠，工作拖沓、落实不力，只求过得去、不求过得硬，有的甚至敷衍应付、逃避责任等问题。积极适应经济发展新常态，认真践行新发展理念，奋发有为干事创业，立足本职岗位"先锋创绩"。并且对照检查，列出问题整改清单，进一步增强党组织的凝聚力和战斗力（见表4-4）。

表4-4　2016年曾屋村"两学一做"学习教育第一专题问题整改清单

问题分类	存在问题	具体表现	整改时限	整改措施和整改进展情况
实事求是，改革创新	不思进取，得过且过	在服务群众上不积极主动	8月22日	学习先进模范
	不担当，不作为，缺乏面对困难的勇气	调处村组纠纷不挺身而出	8月22日	增强担当精神，做党员模范
	不做实事，工作拖沓	弄虚作假，欺上瞒下	8月22日	建立党员激励机制，对做实事、效率高的党员予以表扬，提高党员服务积极性
	调查研究不深入，谋事做事脱离实际	做事浮在表面，不深入研究	8月22日	多下村组了解情况，杜绝走马观花搞工作

为进一步增强曾屋村党员意识、为民服务意识，曾屋村党支部改变传统落后的党员活动方法，组织本村党员开展义务活动，打扫村里清洁卫生、修桥补路等一系列活动（见图4-3和图4-4）。这些活动的开展，极大增强了党员的自豪感、荣誉感，获得了村民的高度称赞，进一步提升了党组织在村民中的形象和美誉度、号召力、凝聚力。

图 4 - 3　曾屋村党员活动清理垃圾（一）

图 4 - 4　曾屋村党员活动清理垃圾（二）

第二，加强对团队成员的管理和考核。曾屋村党支部对村两委成员进行了有效分工，包村管理，分级管理，接受村支书的监督，并与年终绩效奖励紧密挂钩，从而有效调动整个班子成员的工作积极性，确保各项工作真正得到落实。为了提升村民对曾屋村工作的知晓度，强化对村"两委"工作的监督，提升民主化决策，曾屋村党支部规定，由曾屋村理事会对村委的财务进行验收，从而极大提高了曾屋村村级财务的透明度。

第三，围绕核心问题抓团队建设。原先的曾屋村党支部战斗力偏弱，村里基础设施建设、产业发展相对落后，村集体经济一穷二白，还欠下 14 万的外债。因此，新的党支部工作的当务之急是解决基础设施问题和产业发展问题，这也是该村的核心问题。为此，新的村党支部积极完善村民生活、生产等基础设施，满足村民改善生活、发展生产的需求。近年来，在上级部门支持下，在曾屋村党支部的努力下，5.2 千米的 19 个村小组道路硬化及通组太阳能路灯 160 盏已投入使用；完成 2.9 千米的主干道水渠浆砌和 450 米的河道浆砌；两座小（二）型水库的除险加固；改善灌溉面积 850 亩；完成 480 户农户安全饮水问题，建设曾屋村便民服务中心、村民休闲中心；启动农村清洁工程；通过危旧土坯房改造，政府补贴帮助房屋破旧贫困户新建房屋，改善贫困户的居住条件；为适应人口老龄化依曾屋村原村部的基本设施将建立居家养老服务中心。

三、农民利益共同体的打造

翻阅曾屋村近几年的发展资料发现，由于曾屋村憨农田园农民专业合作社在该村的特殊地位，是该村百姓脱贫致富的主要载体，因此，如何尽快壮大曾屋村憨农田园农民专业合作社就成为曾屋村的中心工作，基于此，在很多情况下，曾屋村"两委"的工作与曾屋村憨农田园农民专业合作社的工作就呈现出高度重叠的状态。也因此，为方便起见，曾屋村两委的工作也放在本节一并叙述。

（一）发展目标

根据曾屋村产业扶贫三年规划（2016～2018 年），其发展思路是：以产业富民、生态美村、旅游强园，着力打造现代农业产业园为目标，使之成为信丰县的后花园。通过构建"一基地"（蔬菜产业基地），以生态种植、绿色养殖为主导，大力发展蔬菜产业，到 2018 年，力争蔬菜种植面积达到 1500 亩，农民年人均纯收入达到 8000 元。曾屋村贫困户年人均纯收入高于 4000 元。重点工作有两项：一是发展蔬菜产业，二是建设美丽乡村。

发展蔬菜产业主要以憨农田园农民专业合作社为支撑。发展模式有三种：一是采取"合作社 + 农户"的发展模式,吸收农户入股,通过农技示范、服务、培训、推广把农业新品种和适用技术,推广辐射到周边各地,带动周边农户1300多户发展蔬菜产业;二是采取"合作社 + 贫困户"的发展模式,积极发挥产业扶贫的带动作用,针对贫困户采取土地入股、金融扶贫贷款入股的方式,同时吸纳贫困户就业,带动贫困户脱贫致富;三是采取"合作社 + 专家"的发展模式,采用新技术,培育新品种,做到人无我有、人有我优,提升农产品的附加值。

建设美丽乡村。遵循现有居住特点,实施改造升级,美化乡村环境。建设老谭屋组、上屋仔组、老曾屋组、坪石塘组。中心居民点设在大水塘组,是曾屋村核心地带(见图4 – 5)。内设超市、医务室、老人公寓(养老服务中心)、居民活动中心、休闲广场等完备的公共配套设施,努力打造成环境花园化、服务管理社区化的先进村居发展模式。养老院专项服务本园区的老人,每年帮扶资金不少于30万元,将60岁以上,或生活不能自理、或自愿入住养老院的村民集中供养,聘请专业医疗人员、营养师负责照看。同时配备图书室、健身器材、益智棋牌、乐器等,供村民们业余健身娱乐。

图4 – 5 信丰县西牛镇曾屋中心村建设规划

（二）基础设施的完善

在信丰县委农工部结对帮扶下，曾屋村及其憨农田园农民专业合作社基础设施建设获得了大量政策资源。2013 年主要是饮水工程和河堤加固工程，2015 年其现代农业和精准扶贫示范基地项目建设被列入到信丰县精准扶贫重大项目中，获得了上千万元的资金投入（见表 4 - 5）。

表 4 - 5　信丰县西牛镇曾屋村现代农业综合示范点建设项目

项目名称	规模	责任单位	备注
民俗牌坊	1 座	曾屋村	
旅游厕所	1 座	旅游局	
大棚建设	150 亩	农粮局	
园区绿化	3000 株	农工部	
美化亮化	5000 平方米	农工部	
桥梁	2 座	扶贫办	包工包料
冷库	500 立方米	农工部	材质234（规格 300×150）
民居外墙立面整饰	约 10000 平方米	农工部	
园区内道路硬化	5 千米	扶贫办、开发办	3.5 米×0.18 米
基地建设	1000 亩	开发办	
水渠建设	4400 米	农粮局	埋设 PVC - 100 规格
钢化储藏室	1000 平方米	农粮局	
蓄水池	300 立方米	农粮局	挖机、土方工资、材料
垃圾桶	200 只	农工部	
工业园至曾屋路改造	8 千米	交通局	
规划设计方案	—	镇政府	
沿路周边植绿	约 2000 亩	农粮局	
休闲走廊	50 米	农工部	
土坯房拆旧	约 20 栋	农工部	

注："—"表示不详。

曾屋村现代农业和精准扶贫示范基地于 2015 年开始规划建设，2015 年 8 月温室大棚、道路、沟渠、水电等基础设施已基本完成并投入使用。为加快建设进度，2016 年西牛镇专门出台了《曾屋村现代农业精准扶贫综合示范点项目建设实施方案》，成立曾屋村现代农业精准扶贫综合示范点项目建设工作组，组长为睦拥军同志，第一副组长黄继荣同志，副组长为镇相关领导，成员若干。西牛镇决定奋战 100 天，全力以赴打造曾屋村现代农业精准扶贫综合示范点，让曾屋村村容村貌大改观、产业基础更加扎实、现代服务业效应加快显现、农民收入持续增加、农村活力显著增强，成为现代农业发展先行区和示范区，精准扶贫、党建、创新社会管理等工作示范点，集中精力打造亮点工程和精品工程，顺利迎接赣州市"六大攻坚战"流动现场会的召开。该项目实施内容为总体规划、新农村建设、基础设施建设、产业建设、旅游发展、环境提升等内容，详见表 4-6。

表 4-6　信丰县西牛镇曾屋村现代农业综合示范点建设项目时序安排

项目 ＼ 时序安排	9 月	10 月	11 月	12 月	责任人
大棚建设	15 日前平整好土地，放好红线，拿出施工图纸	15 日前完成 50% 大棚建设	15 日前全面完成大棚建设	—	曾昭勇、曹兵兵
钢化储藏室、冷库	15 日前平整好土地，拿出工程预算和施工图纸	15 日前完成钢化储藏室建设	15 日前完成冷库建设，并调试使用	5 日前正式投入使用	施政、王帆
基地太阳能杀虫灯	15 日前拿出采购预算	15 日前进行招标	15 日前完成安装	—	施政、曾昭勇
智慧农业展示中心	15 日前拿出工程预算和施工图纸	15 日前完成招标，20 日开工建设	15 日前完成主体工程和装修	10 日前全面安装调试到位	温泉、曹兵兵
基地水肥一体化浇灌系统	—	15 日前拿出工程预算和施工图纸	20 日前完成工程建设	—	张秀清、曾昭勇、曹兵兵
沿路周边植绿	15 日前启动农户种植摸底工作，制定实施方案	15 日前完成 60% 工业园区—曾屋周边农田植绿协议	15 日前全面完成协议签订工作，20 日前开始种植	10 日全面完成植绿工作	李大春、罗慧强、廖小芳、曹兵兵
基地基础设施建设	15 日前做好相关工程预算，拿出施工图纸，20 日前启动招标工作	15 日前完成桥梁、道路、水渠、蓄水池建设	—	15 日前完成工业园至曾屋道路改造工作	张秀清、施政、彭冬梅、曹兵兵

续表

项目 \ 时序安排	9 月	10 月	11 月	12 月	责任人
旅游发展	10 日前完成旅游厕所招标工作并开工建设；15 日前完成民俗牌坊、休闲走廊规划设计工作，20 日前完成招标工作，并开工建设	15 日前完成旅游厕所建设	15 日前完成民俗牌坊、休闲走廊建设工作	—	施政、朱璇、邱全杏、曹兵兵
房屋外观整饰	5 日前完成摸底工作并制定好奖补政策，召开好户主会，拿出整体效果图；15 日前完成房屋打底工作 50%，拿出屋顶设计图纸	5 日前完成 100% 打底工作；20 日前完成 50% 外墙粉刷工作，25 日前完成 50% 屋顶改造工作	20 日前全面完成房屋外观整饰工作	—	殷士泉、邱全杏、廖小芳
园区绿化、亮化	15 日前拿出效果图和工程预算，20 日前完成招投标工作	20 日前完成 50% 工程量	25 日前全面完成园区绿化、亮化工作	—	施政、邱全杏、曹兵兵
"空心房"拆旧	5 日前完成摸底工作，召开户主会	15 日前完成 50% 拆旧任务	15 日前全面完成拆旧任务	—	廖小芳
垃圾桶	15 日前拿出资金预算，20 日前完成招投标工作	20 日前安装到位	—		殷士泉、邱全杏
土地流转	10 日前召开户主会，25 日签订 50% 流转协议	20 日前全面完成流转任务			曹兵兵
总体规划	5 日前拿出初步整体规划设计方案，10 日前拿出牌坊施工图纸，与设计公司签订合作协议	5 日前拿出具体规划设计方案	对方案进行完善	—	曹兵兵

注："—"表示不详。

在上级政府的直接支持下，西牛镇曾屋村现代农业综合示范点终于被打造成为了一个高科技示范农业基地，是集农业观光、水果采摘、农家乐于一体的现代农业园。项目占地面积约 1500 为亩，总建筑面积为 62150 平方米，由小白草莓园区、红心火龙果园区、金童玉女黄瓜区、羊角蜜区、东魁杨梅园区、中秋脆枣园区、现代化智能温室 50 亩、生态蔬菜园区 300 亩、荷花观赏园区 100 亩和农家乐景观灯组成，是信丰县目前规模最大、科技最新的现代农业园区。

图 4-6　信丰县西牛镇曾屋村的大棚蔬菜

目前，园区内有现代化的设施栽培面积 6 万平方米，按照一年四季皆有花赏、有果摘进行分片布置。有红心火龙果园、小香瓜园、蓝莓园等钢架大棚棚室，东魁杨梅、中秋脆枣及无土基质高架设施栽培小白草莓 8000 平方米。基地以"低碳生态、科技创新、发展精品"为建设目标，努力打造高标准的现代化农业园区。

基地以憨农田园农民专业合作社（见图 4-7）作为支撑，并以其名义整合各方要素，承担相关责任，联结村民利益，安排贫困户务工。

图 4 –7 憨农田园农民专业合作社景区

第一，流转土地。产业发展需要较大数量的土地，为此，憨农田园农民专业合作社根据产业发展需要，分次流转土地。一般地，曾屋村的土地流转费为每年每亩 350 元，三年递增 50 元，一年支付一次租金，流转期限为 10 年。如 2016 年 2 月，合作社就流转了社区中心区域 234 亩连片良田；此后，又流转了 300 多亩集中连片的农地用于发展蔬菜。其流转合同详见《曾屋村憨农田园农民专业合作社蔬菜基地土地流转合同》。

曾屋村憨农田园农民专业合作社蔬菜
基地土地流转合同（样本）

合同编号：

甲方（发包方）：   身份证号码：

乙方（承包方）：曾屋憨农田园农民专业合作社

根据《中华人民共和国农村土地承包法》《农村土地承包经营权流转管理办法》等有在法律、法规的规定，甲乙双方本着平等、自愿有偿的原则，经双方协商一致，就土地承包经营权流转事宜，订立本合同。

一、转包土地基本情况及用途

甲方愿意将本人以家庭承包方式取得的耕地，位于西牛镇曾屋村_____小组，共_____块地、_____亩土地（详见下表）的承包经营权转包给乙方，由乙方统一流转经营，从事种植蔬菜等农业生产经营类活动。

序号	地块名称	地类	面积	四至界限				土地承包经营权证号
				东	南	西	北	
1								
2								
3								
4								

总计：（大写）　　　　　　　　　　　　　　亩、（小写）_____亩

二、转包期限

土地转包期限：自_____年_____月_____日起至_____年_____月_____日止，共_____年。甲方应于_____年_____月_____日前将宗地交付乙方。

三、转包价格与支付方式

1. 土地租金：_____年至_____年，每亩每年_____元；_____年至_____年，每亩每年_____元；_____年至_____年，每亩每年_____元；_____年至_____年，每亩每年_____元。

2. 支付方式：分年支付，在每年第一季度支付当年度的土地租金；每延期1个月，按照年度总额的 0.5% 标准加收滞纳金。

3. 除本协议约定的费用外，乙方不支付其他费用。

四、甲方的权利和义务

1. 甲方有权监督乙方合理利用、保护转包土地。

2. 甲方维护乙方的土地承包、生产经营自主权，不得非法变更或解除合同。

3. 甲方应积极配合乙方做好土地丈量和现状测绘等工作。

4. 承包地被依法征收、占用时，甲方有权依法获得征地补偿等相应补偿。

5. 甲方有权按照本合同约定的期限，到期从乙方收回土地承包经营权。

6. 合同期满后，土地复耕由乙方负责。

7. 法律法规规定的其他权利和义务。

五、乙方的权利和义务

1. 乙方依法享有生产经营自主权、产品处置权和产品收益权。甲方不得以任何理由干扰乙方自主经营。

2. 乙方应依法保护合理利用土地，不得给土地造成永久性破坏。

3. 转包到期时，及时交还给甲方转包的土地。

4. 法律法规规定的其他权利和义务。

六、合同的变更和解除

1. 本合同签订后，任何一方不得单方面变更或解除本合同。

2. 不得因代表人或户主变动而变更或者解除本合同。

3. 因不可抗力致使本合同无法履行时，可以变更或解除本合同。

七、其他约定

1. 本合同订立后，双方应将合同报西牛镇人民政府备案。

2. 合同期满后，乙方在基地中建立的蓄水塘、排水灌渠、机耕道、产业路等农业基础设施，无偿交付村集体所有。

3. 本合同在履行过程中发生争执，双方协商解决；协商不成，可以请求镇人民政府调解，也可以向人民法院提起诉讼。

4. 本合同一式三份，甲、乙双方各执一份，报西牛镇人民政府一份。

甲方（签字）：

乙方（签字盖章）：

签约日期：_____年_____月_____日

从上述合同看，曾屋村的土地流转是充分尊重出租人意愿的，而且是一种双赢的结果，既有效地解决了合作社规模化经营的问题，又有利于出租人享有稳定的收益，尤其对于贫困户有利，有效地规避了市场风险，收益稳定，可以达到预期脱贫。

第二，承担扶贫的责任。大致来看，憨农田园农民专业合作社通过四种方式帮助贫困户增加收益，摆脱贫困。一是通过合作社的耦合机制取得的各项收入；二是承租土地使贫困户获得土地租金；三是贫困户承租合作社相关资源所获得的收益；四是在合作社务工获得的工资性收入。本处在已经分析了第一种、第二种方式的基础上分析第三种、第四种方式。

憨农田园农民专业合作社所运营的基地是高科技农业综合体，既是蔬菜瓜果生产基地，同时还是旅游观光园区，因此，功能多样。由此带来了较大的人流量，院内各种资源均具有较高的商业附加值。憨农田园农民专业合作社充分认识到这种价值，并努力通过市场化手段使之体现出来。其重要手段就是将相关资源出租，并作为扶贫措施之一。如将农家乐出租给贫困户经营，帮助其增加收益。出租合同详见如下样本：

憨农田园农民专业合作社农家乐
承租合同（扶贫措施）（样本）

甲方：憨农田园农民专业合作社　　　乙方：身份证号码：

联系电话：　　　　　　　　　　　联系电话：

现甲方将西牛镇曾屋村农家乐餐饮场地，占地面积为＿＿＿＿＿＿平方米，承租给乙方经营。经双方协商，在公平、公正、自愿的原则下签订此协议。

一、经双方协商，该场地承租期为三年，乙方需每年向甲方支付租金12万元人民币，不得拖欠租金。合同到期，乙方有优先续租权。

二、该农家乐房屋及硬件设施产权归甲方所有，乙方进场经营时自行添置的设备除外。

三、乙方在经营期间不得随意破坏甲方的配套设施，如场地设施出现损坏由乙方负责。承租期间的卫生、饮食等安全由乙方自行负责。

四、乙方在进场经营时，甲方有权利和义务维护乙方安全经营及配套设施修缮事宜（屋顶漏水）。

五、如乙方在合同期间，因经营不善，需转租他人或退出经营时，需提前三个月向甲方提出。

六、此合同一式两份，甲、乙双方各一份，如有未尽事宜，双方可行协商解决。

甲方（盖章）：　　　　　　　　乙方（签字）：

日期：　　　　　　　　　　　　日期：

＿＿＿＿＿＿年＿＿＿＿＿＿月＿＿＿＿＿＿日

安排贫困户就业是大多数农业经营组织的常规措施。憨农田园农民专业合作社也不例外。不同的是，憨农田园农民专业合作社通过与贫困户签署规范的劳务合同使之制度化、常规化。由于合作社经营相对正常，因此，通过这种制度安排，贫困户获得了一份相对稳定的收入，更可预期脱贫。双方劳务协议的内容详见以下样本：

憨农田园农民专业合作社劳务协议（样本）

甲方（用人单位）：憨农田园农民专业合作社

乙方（姓名）：　　　　　　　　　　　　身份证号码：

根据《中华人民共和国民法通则》《中华人民共和国合同法》和有关规定，甲乙双方经平等协商一致，自愿签订本聘用协议，共同遵守本协议所列条款。

一、聘用期限

本协议期限为＿＿＿＿年＿＿月＿＿日起至＿＿＿＿年＿＿月＿＿日止。

二、工作内容

1. 甲方聘请乙方工作内容包括：

2. 协议期内，甲方可根据生产经营的需要以及乙方的工作表现和能力，在其工作内容外安排其他具体的工作内容。

三、工作时间

甲方安排乙方从事的工作内容、任务实行责任制，乙方应本着诚信原则按甲方要求完成，工作时间按国家规定执行，如遇工作需要，乙方必须配合甲方的安排在规定期限内完成。

四、聘用报酬

1. 每月30日以现金形式支付乙方劳务工资。

2. 乙方每月劳务费为＿＿＿＿。

3. 甲方实行月薪制和计时制。

五、其他待遇

1. 甲方不承担乙方的社会保障费用及住房公积金。

2. 甲方按国家和省、市有关规定，提供乙方必要的劳动防护用品。

3. 双方解除、终止本协议时，甲方无须支付乙方任何经济补偿金。

六、其他

1. 甲方所订立的规章制度作为本协议的附件，与本协议具有同等效力，乙方签订本协议视为受甲方规章制度的约束；

2. 本协议未尽事宜，按国家有关民事规定执行；

3. 本协议如与国家法律法规相抵触，以国家法律法规为准；

4. 甲方提前三个月通知乙方，可以解除本协议；

5. 本协议一式两份，甲、乙双方各执一份，经双方签字盖章后生效。

甲方（盖章）　　　　　　　　　　乙方（签字）
　年　月　日　　　　　　　　　　　年　月　日

憨农田园农民专业合作社吸收农户入股，吸纳贫困户就业，并通过农技示范、服务、培训、推广把农业新品种和适用技术，推广辐射到周边各地。目前，已有 30 户贫困户 96 人入股加入合作社，吸纳普通村民和贫困户就业 80 多人，辐射带动周边农户 1300 多户。

从上可以看出，憨农田园农民专业合作社通过全力打造现代农业综合体，在帮助贫困户增收脱贫的同时，也为全村百姓致富带来了无限的希望。在积极做大合作社，带动村民脱贫致富的同时，曾屋村"两委"还同时进行了其他大量的民生工作。比如易地搬迁以及村干部每人帮扶三个村民小组，就是非常重要的工作，其工作需要接受县精准扶贫办的监督和考核。

经过精准识别，曾屋村共有贫困户 54 户 157 人。2015 年以来，曾屋村以合作社为核心，发挥能人、党员的示范带头作用，吸收贫困户入股加入合作社，吸纳贫困户就业。

按照现行标准，贫困户年人均收入高于 3000 元的必须脱贫，2018 年，曾屋村全部 54 户贫困户须全部脱贫。但是，根据上级文件已脱贫人员还可继续享受国家扶贫政策。因此，贫困户的甄别及其脱贫问题就考验村干部的智慧和工作方法了。在这方面，曾屋村通过召开扶贫民主会的形式进行较好的解决。2015 年，全村有 49 人脱贫，占全村贫困户总人数的 31.2%。

此外，曾屋村两委以下两项工作也为美丽乡村建设增色不少。

第一，改善村民生活环境。实施了引用山泉水项目，覆盖全村 480 户。巩固党员活动成果，常态化推进农村生活垃圾治理。制定了村规民约，开展了卫生保洁费收取，配备专职保洁员 5 人，配置垃圾转运车 1 部、推车 2 部、垃圾桶 90 个。曾屋村人居环境得到了有效改善。

第二，着力打造了公共服务平台。新建了村部并以此为中心完善村级公共服务平台建设，建成文体活动场所 2 处 3000 余平方米，建成了农家书屋、居家养老服务中心、农村电子商务便民服务站（农村 e 邮）和金融服务网点，村级卫生室、公厕、污水处理系统（见图 4-8、图 4-9 和图 4-10）。

图 4－8　信丰县西牛镇曾屋村公共服务平台

图 4－9　信丰县西牛镇曾屋村农家书屋

图4-10　信丰县西牛镇曾屋村公共服务中心门口的义诊活动

四、憨农田园农民专业合作社的运行

（一）采取"1+2"模式

曾屋村打造了"憨农田园农民专业合作社+现代农业产业园+龙头企业"，"1+2"三方多赢模式。"1"就是憨农田园农民专业合作社，在整个模式中发挥支撑作用；"2"是现代农业产业园——曾屋村现代农业综合示范点和一些龙头企业，如中国香港华记农业开发有限公司、鹭溪农场等农业龙头企业。曾屋村以憨农田园农民专业合作社为核心平台，大力建设现代农业产业园，靠大联强引进中国香港华记农业开发有限公司、鹭溪农场等农业龙头企业，采取"订单式""直销式"销售模式，拓宽销售渠道，提升科技含量和种植水平，做大做优做强蔬菜产业。

一是着力打造农业物联网云平台、农产品质量安全监管追溯平台、农产品电商平台三大平台，严格把控生产、质量、销售三大环节，规划建设现代农业展示馆、智慧农业展示中心、农家旅馆、农耕文化展示馆、现代农业休闲观光游步道。

二是以县城社区直营店的APP线上销售和实体店的线下销售相结合，采取

"订单式""直销式"销售模式，拓宽销售渠道，提升科技含量和种植水平，做大做优做强蔬菜产业。

三是着眼长远，以曾屋村为点，规划 5200 亩大型园区，带动发展旁塘村、双溪村、石头塘村、东甫、五羊等村蔬菜产业，挖掘发挥天华山、五洋电站水面、石头塘自然景观资源，将蔬菜产业与休闲旅游观光紧密结合，打造集蔬菜产业发展、农业体验、水上娱乐、登山休闲于一体的新型生态农业旅游区。

（二）建设现代农业先行区

曾屋村在探索憨农田园农民专业合作社的发展进程中，充分利用对口支援政策，建设现代农业先行区。

第一，先行先试，大力发展种养业。自《国务院关于支持赣南等原中央苏区振兴发展的若干意见》正式实施以来，在国家农业农村部对口支援下，信丰县的农业获得了政策、资金等多方面资源支持。曾屋村借力国家现代农业示范区，充分争取上级政策、资金支持，一方面大力完善农业基础设施建设。先后共争取到产业发展、基础设施建设项目 39 个，帮扶资金近千万元。另一方面继续调整完善农业内部产业结构，建设现代农业示范园，着力发展蔬菜、水果等特色产业（刘善庆、尤琳、刘梦怡，2017）。

目前，该村现代农业示范园种植面积 1500 亩，其中 2017 年新建智慧蔬菜大棚 150 亩，以"低碳生态、科技创新、发展精品"为建设目标，综合运用自动化温控、水肥一体化浇灌系统、水帘降温、排风系统、智能化气候采集系统等。同时，专门高薪聘请山东寿光的蔬菜种植专家就地技术指导，培育种植无刺水果黄瓜、樱桃西红柿、羊角蜜（见图 4－11）、蓝莓（见图 4－12）、金童玉女黄瓜、红心火龙果（见图 4－13）、小白草莓（见图 4－14）、西兰花、美国长椒、哈密瓜等果蔬，其中部分果蔬为全赣州市，乃至全省首次试种成功。崇仁麻鸡、鸭嘴鱼、鲟鱼等特色养殖产业发展也风生水起（刘善庆、尤琳、刘梦怡，2017）。

第二，整合多方资源，探索多业兼营。曾屋村资源禀赋丰厚，不仅拥有比较丰富的土地资源，而且自然景观资源也相当丰富，空气优良，还有不少热心支持家乡发展的能人。为充分发挥资源效用，曾屋村不仅着力发展农业内部的兼业经营，种养并举，而且尝试产业融合，以现代农业示范园为核心，将果菜产业与乡村旅游业紧密结合，充分挖掘天华山、桃江水面、石头塘自然景观资源，打造养胃、养眼、养身、养心——"四养"新型特色区域（刘善庆、尤琳、刘梦怡，2017）。

图 4 – 11　信丰县西牛镇曾屋村农业示范区的羊角蜜

图 4 – 12　信丰县西牛镇曾屋村农业示范区的蓝莓

图 4-13　信丰县西牛镇曾屋村农业示范区的红心火龙果

图 4-14　信丰县西牛镇曾屋村农业示范区的小白草莓

一是养胃，规划建设了憨农田园农家乐，让游客体验农家风味，同时让游客品尝基地种植的新品种果蔬。

二是养眼，规划种植以丹桂为主题的绿色生态基地，让游客一年四季可以赏花、品果、阅绿，身在基地赏心悦目、心旷神怡。

三是养身，规划建设农家旅馆、农业体验区、生态餐厅、十二节气生态小屋、3千米绿色休憩沿溪林荫小道和休闲旅游登山健身步道，让游客既住得舒服，又可以在大自然中养身健身。

四是养心，深入挖掘宗祠文化、客家文化、廉政文化、绿色文化、道家文化、红色文化等，规划建设农耕文化展示馆、休闲文化长廊，修缮乌石庵道观、曾屋老祠堂，邀请知名人士开办国学讲堂，让游客体验到曾屋浓厚的文化气息

（见图 4 – 15）。

图 4 – 15　游客在曾屋村火龙果园区拍照留念

通过上述举措，从而让游客体验农家风味、游览绿色生态基地的同时，在大自然中养身健身，进一步延长现代农业示范园的产业链，提升其附加值，成为乡村旅游的美丽缩影。

（三）构建完善产业链

在憨农田园农民专业合作社实际运营中，曾屋村完全按照市场法则，灵活适应市场，注重构建完善产业链。

第一，市场化运营。在社会主义市场经济中，市场是资源配置的决定性因素。曾屋村以价值链为核心，采取市场化手段，构建了合作社、村民、企业多方利益主体紧密结合的运营模式（刘善庆、尤琳、刘梦怡，2017）。首先，在憨农田园农民专业合作社内部，股东既有村集体，也有村干部，还有普通村民、建档立卡贫困户。各个利益主体按照所占股份分红。参与经营管理以及付出劳务的社员，则依照市场原则支付工资。其次，在村内，属于合作社的雇员则按照市场原则给付薪酬。从事种养业的村民，如其产品需要合作社收购，则按照市场价格结算。最后，其他与合作社形成上下游供求关系的利益主体同样依照市场规则发生交易关系，各自独立核算。如为适应憨农田园农民专业合作社产品销售需要而成立的营销公司——曾小农蔬菜销售有限公司就仅与憨农田园农民专业合作社存在产品供需关系，双方结算执行市场价格（见图 4-16）。供需双方财务独立，自负盈亏（刘善庆、尤琳、刘梦怡，2017）。

图 4-16 曾小农蔬菜销售有限公司公办区一角

第二，品质化管理。新常态下，大量低端农产品过剩，传统农业急需转型升级到现代农业。发展现代农业，最大的难题是如何确保农产品安全。在建设现代农业产业园过程中，曾屋村高度重视农产品结构，瞄准高端消费市场，用工业理念发展农业，重注产品品质，高位介入。实行品质化管理，将品质化理念贯穿于农业生产的产前、产中、产后（刘善庆、尤琳、刘梦怡，2017）。

在品种引进上，与山东蔬菜集团、北京绿山谷公司建立合作关系，引进樱桃西红柿（见图 4-17）、金童玉女小黄瓜（见图 4-18）、羊角蜜、红心火龙果、小白草莓、美国长椒等果蔬新品种，确保源头的高品质（刘善庆、尤琳、刘梦怡，2017）。

图 4 - 17　信丰县西牛镇曾屋村农业示范区的樱桃西红柿

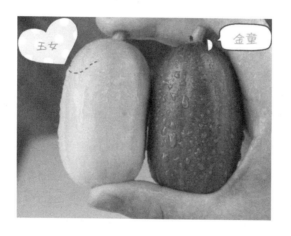

图 4 - 18　信丰县西牛镇曾屋村农业示范区的金童玉女黄瓜

　　在生产管理中，高薪聘请寿光蔬菜种植技术人员长年驻扎基地指导管理，并与江西农业大学、山东农业大学等高校建立联系，不定期邀请专家前来基地指导，解决种植技术难题，提升种植科技含量和种植水平，确保种植过程高品质（刘善庆、尤琳、刘梦怡，2017）。

　　在生长环境方面，建立设施农业，确保果蔬生长环境高品质。注重全过程管理，建立农产品质量安全监管追溯平台，确保果蔬产品品质可控、可追溯（刘善庆、尤琳、刘梦怡，2017）。

第三，品牌化经营。现代农业最大的风险是产品销路，关键是品牌。从某种角度讲，现代农业就是品牌农业，其原因就在于品牌是产品的抵押品。品牌化时代，良好的品牌有助于提升消费者在产品品质和产品安全方面的消费信心。

曾屋村十分重视品牌的作用，不仅注册了"曾小农"果蔬商标，还由村支书曾梓清牵头，引进外资企业的营销管理人员，合资成立了曾小农蔬菜销售有限公司，并开设了蔬菜销售超市（见图 4 - 19 和图 4 - 20），进行全方位的品牌化经营，着力打造农业物联网云平台、农产品质量安全监管追溯平台、农产品电商平台等三大平台，严格把控生产、质量、销售三大环节，规划建设了智慧农业展示中心、蔬菜储藏配送中心、蔬菜销售中心三大中心，拓宽销售渠道，新购冷链车 2 辆，采取"订单式""直销式"销售模式，通过手机 APP 平台和实体店，果蔬直达消费者生活小区，着力做大做优做强"曾小农"果蔬品牌。通过品牌化经营，曾屋村建立了从果蔬基地到市场、从菜园到饭桌的营销网络（刘善庆、尤琳、刘梦怡，2017）。

图 4 - 19　信丰县西牛镇曾屋村曾小农蔬菜超市外景

图4-20　信丰县西牛镇曾屋村曾小农蔬菜超市内景

（四）小结

信丰县以农民专业合作社为载体，建立了利益分配耦合机制，发展壮大村级集体经济的改革虽然开始不久，但是已经显示出明显成效。其将集体资产折股纳入合作社、推动贫困人口将金融扶贫贷款一半收益转成股份、探索无劳动能力贫困户将资源折价入股合作社、建设现代农业先行区、构建完善产业链等一系列举措（刘善庆、尤琳、刘梦怡，2017），将农民个体利益与村级集体利益有机结合，确保了村级集体经济稳步发展壮大，解决了革命老区村级集体经济发展壮大的路径问题。作为欠发达地区革命老区发展壮大集体经济的信丰县样本，其探索的耦合机制具有极为重要的理论价值和实践价值。

信丰县探索的核心价值就在于回答了在经济欠发达的革命老区发展壮大农村集体经济的路径问题。具体看，主要实现了以下三方面的创新：

第一，创新用人机制：选好带头人是村级集体经济发展壮大的关键。习近平总书记非常重视使用培育年轻干部问题，在2013年，他就指出，对那些看得准、有潜力、有发展前途的年轻干部，要敢于给他们压担子，有计划地安排他们去经受锻炼。西牛镇不拘一格，大胆起用曾梓清，很好地践行了习近平总书记关于培育使用干部的重要思想。在他的带领下，曾屋村的面貌发生了根本性的变化，从一个"空壳村"变成今天各种荣誉加身的先进村。近年来，曾屋村先后获得全国人口和计划生育基层群众自治示范村（居）、省级生态村、江西省综合减灾示范社区、信丰县先进党支部等荣誉称号。曾梓清本人也先后被评为中国乡村旅游致富带头人、江西省劳动模范、江西省农村远程教育优秀播放员、信丰优秀党务工作者，并被推选为赣州市、信丰县党代会党代表（刘善庆、尤琳、刘梦怡，2017）。

第二，创新分配机制：以农民合作社为载体，实现个人利益与集体利益的耦合是集体经济发展壮大的核心。发展农村集体经济必须建立好载体，要把集体经济当成市场主体来培育，不能由行政机构代替农村集体经济载体。目前，农民合作社就是发展农村集体经济比较好的载体。在国家政策的扶持下，赣南等原中央苏区农民合作社培育工作取得了重大进展，不仅数量上迅速增加，而且在质量上也有了显著提升，涌现了相当数量的全国示范合作社、省级示范合作社。但是，在农民合作社培育工作中，始终没有解决合作社这个小集体与村级大集体有机融合的问题。就全国范围来说，在一些贫困地区，农民合作社虽然发展势头良好，农民收入获得了增长，但是，村级集体收入却没有任何增加，村级集体经济依然衰落，村级公共服务能力严重衰退，无法提供村级公共产品（刘善庆、尤琳、刘梦怡，2017），致使村级组织涣散，没有权威，无法发挥其影响力。

为了发展壮大村级集体经济并实现贫困户脱贫致富的目标，曾屋村在创建憨农田园农民专业合作社时进行了三个方面的制度创新，确保多方获利。

其一，将上级项目建设投入作为村集体资产折价入股，占合作社总股本的25%，从而确保了曾屋村集体收入随着合作社的不断壮大而同比例增加。不仅如此，而且对25%的收入切块管理，其中的10%用于曾屋村全体村民分红；其余15%由村集体掌握，用于村内公共服务，以提升全体村民福利（刘善庆、尤琳、刘梦怡，2017）。

其二，将贫困户金融扶贫贷款收益一分为二，其中50%折算成该贫困户股金留在合作社，另外50%发放给该贫困户自由支配，将其长远利益与眼前利益有机融合（刘善庆、尤琳、刘梦怡，2017）。

其三，对无劳动能力的特困人员进行特殊照顾，在尊重其意愿的前提下，由其自愿将其相关资源折价入股（刘善庆、尤琳、刘梦怡，2017），作为股东，按其所占股份享受合作社年终分红。

这样，合作社股东既有村集体、村干部、普通村民，也有一般贫困户，还有失去劳动能力的特殊困难户。作为股东，集体与个人地位平等，均按照在合作社所占股份享有年终分红。个人与集体按股分配，互不打扰，避免了利益纠纷，产权主体清晰，产权收益明确，产权保障有力，利益分配有法可循。个人与集体互相合作，各负其责，共同开发资源，是一种典型的合作经济。这种制度创新，既实现了个体利益与集体利益的有机融合，也实现了合作社这个小集体与村级组织这个大集体的有机融合（刘善庆、尤琳、刘梦怡，2017），破除了普遍存在的农民合作社与村级集体经济"两张皮"的现象。

第三，创新运作机制："党支部＋合作社＋企业"，统筹协调，无缝对接。作为曾屋村的"领头雁"，曾梓清身兼数职，集曾屋村党支部书记、憨农田园农民专业合作社理事长、公司法人代表于一身。通过经营企业，曾梓清既积累了比较丰厚的资产，也积攒了比较多的人脉资源，更积累了相当丰富的市场运营经验，加之家庭出身，父辈的言传身教，使其从小受到苏区精神教育，政治素养较高，具备多重优势。在脱贫攻坚、苏区振兴的大背景下，他脱颖而出。担任曾屋村支部书记后，在新的事业平台上，他充分发挥了资源整合能力较强的长处，凭借自身实力打开局面，自掏腰包 10 万元，用于改建村部办公楼，赢得了村民的信任；利用对口支援、脱贫攻坚等政策红利，为村里争取了各种政策、资金等资源，为村集体经济发展营造了良好的环境；用工业化理念发展农业，确保果蔬产品高品质；用价值链联结产品研发、生产、销售以及售后等各个环节，不断提升农业、农产品的附加值；用激励机制管理干部，锻造执行力强的团队；用市场手段配置资源，确保各个利益相关方共赢。在新常态下，曾梓清兼顾其私人企业利益，努力将其整合到与曾屋村事业相关的经营范围中，不断提升村集体利益与其私人企业利益契合度（刘善庆、尤琳、刘梦怡，2017）。

为了提升决策速度，确保运营效率，降低内部交易成本，在憨农田园农民专业合作社中，作为发起人的曾梓清因出资较多，担任理事长；在曾小农蔬菜销售有限公司股份构成中，曾梓清作为控股股东，担任董事长。从而确保战略与运营的无缝对接（刘善庆、尤琳、刘梦怡，2017）。

第二节　兴国县南坑乡乡村振兴个案研究

一、深度贫困乡村脱贫的"三步棋"

（一）资源禀赋

南坑乡位于兴国县东北部边沿山区，东界兴江乡及宁都县黄陂镇，南邻古龙岗镇，西接良村镇，北靠界永丰县君埠乡和宁都县大沽乡，乡政府驻地南坑圩距县城 72 千米，全乡总面积 128 平方千米，辖 6 个行政村（南坑、楼溪、郑枫、中叶、富兴、富宝），122 个村民小组，3505 户 12007 人（见图 4－21）。根据访谈得知，南坑乡青壮年多数在外务工，常年在家的实际人数并不多。

图 4－21　兴国县南坑乡圩镇全貌

南坑乡在中央苏区时期时被称为南坑区，为国捐躯的英烈中，有记录的就达 422 名之多。南坑乡是典型的丘陵地带，山多地少，林地总面积达 17.57 万亩，耕地总面积达 9337.47 亩。南坑乡是兴国县的林业乡，林业、矿藏、水资源丰富。山上主要有杉木、松树、毛竹等，全境森林覆盖率高达 75%，空气质量好。水资源储量丰富，降雨充沛，年降水量可达 1600 毫米，且山势陡峭，水流落差很大，目前有水电站五座，装机容量达 1040 千瓦时。属亚热带气候，气候温和，年平均气温 20℃左右。南坑乡物产丰富，山上主要以油茶、毛竹为主，山下主要以烟叶、水稻为主；茶油、茶叶、松香、笋干、蜂蜜、金橘、药材、竹木家具等已成为远近闻名的特产，有"油茶之乡"和"毛竹之乡"的美誉。南坑乡风景如画，景色宜人，旅游资源丰富（见图 4－22）。

图 4 - 22　兴国县南坑乡旅游资源丰富

"客观地讲，一度以来，南坑乡在兴国县 25 个乡镇之中确实是处于边缘地带"（曾智，2018）。虽然没有查到南坑乡工农业总产值的数据，但是从辖区面积、人口数、与兴国县城的距离各方面看，与信丰县西牛镇明显不在同一个层级，其耕地面积为信丰县西牛镇曾屋村的 4 倍。就贫困程度而言，南坑乡 6 个村中就有 3 个村——南坑村、郑枫村、富兴村被确定为深度贫困村。因此，南坑乡是实实在在的贫困苏区乡。南坑乡贫困，既有区位方面的原因，如位于三县交界处，远离兴国县城，自身资源禀赋较差，生产要素普遍缺乏，交通等基础设施建设长期严重落后；也有主观方面的原因，如长期处于被人遗忘的角落，政府不重视，干部群众思想相对保守，开放意识不够、各方面工作比较落后等原因。因此，解决南坑乡的贫困问题，首先需要从思想上入手，开展大讨论，找到问题的症结，提出解决的办法，从而统一大家的思想，凝神聚力，众志成城，攻坚克难。

（二）"看""干"大讨论

2017 年底，在脱贫攻坚工作进入了下半程，南坑乡开展了"南坑形势怎么看，明年工作怎么干"的大讨论活动，做好扶贫纪律宣传（见图 4 - 23），旨在进一步解放全乡干群思想，为深度贫困乡村发展献计献策，从而更好地为乡党委政府理清工作思路。活动的开展得到了社会各界和群众的关注和热评，乡党委也相继召开了不同类型的座谈会，广泛征求大家的意见和建议。

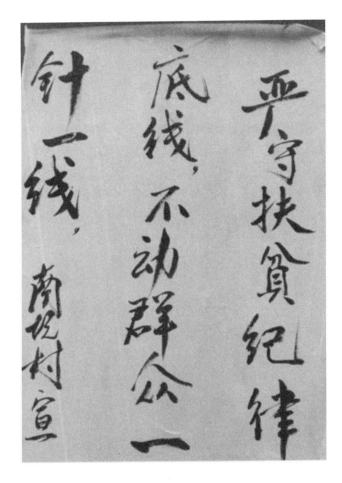

图4－23　兴国县南坑乡南坑村扶贫纪律宣传标语

作为深度贫困乡镇的领导，曾智同志结合自己平时工作掌握的情况及大家所提的意见，提出做好当前南坑工作的关键是要做到"六个不能"，即方向不能偏、精气神不能散、阵脚不能乱、工作不能虚、作风不能浮、标准不能降。所谓方向不能偏，就是必须紧紧围绕2019年全面脱贫的总目标，紧盯贫困户"两不愁、三保障""三率一度"、产业发展及结对帮扶等重点工作，做实做细，确保南坑乡所有贫困群众在2019年如期脱贫，不掉链子，不拖兴国县后腿。要解决精神脱贫的问题，明白"真是贫困户，大家来帮助；争当贫困户，很难有出路；抢当贫困户，吓跑儿媳妇"的道理，依靠党的帮助，自力更生，早日脱贫致富。在脱贫攻坚工作进入"啃硬骨头、攻坚拔寨"的冲刺期，必须干部群众一条心，群众不等不靠，干部扎实工作，不浮不虚，巧干实干团队加压。只有将内生动力与外生动力有机结合，深度贫困问题才有希望得以解决。

在 2015 年，南坑乡曾经进行过一次解放思想见行动大讨论活动。应该说，2017 年末的这次讨论适逢其时，进一步统一了全乡上下的思想，为 2018 年贫困户过筛评审、高速公路征拆、迎国检省检、圩镇开发、产业发展、"空心房"拆除等中心工作的开展打下了很好的思想基础。

（三）兴国县委书记的高位推动

为早日解决南坑的深度贫困问题，兴国县委决定由赖晓军同志挂点帮扶郑枫村。郑枫村位于南坑乡东北方向，与宁都县交界，面临交通不便、产业匮乏等困难，贫困人口多、贫困程度深、脱贫难度大。据统计，郑枫村共有建档立卡贫困户 160 户 581 人，其中 2017 年底未脱贫 94 户 292 人，贫困发生率达 10.6%，属于深度贫困村。

自挂点帮扶以来，赖晓军同志多次前往郑枫村，多次在现场召开有周边乡镇、县直相关单位部门负责人参加的会议，解决郑枫村、南坑乡脱贫攻坚中的重点和难点问题。强调要重点围绕"两不愁三保障"、产业发展、基础设施建设、村庄整治等优先安排项目，把扶贫资金用在刀刃上；要求南坑乡和帮扶单位要制定出科学的、符合实际的特色产业规划，突出扶持光伏、高山蔬菜、油茶、种养特色产业，增加村集体收入，务必要让产业 100% 覆盖贫困户，在产业发展中要充分用好、用活贫困户产业贴息贷款政策，不大包大揽产业基地建设。要将新农村建设项目进一步细化，尽量不搞外包装，要以实用适用为主。要注重志智双扶，移风易俗，将乡风文明融合到新农村建设当中。要尽快调整完善项目编制，在与相关单位对接后上报。要强化措施，加快进度，完成空心房拆除任务。要高标准、高效率地推进项目建设，使郑枫村脱贫攻坚各项基础工作均走在兴国县前列。

在兴国县委主要领导的帮扶下，郑枫村由以前单一的水稻种植，发展成了养牛、养兔、种白莲、种竹荪、种生姜、种中药材、种猕猴桃等种养结合的产业格局。

在脱贫攻坚成为第一要务的特殊时期，兴国县委主要领导直接挂点帮扶南坑乡属深度贫困村，表明南坑乡的深度贫困问题已经成为兴国全县脱贫攻坚的最大短板，其长期以来的贫困问题引起了兴国县的高度重视。主要领导直接帮扶，意味着帮扶对象可能获得更多的扶贫资源，不仅可以解决帮扶对象自身的问题，并且可以由此带动整体工作的开展。从这个角度来看，经过长时间的沉寂后，南坑乡终于等到了最好的发展机遇。

据了解，为推动南坑乡三个深度贫困村精准脱贫工作，上级按照每个村 1000 万元的标准下拨扶贫资金。此前，还为中叶村下拨千万元资金。4 个村共计获得了 4000 万元扶贫资金投入。扶持力度之大，在南坑乡的历史上是前所未见的。巨额资金主要用于南坑乡的乡村道路等基础设施建设，极大地改善了南坑乡村落之间的交通状况。当然，随着兴赣高速北延项目的开工建设（见图 4 - 24），南坑乡的对外交通状况也正在不断改善之中，即将在 2020 年迎来高速时代。

图 4 - 24　兴赣高速北延项目简介

（四）"双覆盖"与"屋场会"

"双覆盖"即"双重全覆盖"，指乡干部与村干部对南坑乡村民小组的双重覆盖。为更好地迎国检省检，南坑乡利用辖区内只有 6 个行政村的优势，把乡干部长期派驻到村里，实现乡干部、村干部分别对全乡 122 个村民小组"双重全覆盖"（见图 4 - 25）。南坑乡 25 名乡干部每人带领 1 ~ 5 名村干部联系 4 ~ 8 个村民小组，乡村干部直包到组，在乡党委的领导下，共同抓好所联系村民小组的农业农村工作，收集民情民意、化解矛盾纠纷。

图 4 – 25　兴国县南坑乡乡村干部双重全覆盖工作方案

屋场指自然村，一般只有一姓或几姓人家居住。在南坑乡，一般由若干个屋场组成村民小组。在赣南的山区农村，把村民们定期组织起来宣传政策、征求意见、解决问题，并不是一件容易的事情。有了"双重全覆盖"制度的前期铺垫后，南坑乡于 2017 年 12 月正式开展"屋场会"，并在全乡展开。

屋场会的召集者一般是村干部、村民小组长和党员，在实行乡村干部包组时，南坑乡党委确定了就近就便的原则，让村干部联系小组时尽量以自己的居住地为中心进行辐射，这样村干部和小组长对本组的情况大致了解，跟本组村民也较为熟悉，在通知开会时能得到群众的响应。每个村民小组的户数在 15～40 户之间，居住较为集中，确保开会通知能传达到每户。屋场会的地点则选在本组农民的家中、客厅、小院，这样农民更容易接受。

屋场会的召开日期一般根据当月的工作量多少来决定，如在短时期内出现了较多需要动员群众的工作，屋场会可以随时开，比如有一个村民小组得到了一个修桥的上级项目涉及多户农民的耕地占用，有农民因为林权纠纷闹了起来等，就可以召开屋场会。目前来看，南坑乡各村的屋场会保持着每月一次的频率。屋场会选择在白天开还是晚上开，则根据所在村民小组的实际情况决定，如该村民小组如果是老人在家居多，则开会时间选在白天较好，老人时间充裕，白天出门也比较安全。若该村民小组有较多的强壮劳动力，屋场会的时间可能选到晚上，因为强壮劳动力白天可能要干农活或者出去做小工，晚上才有空余时间。

屋场会的主要内容围绕着农业农村工作的方方面面，由村干部主持，乡驻村干部和村干部、村民共同参与，大致可以分成三类：第一类是政策宣讲，由乡村干部共同宣讲近期工作和涉及农业、农村、农民的相关政策，再由参会百姓提出问题、发表意见建议，干部群众进行现场互动讨论。比如拆除"空心房"、宣传森林防火、宣讲精准扶贫政策；第二类是纠纷调解和问题解决，比如涉及林权、宅基地、土地流转等牵涉面广、较为复杂的问题，在屋场会上由干部群众共同讨论解决；第三类是议定公共事务，比如安装自来水，修桥修路、水渠水利问题。

自 2017 年 12 月南坑乡开展屋场会活动以来，在家的农民参与屋场会的比例高达 80% 以上。屋场会的举办，有利于将政策落到实处、将矛盾化解在苗头、将干群关系提升到一个新的高度，为精准扶贫工作的顺利开展奠定了良好的民意基础。

二、精准扶贫重点工作

（一）结对帮扶

通过进村入户，进一步掌握贫困底数，密切联系贫困群众，实现政策知晓率达到 100%，《脱贫登记证》全面完善规范，确定脱贫路径和帮扶措施，基础工作得到进一步夯实。具体措施有以下三项：

第一，结对连心。全体乡党政班子成员和县派驻村单位主要领导及分管领导带头亲自逐户走访贫困户，全体帮扶干部进村入户与贫困户同吃一餐饭，搞一次家庭卫生，办一件实事，与贫困户交亲结友，连心连情连发展，提高贫困户的获得感和满意度。

第二，政策宣讲。全体帮扶干部进村入户宣传产业、就业、易地搬迁、健康扶贫"4＋1"等脱贫政策，全面提升贫困户政策知晓度，并及时逐户将各项政策汇总表张贴至贫困户家中。开展精神扶贫和感恩教育，引导贫困户弘扬家庭美德，树立公共卫生意识，形成自力更生、积极向上的良好精神风貌（见图 4－26）。

第三，与民对账。和贫困群众一道算清脱贫明白账，规范填写《贫困户脱贫工作清单》，进一步查看贫困户是否吃得饱、穿得暖，查看贫困户住房是否安全，查看因病致贫贫困户是否享受了健康扶贫"4＋1"保障线，是否有贫困户看不起病，查看贫困户适龄子女是否有义务教育阶段辍学的情况。按照"一户一策"要求，帮助贫困户制定脱贫规划、落实脱贫措施，协调帮助符合条件的贫困户享受政策，并规范填好脱贫登记证、帮扶记录卡。

图 4 - 26 党员志愿者宣传扶贫政策

(二) 产业扶贫

严格落实"五个一"产业扶贫工作要求,选准贫困村、贫困户扶贫产业,落实土地、资金等生产要素,各贫困村产业基地、贫困户产业发展全面落地,取得了实质性的进展,具体措施有以下两项:

第一,基地到村。各村按照"五个一"要求,做好贫困村产业规划,每个贫困村至少落实一个公司(大户)、创业能人等有实力的经营主体,做好基地选址等前期工作,建立一套有效的利益联结方案,明确受益贫困群众名单,确保每个贫困村至少建有 1 个产业扶贫基地(见图 4 - 27)。同时,鼓励引导返乡能人、经济开发区企业到乡村创办"扶贫车间",确保创办 1 个以上"扶贫车间"。帮扶干部为有劳动能力的贫困户牵线搭桥,介绍到基地、企业、扶贫车间就业增收。

第二,产业到户。帮扶干部逐户走访,认真按照《贫困户产业发展情况摸底表》,摸清贫困户现有产业情况,下一步的发展意愿,拟好产业发展路径,算明白产业收益账,协调提供好资金、种苗、技术、销售等支持,确保有劳力、有意愿的贫困户发展 1 项以上产业，实现持续增收。

图 4 – 27 兴国县南坑乡精准扶贫产业基地

表 4 – 7 兴国县南坑乡贫困村产业发展摸底统计

时间：   年   月   日

序号	村名	主导产业	基地				备注
			名称	规模	带动贫困户户数	带动贫困人数	
1	富宝村	天赐合作社	肉牛养殖	230 头，投资 300 万	31	111	
2	楼溪村	肉牛养殖	犇腾肉牛养殖基地	存栏 125 头，投资 150 万	43	121	
3	中叶村	波尔山羊	山华山羊场	300 只	5	18	
4	南坑乡	无					
5	富兴村	无					
6	郑枫村	无					
合计		3 个			79	250	

乡镇区分管领导签字：

（三）整村推进

按照江西省定 8 项脱贫指标，全面启动整村推进项目，"空心房"拆除、入户道硬化、水冲式厕所等重点项目完成率达 50% 以上，村庄、道路、河道等重点区域垃圾全面清理到位，确保 2017 年底全部交账，贫困村如期退出，具体措施有以下两项：

第一，脱贫项目大推进。一是加快推进 2015 年、2016 年项目的实施。对目前已完工的项目，抓紧申报验收，并协助施工单位做好项目验收的相关内业资料，尽快完成资金的请拨手续；对仍未开工或已完工的项目，进一步压实责任，每个项目安排 1 名领导和 1 名干部全程跟进指导，尽快完成招投标程序，找好施工队伍，做好群众工作，按期全面完成各项收尾工作。二是继续推进 2017 年预脱贫村"整村推进"工作。严格对照江西省定 8 项脱贫指标，结合扶贫开发、现代农业发展、美丽乡村建设，按照前期摸排出来的《中叶村整村推进对照"八大指标"前期摸底工作量》，结合中叶村脱贫攻坚"百日行动"工作部署（见图 4-28），继续全面推进中叶村通组路、入户路硬化，安全饮水、危房改造、"空心房"拆除、"三网"改造、易地搬迁等 2017 年脱贫项目的完成。全面启动 4 个贫困村级光伏电站建设。第二，村庄环境大整治。以"样板村""样板路""样板河"建设为抓手，全面开展村庄环境大整治。着重清理"五边两区一点"的存量垃圾，拆除"空心房"、坑式厕所和乱搭乱建两违建筑等"三房"，结合

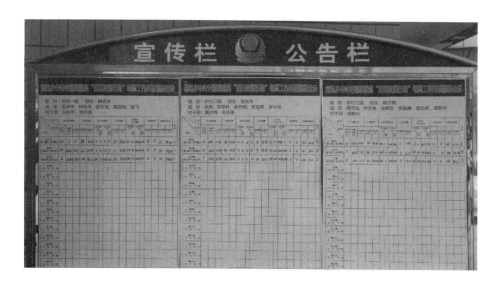

图 4-28　南坑乡中叶村"百日攻坚行动"每周工作开展情况公示栏

"河长制"、生活污水处理工程建设推进，做到无垃圾下河、污水直排、涉河违章建筑，打造"干净整洁、秩序井然、环境优美"的乡村环境。

三、实施情况

（一）民生工程进展情况

雄南公路 2018 年初顺利通车；兴赣高速北延项目开工建设，经过努力争取，连接线前移了圩镇 110 米；困扰中叶村、郑枫村出入圩镇的卫生院路段扩宽工作实现突破，从签订补偿协议到工程完工仅用了 5 天时间，十多年来历届政府想干的事终于如愿；迎宾路改扩建顺利完成，原来的水泥预制板变为水泥路，人行走道安装了太阳能路灯；新修了南坑外环路，完成了郑枫村至南坑乡 7.2 公里的道路扩宽；完成了古南公路富宝村至富兴村段的道路翻新；启动了南坑乡新区建设；郑枫村、南坑乡等 5 个乡（村）卫生室已完成选址新建；圩镇污水处理已列入建设规划；圩镇饮水重修工程全面动工；新落成的后山公园已经开放使用；完成了郑枫村、中叶村、富宝村三个村的改造，富兴村、楼溪村的党员服务中心开工建设；郑枫村、南坑乡、富兴村、楼溪村等村新修道路近 60 千米，基本上实现了户户通 2.5 米宽的入户道（见图 4-29）；南坑中学、中心小学及各村教学

图 4-29　兴国县南坑乡修建完工的通组公路

点焕然一新；新建了大田坑、枫树陂等 5 处农民休闲广场，传习亭、富宝传习所相继建成；修建了 7 处饮水工程。农田水利基本建设总投资达 600 万元，新修农田水利灌溉水陂 15 座；新建水圳 4500 米；对境内 29 座山塘水域进行了检修加固，增强了防汛抗旱能力，解决了 4300 亩农田的灌溉问题。

安居工程。南坑乡近 1500 栋危旧土坯房摇身变成了砖混小楼，30 多人搬进了政府兜底安居房，500 多人从深山区移民到圩镇、集镇居住。曾经被调侃称之为建在"wuduo（坑）"里的南坑圩镇，也呈不断向外发展趋势，面积增加了50%，达 0.8 平方千米；安装太阳能灯 80 盏，新修排水沟近千米，硬化路面 800米，圩镇亮化、绿化得到了较大改观。千吨万人饮水工程投入使用，解决了圩镇住户用水难的问题，获得了村民的一致好评（见图 4－30）。

图 4－30　兴国县南坑乡富宝村居住安居保障房农户为党的政策点赞

中心小学教学楼、周转房、中叶村、富宝村小学、南坑中学教舍竣工投入使用，农村中小学校舍危房全部改建到位，完成了农村中小学食堂营养餐配套建设；公办幼儿园的建成彻底解决了南坑学龄前儿童就学的问题。中小学校义务教育均衡发展顺利通过了省级评估，孩子们在学校实现了均衡发展、素质发展（见图 4 - 31）。

图 4 - 31　兴国县南坑乡郑枫村金升教学点，一校一师一生

　　医疗卫生事业。乡卫生院设备升级换代、医务人员水平得到提高，医疗服务水平迈上新台阶，新建了 3 个村级卫生所（含乡村医生私办），农村医疗保障水平得到了切实提高（见图 4 - 32）。

图 4 - 32　兴国县南坑乡医生下村免费健康体检活动

　　群众的文化生活。南坑乡综合文化站建成投入使用，新建的 6 个农家书屋正常运行。文化活动次数逐年增加，群众乡风文明的意识逐渐增强（见图 4 - 33）。

　　和谐秀美乡村建设稳步推进。共建成新农村整村推进村 1 个，新农村建设点 13 个，新修进户路近 5 万米，改水改厕近千户，覆盖了全乡 70% 的农户和人口。全乡范围内进行低压线路改造达近百千米，新增变压器 30 余个，群众用电得到了极大改善。共拆除危旧房、"空心房"近 5 万平方米，农村环境卫生得以明显改善。建立了第三方治理的管理机制，形成了干部、群众、第三方共同维护的良好氛围。

图4－33　兴国县南坑乡风文明文艺演出

（二）扶贫产业基地打造情况

根据《南坑乡精准扶贫产业基地项目建设方案》，南坑乡规划做大做强现有的2个基地，通过基地带动方式，2016年帮扶入社贫困户41户参与发展产业，实现贫困户就业201余人。通过林权变股权、资金变股金、农民变股民和务工等方式，使贫困户脱贫致富。

从上述文件看，南坑乡在精准扶贫工作中比较务实，没有搞花架子。两个基地均为肉牛养殖基地，基本情况如下：

兴国县犇腾肉牛养殖专业合作社。基地位于楼溪村，距南坑圩镇6公里。该合作社成立于2015年6月，占地15亩，总投资200余万元，当时已建牛舍3栋（约为3000平方米）、氨化池2个（约为40立方米）、生活区（约为100平方米）、消毒池3个、运动场（约为100平方米），有基础设施建筑面积6000平方米，有能繁母牛57头和商品肉牛60头。已于2016年3月引进优质西门达尔种公牛两头，利用杂交，改良本地牛的出肉率。现有技术人员2人、饲养员4人。2016年，在当地政府引导下该村扶贫户种植皇竹草面积50亩，计划首批试验氨化稻秆5吨。目前最大的困难是电力不足，无法带动大型机械，急需增加变压器

（5kW）1 台；拟再建 1 栋牛舍。配套的水、路和其他设施正在完善中。

天恩家庭农场。位于富宝村，距南坑圩镇 5 公里。该农场成立于 2014 年 3 月，占地 18 亩，总投资 160 余万元，有基础设施建筑面积 6000 平方米。是兴国县、南坑乡标准的肉牛养殖示范基地，存栏 137 头（其中母牛 69 头、种公牛 2 头），已建牛舍 3 栋（约 4000 平方米）、氨化池 3 个（约 50 立方米）、生活区（约 200 平方米）、消毒池 4 个、运动场（约 100 平方米）；基地有技术人员 2 人，饲养员 4 人。最大的困难是无动力电，大型机械无法运转，饲草加工无法解决；其余水、场地建设及配套设施建设正在完善中。

与贫困户利益联结的模式是"基地 + 贫困户"模式。一是务工模式。如由基地租下附近村民田岭，在其上种植皇竹草等牧草。该草 1 年可收割 3 ~ 4 茬，亩产 4 万 ~6 万斤，贫困户收割后按每斤 0.3 元卖给基地。通过这种方式，贫困户一年可达到脱贫标准。二是代养模式。即贫困户从养殖场领养肉牛，养殖场统一防疫、统一消毒、统一饲养标准、统一产品销售，利润五五分成。为带动农民共同致富，天恩家庭农场于 2015 年成立兴国县天赐肉牛养殖专业合作社，已发展规模在 3 头以上的肉牛养殖户 11 户；带动 64 户精准扶贫户种植皇竹草 60 亩，农场按 0.3 元每斤回收；贫困户以务工形式参与肉牛养殖最后达到脱贫致富。

为解决两个基地的困难，南坑乡采取了如下有针对性的措施。

第一，前期准备工作。南坑乡政府全力协助做好贫困户及有养殖意愿的一般户入社动员，做好土地流转及相关工作并签订协议。

第二，修订完善合作社章程。根据楼溪村、富宝村贫困户劳动力、养殖意愿等情况，与合作社负责人协商，重新修订合作社章程，着重在基地投入、股金分红、红利管理、财务支出及理事会决策、监事运作等方面重新规范，形成正式章程后，经全体社员通过并签字确认。

第三，资金筹措。两个基地预计投资分别为 300 万元。其中，企业自筹 100 万元；兴国县出台产业扶贫政策，对存栏 100 头以上的肉牛养殖基地，一次性奖扶 20 万元；整合交通、水利、电子商务、水保及秀美乡村建设资金，对水、电、路配套设施进行扶持，解决用电、进场道路建设问题。协助基地（合作社、家庭农场）办理"财惠通"授信贷款基地建设 200 万元。

第四，开展技术培训。请兴国县畜牧兽医局派员对 2 个基地进行技术指导，并在养殖管理、杂交优势利用、项目申报及技术培训给予支持。

（三）中叶村产业基地建设情况

中叶村下辖 18 个自然村，共 510 户，2137 人（其中男 1126 人，女 1011 人），年人均纯收入达 4800 元。全村有劳动力人口 960 人，占总人口的 45%，外出务工人员 690 人，占总人口的 32.3%，主要在兴国县城、福建、广东、浙江等地从事建筑业、服装、鞋帽加工、餐饮等行业。全村土地总面积达 12.4 平方千米，耕地面积 1991 亩，人均耕地面积 0.93 亩，其中水田 1750 亩，旱地 241 亩；山林面积 30800 亩（公益林 2946 亩），人均山林面积 14.4 亩。

2013 年底，中叶村共有贫困人口 122 户 406 人，经过精准识别和精准退出"回头看"，剔除 26 户 86 人，新增贫困户 2 户 3 人，现实有贫困人口为 96 户 335 人。其中 2014 年脱贫 12 户 53 人，2015 年脱贫 3 户 13 人，2016 年脱贫 13 户 64 人，2017 年预脱贫贫困户 68 户 205 人，其中"五保户"15 户 16 人，纯"低保户"9 户 25 人，"低保"扶贫户 22 户 65 人，一般贫困户 22 户 99 人。贫困户中，因病致贫 28 户 92 人；因残致贫 6 户 17 人；因缺劳动力致贫 10 户 26 人；因学致贫 5 户 13 人；因缺资金致贫 10 户 27 人；因自身发展动力不足致贫 4 户 5 人；因缺技术致贫 5 户 22 人。

目前，该村贫困户患有大病的有 11 人，患有长期慢性病的有 27 人，患有残疾的有 13 人。最苦贫困户和居住不安全情况：全村最贫苦的人口有 5 户，无房户 1 户，居住在土坯房中的贫困户有 13 户，还有 23 户非贫困户居住在土坯房内。

帮扶单位是兴国县科技局和南坑乡人民政府，帮扶干部 11 人，其中兴国县科技局 9 人、乡干部 2 人。应该说，中叶村的人口、耕地规模虽然与信丰县西牛镇曾屋村相差无几，但是，贫困程度要严重得多。为了解决该村的贫困问题，兴国县、南坑乡采取了如下措施：

第一，安居扶贫措施。针对 13 户仍旧居住土坯房的贫困户，结合其本人改造意愿和家庭经济条件，安排进行维修加固 1 户，原址重建 3 户，移民搬迁 2 户，易地搬迁 2 户，集中安置村保障房 5 户。对仍居住土坯房的一般农户，则通过新农村建设相关补助动员改造，实现农户 100% 住安全房。

第二，增加贫困户收入的措施。具体有以下五条具体渠道：

一是发展村集体经济。目前，已在南坑乡政府办公大楼顶上建设有 100kW 的光伏发电站，争取县里的帮扶项目和资金，通过贫困户入股的方式，纳入到光伏产业。

二是就业扶贫。介绍在外就业、在本村产业基地就业。如安排在中叶小学食堂做饭、路面养护和村庄保洁员、生态护林员、垃圾清运及到楼溪村的牛场养牛。

三是政府兜底保障。

四是发展家庭种养业。通过发展分散养牛、养鱼的 15 户、通过发展油茶产业的有 41 户。

五是合作社入股分红。开展精准扶贫户信用贴息贷款、一般农户小额信用贷款和"财政惠农信贷通"业务，建立了"专业合作社 + 贫困户"等适合新型农业经营主体的信贷模式。主要是两个合作社，即入股华山羊场，实行年利分红，通过与山华山养羊基地达成利益链接的有 9 户，以年利率 10% 分红，并在年底统一打入贫困户账号；通过甜叶菊种植合作社达成利益链接的有 11 户（见图 4 – 34 和图 4 – 35）。

图 4 – 34　中叶村群盛种植专业合作甜叶菊长势喜人

做实做活产业帮扶文章
打好打赢精准脱贫攻坚战

南坑乡精准扶贫产业示范基地　中叶村甜叶菊种植基地简介

基本情况

　　甜叶菊种植基地位于南坑乡中叶村下叶组东部的山脚下，地理位置优越，交通便利。由兴国县群盛种养合作社负责实施，计划投资20万元，规划建设以甜叶菊种植为主、土鸡养殖为辅的生态种养示范基地。现实际种植面积为60亩，拟种植面积为150亩。基地建成后预计可实现年产甜叶菊2400斤，纯利润12万元。为积极响应上级产业扶贫攻坚的号召，基地实行"合作社＋农户"模式，通过合作社示范带头，精准扶贫户参与的联结机制，目前共带动8户贫困户增收致富。

利益联结方式

　　1、免费种植。无偿为贫困户提供已种植好的甜叶菊认种，收割后及时按照市场批发价进行回收。2017年共有8户贫困户认种甜叶菊40亩，户均认种面积　亩。

　　2、基地务工。每年基地能提供20多个就业岗位，优先吸纳贫困户就业。工人按照按照50元/天的标准发放务工报酬。目前，现有长期务工贫困户2人，临时工35人。

　　3、入股分红。对上级拨付给产业基地的基础设施费用转化成村集体资金入股，按照每一万元每年保底1500元的标准给村里分红。所得收益为村级扶贫基金，用于村级分发给无收入的贫困户和精准扶贫工作。

图4–35　兴国县南坑乡产业扶贫基地简介

　　中叶村现有产业有华山波尔山羊羊场（见图4–36）和庆圣甜叶菊种植合作社，在下叶小组规划连片土地100亩，由政府以奖补的方式进行种植甜叶菊，同

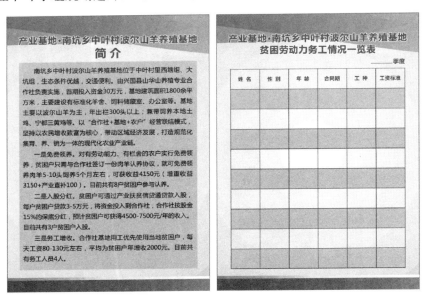

图4–36　兴国县南坑乡中叶村波尔山羊养殖基地简介

时实行"合作社＋基地＋贫困户"的运作模式，由农户进行领办创建基地，参与认种分配。根据《兴国县"五个一"产业扶贫实施意见》，中叶村计划完善华山波尔山羊羊场基地功能设施，扩大基地发展规模，通过安排政府性基础设施投资建设费用量化成村集体股权，采取"合作社＋贫困农户"的模式，形成生产流通一体化的新型经营体系，通多对接"订单"，合作社带动贫困户养殖、入股分红、务工等多种形式，引导肉羊产业发展，带动贫困户养殖和就业，促进肉羊销售，提高贫困户收入水平。

中叶村当地的草山资源和气候条件，按照标准化生产要求，引进优质的波尔山母羊和公羊，发展肉羊产业。在兴国县南坑乡中叶村里西塘组，打造兴国县山华山肉羊养殖基地（见图4-37），成立兴国县南坑乡中叶村山华山合作社。

图4-37 兴国县南坑乡山华山养殖专业合作社波尔山羊基地

按照标准化生产要求，基地拟在场内新建配套的保温间、雨污分离设施、草料库、饲料库、母羊产房、粉碎机、搅拌机、无害化处理井、储水池、新增专用变压器1台（5kW)）、改造周边环境等。羊场占地600平方米，购买肉羊500只（其中母羊480只，公羊20只），产房达60平方米，氨化池达50立方米，生活区约为120平方米，消毒池2个，聘请技术人员2人，饲养放羊人员5人。

该项目由"山华山合作社"投资建设，采取"合作社＋基地＋贫困农户"

的模式，形成生产流通一体化的新型经营体系，通过对接"订单"，合作社带动贫困户养殖、务工等多种形式，引导肉羊产业发展，提高贫困户收入水平，帮助贫困户脱贫致富。

以每户贫困户自己养殖 20 只肉羊一年计算，平均每只 40 斤年产可达 800 斤，按目前市场价约 30 元/斤可实现收入 24000 元，除去羊羔和饲养成本 12000 元，纯收入 12000 元，每只肉羊纯利润约 600 元。

与贫困户效益联结机制：该基地共带动贫困户 20 户 94 人，其中肉羊养殖 15 户 65 人，务工 5 户 29 人（见表 4-8）。目前主要通过认养肉牛、资金入股、务工就业的三种方式将贫困户与合作社联结，增加贫困户收入。

表 4-8　兴国县南坑乡山华山肉羊养殖基地带动贫困户明细

贫困户姓名	住址	家庭人口	带动项目	备注
游三女	中叶村上叶组	4	肉羊养殖	
王金平	中叶村大坑组	3	肉羊养殖	
孔庆茂	中叶村叶兰排组	3	肉羊养殖	
黄光美	中叶村广背组	5	肉羊养殖	
谢秀英	中叶村上叶组	3	肉羊养殖	
谢小平	中叶村中坪组	5	肉羊养殖	
吴招金	中叶村山岭下组	4	肉羊养殖	
刘庆才	中叶村枧头田组	6	肉羊养殖	
戴礼惠	中叶村坑头组	5	肉羊养殖	
周道先	中叶村下叶组	2	肉羊养殖	
谢青香	中叶村里西塘组	7	肉羊养殖	
董联优	中叶村高岭组	4	肉羊养殖	
揭程香	中叶村坑头组	5	肉羊养殖	
杨达生	中叶村叶兰排组	4	肉羊养殖	
熊美美	中叶村大坑组	5	肉羊养殖	
黄荣明	中叶村广背组	5	务工	
黄家宝	中叶村中坪组	7	务工	
江功庆	中叶村企排组	5	务工	
黄家优	中叶村中坪组	7	务工	
王赐辉	中叶村里西塘组	5	务工	

以上合计带动贫困户 20 户 94 人，其中，肉羊养殖 15 户 65 人，务工 5 户 29 人。

资料来源：南坑乡政府。

一是认养肉羊。指贫困户通过与合作社签订肉羊认养协议，采取合作社为贫困户提供羊犊，贫困户负责放养，放羊时间为一年，年底销售所得收入剔除成本之后 100% 给贫困户，每户贫困户可领养 5～20 只，按照纯利润 600 元/只计算，贫困户可以获得 3000～12000 元/年的收入。

二是资金入股。指贫困户通过产业扶贫信贷通贷款入股，每户贫困户贷款 3～5 万元，将资金投入到合作社，合作社按股金 10% 的保底分红，预计贫困户每年可获得 3000～5000 元收入。

三是务工就业。指合作社基地用工优先使用当地贫困户，每天工资为 80～130 元。

为打造该基地，南坑乡协助合作社向银行贷款 50 万元、申请国烟产业发展扶持资金 50 万元。

总的来看，近年来，南坑乡以现代农业产业为主线，围绕精准扶贫工作，以"基地＋合作社＋贫困户"的产业发展模式为重点，发展了大型养牛场 2（见图 4－38）个，年出栏肉牛可达 500 头；土鸡养殖基地 2 个，肉兔基地 2 个，存栏

图 4－38　兴国县南坑乡富宝村肉牛养殖基地

2000 只，山羊养殖基地 1 个，甜叶菊基地 1 个，竹制品加工厂 2 个。发展养牛产业大户 5 户，养蜂大户 6 户（见图 4-39），白莲大户 2 户，灵芝大户 1 户。新增高效油茶林 2640 亩，进行低改补植近万亩。

图 4-39　兴国县南坑乡养蜂人周章源查看蜜蜂情况

按照南坑乡党委书记在《南坑，还爱你万千》一文中的说法，近年来，南坑虽然进步明显，但是仍然存在许多问题需要解决，如还有一些老人因种种原因还住在老房子里；一些贫困户的居住条件还不尽如人意，生活水平低，稳定增收路径少，返贫风险大；"空心房"整治的任务还很重；产业基地联结贫困户及引领示范作用还不明显；"天价彩礼""厚葬薄养""光棍偏多"、留守儿童教育缺位等现象或多或少存在，乡风文明建设任重道远；我们还有一些干部工作拖泥带水，"不在状态"，"怕、慢、假、庸、散"现象仍然存在；迎接 2020 年南坑高速时代的到来，道路、通信、圩镇配套、排污、农田水利等基础设施还有较大的欠账；年轻人大都在外务工就业，"中老年人"的南坑乡村振兴需要做的事情还有很多。

第三节　安远县镇岗乡乡村振兴个案研究

一、"四个大"

（一）资源禀赋

镇岗乡位于安远县城南 20 公里处，东邻三百山镇、凤山乡，南毗孔田镇，西连鹤子镇，北接新龙乡。总面积达 115 平方千米，耕地面积为 7189 亩，山地面积为 138934 亩。辖镇岗、富长、赖塘、罗山、涌水、高峰、黄洞、老围、龙安、樟溪 10 个行政村，70 个村民小组；有 48 个自然村，人口 14185 人；其中 4 个是"十三五"贫困村。

镇岗乡地势西北高东南低，境内多低山、丘陵。西北边缘九龙嶂山岭分支纵横交错，最高点狮头石海拔达 1106 米，最低点老河迳为 290 米。镇江河在龙安桥流入辖区，纵贯全境，在观音圳流入孔田镇。有罗山、大山水库。年均气温 19℃，年均降雨量 1600 毫米，无霜期 284 天。土壤以沙质黄红壤居多，宜种植水稻等农作物。经济以农业为主，形成粮食、脐橙、生猪三大主导产业。曾经有脐橙面积达 28048 亩。矿产资源丰富，有丰富的钼矿、铁矿、瓷土矿。

镇岗乡交通便利，安定线、安寻线穿境而过。有中学 1 所，中心小学 1 所。

镇岗乡人文资源丰富，有客家围屋 30 座，东生围为全国最大方形围屋、省级文物保护单位，县级文物保护单位有尊三围革命遗址。是安远县内重要旅游乡镇，有镇江河 7.3 公里生态漂流，仙人峰万亩观光果园。有积古罗塘云梯寺、盘古庙等庙宇。

从整体来看，镇岗乡在安远县 18 个乡镇里算中等偏上。安远县分为南中北片，镇岗属于南片，临近广东，有产业，交通位置比较好，思想比较开放。

（二）三个重点

为做好精准扶贫工作，安远县开展了"大宣传、大培训、大帮扶"活动，镇岗乡按照安远县委、县政府"3315"要求和"五看"脱贫标准，突出"促进增收""提升保障""优化帮扶"这三个重点，全力决战脱贫攻坚，决胜全面小康。三个重点的具体内容如下：

第一，促进增收。增收手段是推进落实产业、就业扶贫措施，以打造"围屋小镇"这一旅游产业为龙头，以发展"鹰嘴桃、猕猴桃"为依托，让镇岗乡60%以上的贫困户参与乡村旅游和发展产业，通过产业、就业扶贫激发内生动力，实现稳定增收脱贫。

第二，提升保障。着力落实住房、交通、保障等扶贫措施。一是保质保量完成镇岗乡35户易地搬迁、36户保障房建设和70户就地改建的改房任务，保证让2016年脱贫的贫困户在12月底前全部迁入安全住房；二是在2016年12月底前，全面完成25户以上自然村通村道路硬化和村公有产权卫生室、文化活动室建设；三是按应保尽保原则，加大兜底保障力度。

第三，优化帮扶。全面落实结对帮扶扶贫措施，以"大宣传、大培训、大帮扶"活动开展为契机，进一步厘清吃透政策精神，进一步调整完善帮扶措施，确保政策落实生根，提升贫困户的获得感和满意度。

在"大宣传、大培训、大帮扶"活动中，镇岗乡开展了"大走访"大宣传大调解"大推动"行动，简称"四个大"行动。"四个大"行动是苏区干部好作风的当代做法。"大走访"就是"夜打灯笼干革命"，晚上进行夜访。由于贫困户白天要下地干农活，不在家，只有晚上手工回家后才可能有时间接待帮扶人员，因此，镇岗乡要求帮扶人员利用夜晚时间下村入户。"大宣传"就是向农民宣传当前的惠农政策尤其是精准扶贫政策。"大调解"就是调解当前农村建设工作中出现的一系列矛盾、纠纷。"大推动"是前面三项工作的结果，只有先找到老代表进行夜访，然后利用夜访宣传政策、再化解矛盾，最后再推动。

为了确保上述工作顺利开展，乡镇工作人员进行了分工，具体分四个组，后勤组专门保障后勤，其他的农村一线组、项目组、圩镇组，全部到一线去；每个工作人员都有自己的目标、任务，每个人都有自己的结对帮扶户。在开展四大行动中，镇岗乡要求工作人员带着问题下村入户，了解清楚贫困户真实情况，有针对性地制定扶贫计划。

（三）十大扶贫项目

为了确保精准脱贫成效，2017年实现所有建档立卡贫困人口脱贫，4个贫困村退出，全面消除绝对贫困现象，贫困发生率下降到2%以下，贫困村生产生活条件明显改善，公共服务和社会保障水平大幅提升，镇岗乡在《镇岗乡2017年精准扶贫攻坚战实施方案》中提出了十大扶贫项目。

第一，全力推进产业扶贫项目。

（1）提升农业产业。狠抓"五个一"产业扶贫机制落实，优化产业补助办法，提高贫困户参与度，确保每个村建档立卡贫困户100%参与产业发展，实现产业扶贫全覆盖。全乡10个行政村都要建1~2个适度规模的"五个一"扶贫产业示范基地，老围、龙安、富长、赖塘4个贫困村要培育1个以上扶贫龙头企业（或合作组织）和1个特色主导扶贫产业。巩固发展脐橙、猕猴桃、百香果、鹰嘴桃、乡村旅游、农产品加工等扶贫产业，努力形成一批优势产业村和种养殖大户，实现每户有劳动能力的贫困户参与1个以上产业扶贫项目。建立完善贫困户利益联结机制，积极推广"扶贫基地＋龙头企业＋合作社＋农户""扶贫龙头企业＋合作社＋农户""公司＋基地＋贫困户"等多种模式，提高扶贫组织化程度、扶贫项目实施效益。鼓励涉农经济实体与贫困户对接，采取保底收购、利润返还、股份分红等形式，打造持续、稳定的脱贫平台。全面落实产业扶贫规划到村、项目实施到户，实现村村有主导特色扶贫产业、村村有扶贫项目、户户有增收门路。

（2）推进电商扶贫。探索"互联网＋扶贫"新模式，加快发展农村电商扶贫。借助供销社服务平台，建立健全镇岗乡电商孵化基地，为全乡建档立卡贫困户提供便民服务、智慧村务、信息咨询，实现宣传村庄、推广旅游、农产品销售一体化。大力发展既适合网销又适合贫困户参与的电商扶贫产业，大力推进"一乡一业、一村一品"工作。强化电子商务政策宣传，老围、龙安、富长、赖塘4个贫困村"农村 e 邮"电商精准脱贫站必须要全覆盖，实现农村网购知晓率达到常住劳动力人口的50%以上。加大电子商务培训力度，每村选送4名以上优秀人才接受电子商务知识基础班培训，每村帮扶2名以上农村青年参加电子商务知识高级班培训。

（3）实施光伏扶贫。稳健推进光伏扶贫，重点保障无劳动能力贫困户通过光伏发电脱贫增收。2017年6月30日前建成户用光伏电站190户和"十三五"贫困村集体所有容量100千瓦以内的分布式村级光伏电站4个，解决贫困村集体经济收入问题。

（4）发展旅游扶贫。依托三百山创 AAAAA 级景区和东生升围围屋群旅游开发区创 AAAA 级景区等发展契机，因地制宜地发展乡村旅游，推进旅游基础设施建设，打造精品旅游线路，安排贫困人口旅游服务能力培训和就业。重点打造黄洞、老围、赖塘生态乡村旅游线路，通过"旅游景点＋合作社＋贫困户"的发展模式，发挥镇岗独特旅游资源优势。

（5）创新集体收益扶贫。启动贫困村整村、整组建立农村合作经济组织试点，采取能人带动、发展混合所有制经济等方式，积极推进农村集体资产、集体所有的土地等资产资源使用权作价入股，形成集体股权并按比例量化到农村集体经济组织，确保每个贫困村集体经济年收入达到5万元以上。财政扶贫资金、相关涉农资金和社会帮扶资金投入设施农业、养殖、光伏、水电、乡村旅游等项目形成的资产，可折股量化到农村集体经济组织，优先保障丧失劳动能力的贫困户。

第二，全力推进安居扶贫项目。

（1）有序地推进易地扶贫搬迁。坚持"政府主导、群众自愿，应搬尽搬、积极稳妥"的原则，切实做好搬迁对象确定、资金筹措、项目实施、后续扶持等工作，加大对易地扶贫搬迁工作的督查力度，2017年完成所有易地扶贫搬迁任务。

（2）大力实施农村保障房建设。全面实施农村保障房工程，完善老围、涌水、赖塘、龙安4个保障房的建设、管理及使用，对特别贫困的兜底保障对象、仍然居住在农村危房中的特困户或无房户，统筹享受易地扶贫搬迁和农村危房改造等政策，彻底解决特困户住房安全保障问题。

（3）继续实施其他安置方式。对有一定经济来源且有改建意愿的贫困户，按规划要求实行就地改建安置。分散供养且现仍居住在危房的"五保户"，原则上进入到敬老院安置，镇岗乡该类人员入住敬老院的户数必须达到90%以上。有法定赡养义务人，且赡养人有安全住房，但仍居住在危房的贫困户不能列为补助对象，各村组要通过村规民约、法律手段、精神文明建设倡导等措施，采取家庭赡养安居方式让该类人群住上安全住房。

第三，全力推进兜底保障扶贫项目。

（1）加大低保兜底力度。加强与安远县民政局沟通协商，完善低保制度与扶贫政策衔接机制。在开展贫困户识别工作时，优先把农村低保、特困人员纳入到建档立卡范围内；在建档立卡贫困户动态调整时，重点识别新纳入的农村低保对象。民政所对新增的农村低保对象，原则上要从建档立卡贫困户中产生，强化低保动态管理，确保一户不少、一人不漏。

（2）纵深推进"救急难"工作。对因灾、因交通事故等意外事件以及家庭成员突发重大疾病等原因，导致基本生活暂时出现严重困难的家庭，或者因生活必需支出突然增加超出家庭承受能力，导致基本生活暂时出现严重困难的最低生活保障家庭，以及遭遇其他特殊困难的家庭，给予临时救助或急难救助。健全发现报告、应急处置、帮扶干预机制，帮助特殊贫困家庭解决实际困难（丁建定，2018）。

第四，全力推进就业扶贫项目。

（1）拓宽转移就业空间。依托公益性岗位和购买家政服务、养老服务、物业服务、保安等服务性岗位，促进贫困劳动力就业。开展贫困村"一村一品"就业推进行动，制定扶持贫困村小微企业发展办法，主攻贫困村产业招商，扶持农民工返乡创业，鼓励工商资本投资贫困村产业发展或创办扶贫车间。支持贫困劳动力自主创业，对符合条件的创业扶贫对象，给予全额贴息担保贷款。

（2）加强职业技能培训。对有意愿参加新型职业农民培训的贫困群众，优先免费安排培训。实施"雨露计划""春潮行动""江西省内工业园就业培训""阳光工程"，对贫困劳动力免费开展实用技术和职业技能培训，确保每个贫困劳动力都能掌握1~2门实用技术，全年镇岗乡需完成200人次的就业培训。

第五，全力推进教育扶贫项目。

（1）改善基本办学条件。改善学校基本办学条件，为农村留守儿童提供寄宿条件，满足贫困家庭学生寄宿需求。发挥镇岗乡教育发展协会"奖励先进、扶助困难"的职能，加大扶贫帮困力度，确保教育公平。改善贫困村教育教学设施，加强贫困村学校管理和校园文化建设，实现硬件、软件同步提升。

（2）健全教育资助制度。根据安远县教育扶贫政策体系，稳步推进贫困农村义务教育阶段学生营养改善计划。逐步免除建档立卡困难学生普通高中阶段学杂费，实现教育扶贫全覆盖。

第六，全力推进健康扶贫项目。

（1）改善医疗服务条件。健全乡、村两级医疗卫生服务网络，推进乡卫生院、村卫生室标准化建设，全面完成乡卫生院和4个贫困村卫生室建设。改善贫困村卫生室条件，按照"八室一卫"的设置，建设贫困村卫生计生服务室，每间达到80平方米以上，建立贫困人口电子健康档案，大力改善医疗服务条件。

（2）实施孕产妇补助政策。实行免费婚前医学检查和孕前优生健康检查。对建档立卡的贫困孕产妇住院分娩正常产实行免费；非正常生产的，依农村医疗救助制度规定救助。

（3）实施农村贫困人口疾病医疗商业补充保险政策。完善基本补偿、大病保险、商业补充保险、城乡医疗救助、二次补偿等健康扶贫"五道保障线"，优化结算体系和《一本通》运用，逐步实现贫困人口住院费用从报账制变为核账制。继续执行政府出资帮助建档立卡贫困人口购买城乡居民保险、贫困人口疾病商业补充保险，降低或免除报销起付线，实现贫困人口住院自负费用比例降低到10%以下。

第七，全力推进整村推进扶贫项目。

（1）科学编制规划。围绕贫困村和贫困户"双脱贫"目标，按照"产业第一、能力至上、群众急需、到村到户"的要求，因地制宜，科学合理编制赖塘村、富长村、龙安村整村推进规划，突出培育增收产业、改善人居环境、完善基础设施、提升公共服务、加强党的建设、创新乡村治理等，积极探索整村推进与扶贫到户相结合的扶贫工作模式，建立道路交通项目、基础设施项目、公共服务项目等项目库。

（2）加强项目实施。整合各类资源，落实项目资金，确保富长村、龙安村分别落实资金不低于500万元，赖塘村落实资金不低于1000万元。重点整村推进示范点，扎实推进"七改三网"（即改路、改水、改厕、改房、改沟、改塘、改环境，建设电力网络、广电网络、电信网络）和"8＋4"基本公共服务项目（即建设公共服务平台、卫生室、便民超市、农家书屋、文体活动场所、垃圾处理设施、污水处理设施、公厕，建设小学、幼儿园、金融服务网点、公交站点）实现全面达到贫困村退出标准。

（3）强力推进农村"空心房"整治。按照规范有序、干净整洁、和谐宜居的要求，在进一步摸清底数的基础上，采取强有力的措施，扎实推进全乡农村"空心房"整治工作，确保2017年5月15日前全面完成"空心房"的整治工作。

第八，全力推进水利扶贫项目。继续完善水利扶贫项目储备机制，实行规划项目滚动管理，加强2017年计划安排水利扶贫项目规划指导，加强水利扶贫项目与各专项规划衔接。加大中小河流治理、水土流失综合治理、病险水库除险加固工程建设力度，推进农田水利建设，提高贫困村防灾减灾能力。构建饮水安全保障体系，实施农村饮水安全巩固提升工程，改造净水设施，增加水源，实施管网延伸工程，保证有水质、水量达标的自来水、家用井水或山泉水，确保农户饮水100％安全。

第九，全力推进农村信息化扶贫项目。

（1）完善贫困地区信息基础设施。实施"宽带乡村"工程，加快有线和无线宽带网络入乡进村，加快农村4G项目建设，力争2017年实现行政村宽带覆盖率达到100％，赖塘村、富长村、老围村、龙安村光宽带覆盖率达到80％，实现无线通信信号、广播电视全覆盖，确保镇岗乡100％农户能通过广电网络或卫星接收设施收看电视节目，消除25户以上自然村、交通沿线和旅游景区通信盲区，形成服务较为健全的网络信息安全和应急通信保障体系。

（2）推进贫困地区教育信息化建设。继续推进农村现代远程教育工程，加快"教育云"项目建设，推动教育信息服务向贫困地区覆盖。重点扩大宽带网络在农村中小学等乡村公共服务区域的覆盖面，全面解决义务教育学校的宽带接入问题。加强对中小学校信息化设施的支持，加快校内网络教学环境建设，逐步实现宽带网络"校校通"、优质资源"班班通"、网络学习空间"人人通"。

第十，全力推进金融扶贫项目。

（1）拓宽农村信贷融资渠道。积极开展扶贫小额贷款，扩大林权贷款规模，深入推进农村土地承包经营权、农民住房财产权抵押贷款试点。加大创业担保贷款、助学贷款、妇女小额贷款、康复扶贫贷款实施力度。培育发展农民资金互助组织，开展农民信用合作试点。继续落实"产业扶贫贷""搬迁贷""油茶贷""惠农信贷通"等金融扶贫产品。鼓励银行按照注入风险补偿金额的8倍以上比例放大贷款额度，撬动信贷资金，切实扩大贫困户贷款覆盖率（高莉娟、王建，2016）。

（2）创优农村金融环境。加快银行卡助农取款服务点行政村全覆盖的步伐，逐步整合涉农金融服务项目进入乡村便民服务点。探索成立扶贫基金管理机构，通过整合政府资源筹集资金，实行市场化运作，基金盈利主要用于帮助解决贫困群众生产生活困难（高莉娟、王建，2016）。

二、"一组十队"

（一）乡脱贫摘帽攻坚工作领导机构

为全面打好打赢脱贫攻坚战，确保全乡4个"十三五"贫困村如期退出、全乡贫困户如期脱贫，镇岗乡成立了乡脱贫摘帽攻坚"一组十队"工作领导机构。

"一组"即镇岗乡脱贫摘帽攻坚工作领导小组，组长由乡党委书记担任，乡长担任副组长，其他副职乡领导为小组成员。领导小组下设办公室，在乡精准扶贫办。主要职责：①负责领导小组日常事务工作；②建立与各脱贫攻坚工作队之间的信息沟通、工作交流等运行机制，负责协调、调度、督促各脱贫攻坚工作队落实领导小组的决定事项、工作部署和要求；③负责收集办理各脱贫攻坚工作队报送的相关基础内业资料、请示报告、协调事项，负责领导小组的沟通联络、会议组织、档案管理等工作；④组织检查、上传下达、考核评估等工作；⑤组织开展政策宣传、政策落地、宣传报道等工作；⑥负责承办各项会议活动、业务培训等，并完成领导小组交办的其他工作任务。

"十队"指十个脱贫攻坚工作队，即樟溪村脱贫攻坚工作队，龙安村脱贫攻坚工作队，老围村脱贫攻坚工作队，黄洞村脱贫攻坚工作队，镇岗村脱贫攻坚工作队，富长村脱贫攻坚工作队，高峰村脱贫攻坚工作队，罗山村脱贫攻坚工作队，涌水村脱贫攻坚工作队，赖塘村脱贫攻坚工作队。十个工作队有十项主要职责：①负责对所驻村脱贫攻坚工作队的管理；②负责指导、协调、督促所驻村脱贫攻坚工作队开展好精准扶贫工作，完成精准脱贫各项目标任务；③负责完善驻村帮扶安排，并指导帮扶工作队、驻村"第一书记"、全体帮扶干部开展挂点帮扶工作、落实帮扶政策；④不折不扣地落实领导小组布置的各项工作；⑤负责与乡领导小组、村"两委"协调工作；⑥负责组织对所驻村所有建档立卡贫困户进行精准再识别，对不符合建档立卡条件的进行清退，将符合条件的纳入建档立卡系统，进行结对帮扶；⑦根据精准扶贫工作阶段性安排，负责组织本队所有帮扶干部走访、政策落地、贫困现状大调查、国扶办系统信息进一步完善、江西省精准脱贫大数据管理平台进一步完善、贫困户"连心卡"和"一本通"等基础性工作巩固完善；⑧积极推进和落实产业补助、金融扶贫、就业扶贫、旅游扶贫、电商扶贫和光伏扶贫政策，支持贫困户（贫困村）发展现代产业扶贫项目；⑨负责所驻村改房工作的督促检查、协调沟通、帮扶对接等工作，严格按照"半月一督查，每月一通报"的原则，实行监督检查常态化，确保贫困户有安全住房；⑩负责监督检查驻村"第一书记"（工作队长）、常驻工作队员到岗到位情况，对工作日不在岗又没有履行请假手续的，或虽在岗但履职不到位、情况不熟悉、工作未落实、群众不满意的进行通报并问责。

为全面加强驻村工作力量，确保如期脱贫摘帽，镇岗乡党委任命唐宝金等10位同志到村任"第一书记"。具体名单如下：

樟溪村：唐宝金

龙安村：欧阳斌

老围村：唐贱娣

黄洞村：唐培兰

高峰村：郭来全

镇岗村：魏兴胜

富长村：龚隆庆

罗山村：陈文金

涌水村：杜健

赖塘村：郭鸿斌

上述全乡10个村的第一书记均与原单位的工作脱产，做到吃住行在村里，专门制定了第一书记考核管理办法，对第一书记及常驻队员实行一周一例会、一日一签到一督查，确保帮扶单位的力量能够深入到村里每一户贫困户，每一项事业中去。

（二）"产业扶贫信贷通"方案

根据安远县有关文件精神和赣州市对金融扶贫工作部署，结合镇岗乡"产业贫信贷通"实施情况和当前精准脱贫工作实际，为产业扶贫提供资金支持，镇岗制定了产业扶信贷通方案。

第一，目标任务。通过市县财政筹集资金设立风险缓释基金，撬动0.5亿元信贷资金发放"产业扶贫信贷通"贷款，用于发展果业、蔬菜、烟叶、生猪、肉牛等产业，重点扶持烟叶、果业、蔬菜、粮油、药材、旅游、鹰嘴桃等见效快、可持续的扶贫产业以及有益于贫困户脱贫的其他产业。镇岗乡建档立卡贫困户扶贫信贷覆盖面达到60%以上。安远农商银行作为乡"产业扶贫信贷通"的参与合作银行。鼓励其他商业银行同步参与。

第二，贷款对象。①全乡建档立卡的贫困户，符合银行贷款基本准入条件，年满18周岁、不超过65周岁，具有完全民事行为能力、有产业发展意愿的贫困人口，贷款以户为单位，必须用于产业项目发展。②农业企业（含一产、二产、三产）、家庭农场和农民合作经济组织。申请贷款应符合以下条件之一：a.2017年起新吸收贫困户以债权或股权形式投入的；b.2017年起新吸纳贫困劳动力就业且与其签订一年以上期限劳动合同的；c.2017年起与贫困户新签订一年以上种苗供应、技术指导、回购协议的。

第三，贷款额度。合作银行对贫困户个人的贷款总额不得低于"产业扶贫信贷通"贷款总额的50%。每户贫困户申请的信用贷款总额不超过8万元（具体贷款金额根据产业发展实际需要确定，包括此前已享受"惠贫信贷通政策"的贫困户，含3万光伏贷）；农业企业、家庭农场和农民合作经济组织的信用贷款金额，不超过吸纳贫困户以债权或股权形式投入总额的2倍；农业企业、家庭农场和农民合作经济组织吸纳贫困户就业或与贫困户签订种苗供应、技术指导、回购协议的，其贷款总额不超过吸纳贫困户就业户数或与贫困户签订协议户数相应贷款总额的2倍。

第四，贷款期限、利率、贴息。①项目贷款期限为3~5年，贷款期内可以只付息不还本，到期还本。②贷款利率。执行人民银行公布的同期贷款基准利率，贷款按季结息。③贴息扶持。安远县财政对贫困户贷款按同期贷款基准利率的100%给予贴息，对农业企业、家庭农场和农民合作经济组织带动贫困户的贷款按同期贷款基准利率的50%给予贴息，贴息期限为3年。贷款人先行付息，安远县财政对贫困户的贷款贴息每季度结算一次，对农业企业、家庭农场和农民合作经济组织的贷款贴息每年结算一次。

第五，降低信贷门槛。各金融机构要结合贫困户实际，适当放宽条件，降低门槛，简化手续，免费办贷、免担保、免抵押，实现贫困户应贷尽贷。贫困户主本人不符合申贷条件（如超龄、患有精神疾病、无劳动能力）的，可以其他符合条件的家庭成员名义申贷，享受同等政策，家庭成员以贫困户信息系统中载明的为准；适当放宽申贷年龄，贫困户加上授信期限最高不超过65周岁；积极归还非恶意逃贷的旧有欠款的，可享受扶贫信贷政策；贫困户暂时无发展产业条件的，可先期申请授信；贫困户以债权或股权形式申请投资贷款的，以投资项目为主要办贷条件，对贫困户原则上不设要求。贫困户此前已贷款但尚未享受扶贫信贷政策的，可申报享受。

第六，贷款程序。贷款申请。驻村扶贫工作队对照产业扶贫贷款条件，帮助贫困户确定产业项目并指导其填写《安远县"扶贫信贷通"申请表》，经帮扶干部签字、村委会签字盖章后，村委会统一送达乡扶贫办审核贷款人身份，再转农商银行。

总之，在精准扶贫政策落实，镇岗乡仅于2017年上半年就申报产业直补237户，落实了58万元；申报了光伏产业80户，已安装了41户；落实富长村新河迳易地搬迁项目7户30人，落实就地改建43户；落实公益性岗位54人，完成2017年度合同签订；发放产业扶贫信贷通贷款716.09万元。

在健康扶贫方面，推进医疗机构规范建设。按照"八室一卫"、总面积不低于80平方米的标准，完成了4个贫困村公有产权卫生室建设任务，确保镇岗乡每个贫困村拥有1所公有产权标准化村卫生计生服务室。完成了镇岗乡卫生院主体建设，开设中医综合服务区，加强中医药设备配置和中医药人员配备，提升中医药服务能力。实行待遇倾斜，稳定基层卫计人才队伍。统筹安排资金，巩固乡镇卫生院工作人员乡镇工作补贴；落实乡村医生岗位补贴政策，稳定乡村医生队伍。

加强医疗保障，为镇岗乡526户脱贫户购买社会治安保险，全乡新农保参保贫困人口202人，新农合参合全覆盖，确保了患大病的贫困户能享受"一救助一补偿三保险"重大疾病医疗保障政策，较好地落实了"五道保障线"。

落实惠民医疗保障政策。一是资助贫困人口免费参加2017年医疗保险。按每人150元的标准资助2390名建档立卡贫困人口免费参加城乡居民基本医疗保险。按每人120元的标准为2390名建档立卡贫困人口购买疾病医疗商业补充保险。提升医疗服务和保健服务能力，加强贫困人口健康管理和签约服务。为2390名贫困人口免费建立了规范化的动态管理电子健康档案，为老年人、儿童、孕产妇和高血压、糖尿病、重性精神病患者等人员免费提供健康体检、随访和转诊等服务，健康随访次数由每年4次增加到每年6次，严重精神障碍患者管理率达到80%以上。

提高农村"低保"和"五保"供养保障标准，农村低保标准提高到3660元/年，月人均补差水平提高到225元；"五保"集中供养标准提高到5100元/年，"五保"分散供养标准提高到3840元/年，确保了农村低保和"五保"对象实际收入增幅略高于安远县农村居民年人均可支配收入增幅。完善兜底保障工作机制，加强农村低保与贫困对象的衔接，在低保对象认定审核过程中，镇岗乡扶贫办和民政所协同工作，贫困户及低保对象的认定统一按照"七步法"程序进行认定。精准识别后，衔接面达到95%。对生活确实困难，符合条件，但未通过村组听证评议的对象，先由乡（镇）组织乡、村及村"五老"代表进行调查核实，由县、乡、村三级统一认定后予以纳入。加强了农村低保对象动态管理，严格按照"应保尽保、应退尽退"的原则，对低保"常补对象"每年民主评议审核一次，"非常补对象"原则上每半年民主评议审核一次，根据农村低保对象家庭收入、财产变化情况，及时增发、减发或停发低保金。截至6月30日，镇岗乡共新增低保户21户69人，退出低保户18户30人，增发低保金151户351人21000元，减发发低保金25户48人5000元。

在就业扶贫方面，创建扶贫车间平台实现了在家门口就业。2016年下半年，引进劳动密集型企业在圩镇创办了就业扶贫车间4个，分别是常日制衣、新永明制衣、成莲制衣、玉英制衣厂（布娃娃加工）。吸纳了26名贫困劳动力从事服装纺织、电子、手工工艺、农产品加工等生产或来料加工业务。对经认定的就业扶贫车间，按吸纳贫困劳动力就业人数给予扶贫车间每人每月150元的场地租金、水电费等费用补助，共申请补助资金0.39万元。对扶贫车间与吸纳的贫困劳动力签订了6个月以上劳动合同、贫困人员劳务收入达到最低工资标准的，给予贫困劳动力岗位补贴每人每月300元，共申请补贴资金0.78万元。对当年新办、稳定运行且持续带动贫困劳动力就业的扶贫车间2间，给予5000～10000元的一次性建设资金补助。2017年上半年，共帮助4名贫困劳动力到扶贫车间就业。

搭建用工帮扶平台推动转移就业。2017年上半年向各类企业转移输送贫困劳动力就业450人。在镇岗乡开展了务工贫困劳动力大调查摸底工作，对法定劳动年龄内，稳定就业6个月以上（含），在江西省内安远县外务工的贫困劳动力每人每年给予 500 元的一次性交通补贴，在江西省内安远县内务工的贫困劳动力每人每年给予 400 元的一次性交通补贴，在安远县内工业园区企业就业的贫困劳动力每人每年给予 300 元的一次性交通补贴。2017 年上半年，共申请贫困劳动力务工补贴 0.95 万元。

开发扶贫专岗平台用于保障就业。整合开发乡、村公路养护，农村保洁，水库、河堤防安全管理，山林防护，文化活动室管理，农家书屋管理和学校、医院、养老机构保安保洁等就业扶贫专岗，安置贫困劳动力就业。2017 年，在原有保洁员、河道护理员、林木看护员公益性岗位的基础上，开发购买生态保护、旅游服务就业扶贫专岗；在镇岗乡行政村开发村公共服务管理员就业扶贫专岗 10 个，安置贫困劳动力就业 10 人。

打造技能实训平台促进技能就业。镇岗乡大力开展"雨露计划""春潮行动""省内工业园就业培训""阳光工程"行动，对贫困劳动力免费开展实用技术和职业技能培训，确保每个贫困劳动力都能掌握 1~2 门实用技术。对参加就业培训取得职业资格证或培训合格证的贫困劳动力学员，给予每人 500 元的一次性求职补贴。2017 年上半年，镇岗乡共举办各类扶贫技能培训班 18 期，培训贫困劳动力 1200 人次。

在安居扶贫方面，自 2015 年以来，镇岗乡围绕"住房有保障"这一脱贫关键指标，全力推进安居扶贫，其中 2016~2017 年计划易地扶贫搬迁 72 户 294 人，建设 2 个集中安置点安置 62 户及引导 10 户贫困户进城买房；2016 年就地改建危房 103 户，2017 年上半年已完成 43 户；共完成了涌水、赖塘、老围、龙安 4 个保障房安置点建设，建设保障房 36 套，初步解决了贫困户住房问题，是全县保障房安置点数量最多的乡镇。

在教育扶贫方面，资助贫困家庭学生。2017 年上半年资助在园幼儿 72 人，补助贫困家庭寄宿生 180 人。推进义务教育学生营养改善计划，2017 年上半年统筹安排资金 83.2 万元，按照每生每天 4 元的标准（不含双休日和节假日），全年按在校时间 200 天计算，为镇岗乡 9 所义务教育学校 2080 名学生提供营养供餐服务。实施学校标准化提升工程。2016 年，镇岗乡全面完成了所有学校的标准化建设。2017 年上半年，在征求意见的基础上，实施了学校标准化提升工程，投入资金 130 万元，完成了中心小学运动操场征地、设计工作，对中心小学校门进行了改建，完成了龙安村小标准化提升工程。积极开展社会教育扶贫，成立了镇岗乡教育基金会，引导社会各界捐资助学，2017 年上半年，共筹集资金 6 万余元，资助贫困学生 100 人。

三、产业扶贫的实施

扶贫以产业为支撑，没有产业的脱贫由于没有稳定可持续的收入，因而是不切实际的。镇岗乡吸取脐橙种植过于单一的教训，一方面，在果园边沿、果园戴帽山等处种植一排排以杉树为主的树苗，建设防控虫害的生态隔离林带，为脐橙产业保驾护航；另一方面，积极调整种植结构，引导"一村一品"。2017年上半年已申报了2017年产业补助237户，发放补助资金58万元。在"一村一品"村级产业发展方面，着重在每个贫困村培育一个龙头产业。在龙安村等村发展烟叶1000余亩，烟叶产业带动贫困人口300余人就业。建立了涌水村流金坑380亩的猕猴桃产业扶贫示范基地、黄洞村600亩的鹰嘴桃产业扶贫示范基地、富长村1000亩的盛世桃源产业扶贫示范基地，基地领头成立了安远县鹰嘴桃协会，目前镇岗乡发展鹰嘴桃3000亩，占安远县面积的一半，带动了60余户贫困户脱贫致富。老围、赖塘瓜果蔬菜产业扶贫基地正在筹建中，已流转土地120亩。4个贫困村的村级光伏电站正在建设中，总容量800千瓦。富长村加入了"腾讯为村"平台，目前全国排名112（全国已有2129个村加入），2017年排位一度排到全国第五（当时全国只有几百个村加入），目前入驻村民370人，平台开设了《精准扶贫》《村内旅游》《村里好货》等栏目，极大地激发了村民脱贫致富的激情。

（一）老围村的旅游业

在旅游业发展中，镇岗的定位是围屋小镇，打造的就是文化影响。其因在于该镇拥有全国最大的方形围屋——东生围。但是，由于各种原因，其旅游价值长期没有得到重视。近年来，旅游业越来越受到重视，安远县将其作为支柱产业打造。在此情况下，镇岗乡抓住机遇积极发展旅游业，围绕本镇特色做文章。

东生围村位于镇岗乡老围村（见图4-40）。该村是"十三五"贫困村，在镇岗圩镇东北1.5千米处，距安远县城20千米，是江西省第一批省级历史文化名村，2015年入选首批中国传统村落。作为历史文化名村，老围村因围屋而得名，村内有大大小小围屋10余个，其中以东生围、尊三围、磐安围最为著名。此围与旁侧的磐安围、尊三围（遗址）、尉廷围等其他三座围屋一起构成了富有特色的客家围屋聚落东生围屋群。

东生围是全国重点文物保护单位，AAAA级景区，为中国最大的方形围屋，又叫老围，面积达3万多平方米，有历经170多年风霜雨雪的鹅卵石，有防御外敌的坚实炮台，有四通八达的九井十八厅，是一座集防御、防火、防水、防盗于

图 4 - 40　改造前的安远县东生围

一体的人居客家方围。围内居住的村民，均系陈朗庭的后裔，人数最多时有五六百人居住，如今只有 16 户人家常住。建于清朝道光二十二年（1842 年），历时八年，由当地二品武将陈朗庭所建，外观气势雄伟，内部结构完整。老围村围屋群因独特的建筑文化艺术、风水文化理念以及历史人文故事，成为研究客家文化形成发展的"活化石"。

东生围旅游开发工作是安远县"打造大旅游"战略中的重点工作之一（严水石，2015）。安远县旅游发展委员会（以下简称"旅发委"）负责人认为，乡村旅游扶贫效益明显（见图 4 - 41 和图 4 - 42），"一个成熟的乡村旅游点，不仅可以解决周边人口的就业，还可以拉动周边 20 公里范围内的农业等相关产业发展。"由于东生围旅游对于安远县旅游经济影响巨大，东生围旅游开发工作得到安远县党委政府的高度重视和全力支持。这一点与信丰县曾屋村的现代农业产业园的建设颇为相似。

安远县被列为江西省旅游扶贫试验区和首批全省旅游扶贫试点县后，制定并出台了《安远县鼓励扶持乡村旅游发展实施办法》等相关文件，从用地、资金、培训、税费、奖励等方面提供优惠和支持，并整合扶贫、农业、民政等部门资金对旅游点进行基础设施建设，鼓励扶持农户发展以果园游、农家游、采摘游为主的乡村旅游，着力拓宽农民增收致富渠道。与此同时，安远县及时调整旅游发展

图 4 – 41　安远县东生围围屋花海

图 4 – 42　新建成的安远县东生围围屋群旅游区游客服务中心

总体规划，围绕旅游"六要素"，高品位建设旅游新村、乡村民宿、采摘基地等，精心设计旅游线路，着力打造"两天半旅游圈"，重点抓好三百山创国家AAAAA 级旅游景区、东生围 AAAA 级景区工作，以三百山、东生围为轴心，力促旅游产业提档升级。按照 AAAA 级的标准和目标，科学编制好整体规划，精心打造东生围围屋群旅游景区。2015年10月19日下午，东生围创AAAA级景区工作调度会在镇岗乡召开。会议由肖斐杰同志主持，安远县委常委、副县长吴安远县委农工部、安远县旅发委、安远县文广新局、安远县交通局、安远县水利局、安远县林业局、安远县国土局、安远县农粮局、镇岗乡、安远县城投集团等部门单位负责人参加会议。肖斐杰同志指出，东生围创AAAA级景区工作是近几年东江源区发展规划中最重要的事情之一，要细致谋划、严格实施，明确景区定位，严把景区建设质量关；要抓紧做实群众工作，统筹兼顾做好村庄整治、房屋修正、土地拆迁等事项，为东生围创AAAA级景区营造一个良好的实施环境。肖斐杰同志强调，各相关职能部门要团结统一、相互配合，联合推进东生围创AAAA级景区各项工作，争取早日完成景区建设，尽快实现安远县"打造大旅游"的愿景。

东生围围屋群旅游区创AAAA工程建设项目投资概算1.7亿元，规划用地面积达824653平方米，总建筑建设用地面积达100831平方米，建设内容主要包括：迎客广场、客家风情商业街、生态停车场、电瓶车首末站、自行车租赁点、客家原乡市集、客家文化长廊、手工艺术村等。项目规划形成"一心一带四区"的总体布局结构。一心：旅游综合服务中心；一带：镇江河湿地景观带；四区：包括观客区——东生围民俗展示体验区、乐客区——尉廷围美食乐活区、忆客区——尊三围红色革命纪念区、留客区——磐安围精品文化度假区。

为加快推进东升围围屋群旅游区开发建设工作步伐，镇岗乡在2015年成立了东升围围屋群旅游区开发建设工作组，下设征拆组、村庄整治组、维稳组、综合协调组合项目建设组。镇岗乡仅仅用了不到10天时间，就完成了38户征迁任务中的36户。在积极做好东生围住户搬迁工作的同时，还启动了孙屋集中安置点建设，让从东升围里搬出来的住户有家可居。

在加快东生围旅游景区建设的同时，镇岗乡积极引导农户利用当地资源和优势，在不改变原有风貌、样式等基础上建设乡村旅游点，开发新的乡村旅游产品和发展模式，让农村群众"放下锄头拿起算盘"。不断提升景区景点基础设施建设，完善旅游服务配套，推进乡村美食小吃进景区（见表4-9）、采茶戏进景区。依托脐橙产业、特色农业产业、乡村资源的优势大力发展以农家乐、林家乐为主的综合性乡村旅游，为周边的群众拓展一条创收渠道。

表 4 - 9 安远县 2017 年东生围民俗文化美食周日程安排

日期	时间	活动内容	地点
10 月 4 日		当天为八月十五中秋节，活动暂停一天	
10 月 5 日	10：00	民俗表演：五股龙	旅游区内巡游
	10：30	采茶戏专场文艺演出	东生围屋内
	11：00	民俗表演：上刀山	东生围旅游区
	14：30	民俗表演：五股龙	旅游区内巡游
	15：00	民俗表演：上刀山	东生围旅游区
	全天	东江源美食展	游客集散中心商业街、围屋群周边空地
10 月 6 日	10：00	民俗表演：南乡大堂音乐	旅游区内巡游
	10：30	采茶戏专场文艺演出	东生围屋内
	11：00	民俗表演：上刀山	东生围旅游区
	14：30	民俗表演：南乡大堂音乐	旅游区内巡游
	15：00	民俗表演：上刀山	东生围旅游区
	全天	东江源美食展	游客集散中心商业街、围屋群周边空地
10 月 7 日	10：00	民俗表演：五股龙	旅游区内巡游
	10：30	采茶戏专场文艺演出	东生围屋内
	11：00	民俗表演：上刀山	东生围旅游区
	14：30	民俗表演：五股龙	旅游区内巡游
	15：00	民俗表演：上刀山	东生围旅游区
	上午	"安远行·围屋情"时装秀摄影比赛暨旗袍走秀表演	东生围旅游区
	全天	东江源美食展	游客集散中心商业街、围屋群周边空地
10 月 8 日	10：00	民俗表演：车马灯	旅游区内巡游
	10：30	采茶戏专场文艺演出	东生围屋内
	11：00	民俗表演：上刀山	东生围旅游区
	14：30	民俗表演：车马灯	旅游区内巡游
	15：00	民俗表演：上刀山	东生围旅游区
	全天	东江源美食展	游客集散中心商业街、围屋群周边空地

资料来源：江西安远旅游。

为抓好东生围景区创 AAAA 建设，镇岗乡因地制宜开发旅游项目，打造具有鲜明特色景区，该景区正在种植花卉，合作社加强管理与监督，确保花海质量。东生围旅游合作社系原生型合作社，该邻居社还办有金融合作社、劳务合作社等等一系列合作社。东生围花海的开发者中，开始的种植主体是合作社，为进一步做好扶贫工作，合作社吸纳贫困户贷款入社，花海由贫困户种植，贫困户参与分利，合作社退出具体的鲜花种植工作，转而对接景区的一系列开发管理工作。该景区打造的四季花海项目，2016 年国庆期间刷爆微信朋友圈，成为安远县旅游的"网红"，平均每天接待游客一万余人，自驾游车辆排了好几里远，游客达到 15 万人。2017 年"五一劳动节"游客也达到四五万人。大量的客流，不仅带动村庄经济的发展，增加农户收入，还解决了农村滞留劳动力问题。

在 2017 年赣南脐橙网络博览会暨农特产品展销会活动之际，结合"脐橙采摘季，欢乐赣州行"（安远站）活动的举办，安远县开展了东生围围屋群旅游区系列推广活动（见图 4 - 43）。

图 4 - 43　2017 年赣南脐橙采摘旅游季安远站宣传海报

（二）黄洞村种植业的转型

黄洞村是"十二五"贫困村，现有 23 户贫困户，160 多人；有正式党员 36

名，1名预备党员，都是老党员居多，年轻党员少。黄洞村178户不到1000人，70多户在安远县城买房子有小车，但是在黄龙病暴发后损失惨重。

近几年，黄龙病给赣南脐橙产业带来了非常严重的打击，果业大县安远县受损尤其严重。随着大量带病果树的被砍伐，从前迈入小康之家的果农再次陷入贫困之中。如何帮扶果农解困、实现脐橙产业转型成为赣州市各级政府无法回避的重大产业问题。安远县也积极找寻办法，不仅政府在积极行动，社会各界都在积极行动。

2006年，返乡创业大学生谢意（见图4-44）回到老家黄洞村帮助父亲管理脐橙园，2013年黄龙病暴发后，积极配合政府，下定决心将带病果树全部砍伐，并积极寻找替代方案。根据当地地理环境和气候条件，经过多次考察、试验，谢意引进试种鹰嘴桃嫁接苗木。2016年，试种的2000多株鹰嘴桃（见图4-45）终于挂果并被抢购一空。此举标志着安远县这个脐橙大县从脐橙种植向鹰嘴桃种植转型的成功，也为安远县乃至整个赣南黄龙病后的脐橙种植业转型找到了一条可行的替代之路。

图4-44 谢意教桃农识别结果母枝

图 4 - 45　安远县镇岗乡黄洞村鹰嘴桃采摘园

　　试种成功后，他开始实施"合作社＋基地＋农户"的模式。他又承包了 600 多亩山场，种植了鹰嘴桃 18000 多株，并联合包括本乡镇 20 多户贫困户成立了安远县第一家鹰嘴桃种植合作社——安远县镇岗乡鹰嘴桃种植合作社（见图 4 - 46 和图 4 - 47）。由他提供苗木、技术，并签订最低收购价，解决种植户的后顾之忧。同时，他的基地也聘用了 30 名贫困劳动力，解决了他们的就业问题。

　　2016 年 4 月，基地还向 31 户贫困户免费提供了 12350 株鹰嘴桃苗木，贫困户签订了《果品保护价收购协议》，承诺至少以市场均价收购贫困户种植的鹰嘴桃果品，解决种植户不会技术、没人指导、怕卖不出去的困境。为让贫困户安心发展产业，镇岗乡在乡政府组织下，合作社定期举办鹰嘴桃产业管理技术培训活动，先后为 1300 多人提供了免费的种植、管理技术，接待前来基地学习、咨询的贫困户和桃农 3000 余人，助推了政府的产业扶贫。同时，合作社又培育了红豆杉、罗汉松苗木 20 余万株，定植种植 200 多亩达 5 万株，还因脐橙树砍伐荒芜的荒山一片绿色。

　　黄洞村农民专业合作社现有占地面积达 600 亩，先后投资建立了鹰嘴桃产业基地（见图 4 - 48）、渔业生产基地、畜牧业养殖基地、嘉宝果育苗及种植基地和红豆杉、罗汉松育苗及种植基地，在给贫困户提供技术服务的同时也给贫困户提供了就业岗位。

图4-46　安远县镇岗乡贫困人员在合作社育苗基地劳作（一）

图4-47　安远县镇岗乡贫困人员在合作社育苗基地劳作（二）

图 4 - 48　黄洞村农民专业合作社种植的鹰嘴桃

随着安远县委、县政府大力推进乡村旅游，谢意又看到了商机，黄洞村农民专业合作社开始打造以桃文化为主题的生态旅游区，开展"赏桃花""自由采摘"等活动，建设生态钓鱼场，打造现实版的"世外桃源"。以农业生产为依托的特色观光农业越来越受到大家的欢迎。谢意说：种植鹰嘴桃一是可以赏花，二是可以采摘，带动旅游业的发展。在赏花季节，每天接待游客量都在 1000～1500 人。由于临近广东省，因此，广东省、中国香港慕名前来的游客较多。

由于鹰嘴桃销路较好，在合作社带动下，周边农户纷纷效仿，种植规模不断扩大。镇岗乡在此基础上，放宽视野，利用桃源山庄的地理优势，积极规划，以鹰嘴桃基地为龙头，打造"十里桃花带"，在东生围与三百山旅游的必经之路上设立农家乐，以桃树开花的鹰嘴桃花海和挂果时的采果这两大亮点吸引游客，并在技术上、管理上带动贫困户参与进来，进一步推动产业融合发展。

安远县镇岗乡鹰嘴桃种植合作社以果树为媒介，"农业＋旅游"融合发展，拉长产业链条，让乡村别样美、百姓致富有门路（见图 4 - 49 和图 4 - 50）。

有谢意带动的鹰嘴桃成为安远的新产业，其影响力甚至波及邻近的寻乌县，曾经出现四个班车的农户到谢意基地取经的情况。2017 年 5 月，谢意被选为赣州市"我的脱贫故事"百姓宣讲团成员，在各县市区巡回宣讲，现身说法。2017

图 4 - 49 游客光临谢意的桃源山庄 (一)

图 4 - 50 游客光临谢意的桃源山庄 (二)

年9月，他被安远县确立为"发展壮大集体经济"专题研讨班主讲人之一，做《以农业产业为引领，发展壮大村集体经济》专题讲座。安远县已经成立了鹰嘴桃协会，首届会员100多人，安远县鹰嘴桃种植积达6000多亩，谢意被选为该协会会长（温书勤，2018）。2017年10月，谢意被中共赣州市委农村工作部授予第三届"赣南乡村明星"荣誉称号。

从访谈中得知，镇岗乡有三个合作社做得较好，非常有趣的是三个合作社的领头人都属于大学毕业后的返乡年轻人，且是同学关系。他们属于安远县发展最好的合作社。2017年6月12日，全国知名网络媒体一行在镇岗乡开展了"聚焦赣南苏区振兴发展五周年看赣州"活动，来自人民网、新华网、凤凰网等媒体记者来到镇岗乡产业扶贫示范基地——桃源山庄、东生围参观。

四、美丽乡村建设

（一）硬环境的整治

镇岗乡按照"规划先行、项目推进、整合资源、产业优先、安居为乐、服务均等、乡风文明"的工作思路，开展美丽乡村建设。

第一，合理规划编制脱贫攻坚项目。道路交通方面，按照25户人（含）以上自然村通村委道路硬化，改造贫困村危旧桥，新建贫困村交通服务站，100%农户入户路硬化的要求编制规划。水利设施方面，按照100%农户安全饮水，管网布局，农田水利及小型灌区续建配套与节水改造、抗旱应急水源、防洪保安工程等要求编制规划。住房保障方面，按照100%的贫困户住房安全，规范有序、干净整洁、和谐宜居的要求编制规划。电力设施方面，按照100%农户通生活用电，所有贫困村村委会所在地通"三相四线"动力电的要求制定贫困村电力设施发展规划。通信基础方面，按照村委会所在地通光宽带网络，100%农户能够收看电视节目的要求编制规划。环境排水沟渠整治方面，按照100%农户有冲水式卫生厕所，25户以上自然村有排水沟渠，25户以上自然村有保洁员和垃圾集中收集点的要求编制规划。公共服务设施方面，按照贫困村有村级卫生室，贫困村有农村综合服务平台或综合文化活动室，有"8＋4"基本公共服务项目的要求编制规划。

第二，强力推进农村"空心房"整治。整合100万元资金，按照规范有序、干净整洁、和谐宜居的要求，在摸清底数的基础上，采取强有力的措施，扎实推进全乡农村"空心房"整治工作。目前，已完成拆除"空心房"73000余平方米。启动铁皮棚集中拆除行动，分别对老围村、黄洞村、赖塘村公路沿线以及镇岗圩镇的铁皮棚重拳拆除。

第三，扎实推进整村推进项目。坚持群众参与和政府引导相结合的原则，采取规划引领、资金透明、理事会运作方式，成立整村推进理事会，让有声望热心公益的村民参与理事会运作，参与村庄的规划、设计，监督资金运作。同时，加快村庄基础设施建设，在各村启动村主道路铺设沥青、水沟改造、建设休闲广场、门坪硬化、入户道路硬化、房屋立面改造等工作，着力改善村庄基础设施，建设秀美新农村，改善村庄生产条件，提高村民生活水平，力求让破旧的村庄面貌焕发"新颜"。

第四，积极清理各种面源污染。以中心村建设为契机，对辖区内道路周边、树池下、房前屋后等各个角落的生活垃圾、杂草、建筑垃圾、乱贴乱画、私搭乱建、废弃堆积物等进行彻底清理，实现圩镇、村庄及周围无存量垃圾，主干道沿线无堆积垃圾，河流、水库、池塘、沟渠水面无漂浮垃圾，岸边无乱倒垃圾，确保环境卫生整治无死角、全覆盖。

为了更好地推进罗山村中心村建设，2015年，镇岗乡把美丽乡村建设工作的重心放到了罗山村。一方面修建了"文化广场"、村组道路，让群众看到了政府主动作为的力度；另一方面通过"硬化门坪、粉刷墙壁"政策（即对中心村所有居民硬化门坪、粉刷墙面进行补贴）让群众受益。乘着"农村垃圾专项治理"的东风，从2015年冬天开始，罗山村在贫困户中聘请了5名保洁员，每名保洁员负责一个区域，定时进行卫生清扫和垃圾收集。通过一系列措施，整个罗山村的面貌有了彻底的改变。

（二）软环境的整治

镇岗乡大力发展农村文化，加快构建农村公共文化服务体系，不断丰富农民精神文化生活。围绕东生围开发，开展具有镇岗特色的文化活动，推动文化与特色旅游有机结合。倡导丧事简办、喜事新办，落实了5处骨灰塔（堂），推进乡风文明建设。抓好贫困户扶志工作，组织乡村干部和帮扶干部深入村组开展了以弘扬社会主义核心价值为主题，内容涵盖新型农民、优良家风、文明乡风、新乡贤文化和优生优育的宣讲活动50余场次。

软环境整治关键工作是移风易俗。为建设乡风文明，矫正农村陋习，切实减轻农村群众婚丧负担，促进婚事新办、丧事简办，树立文明、节俭的婚丧新风，安远县要求在全县乡镇建立农村红白理事会，进一步推进移风易俗（赖天然，2017）。镇岗乡利用这次机会，发出镇党字〔2017〕11号文，贯彻落实安远县《加强农村红白理事会建设进一步推进移风易俗工作的实施方案》。工作重点主要是三个方面，具体如下：

第一，组建红白理事会。红白理事会是办理群众婚丧事务的群众组织，由群众推举德高望重、热心服务、公平公正、崇尚节俭、有一定礼仪特长的人士组成，全程指导操办婚丧喜庆事宜。红白理事会在尊重群众意愿、遵守婚丧等相关法律法规的基础上，制定理事会章程、办理流程及标准，明确违约责任和处罚办法，写入村规民约并公开上墙，确保依法依规办事。红白理事会在县民政局、文明办和乡（镇）委、村（居）委"两委"指导下开展工作。

第二，倡导婚事新办。村（居）红白理事会应协助当事人举办现代文明、庄重节俭的婚礼，树立健康文明婚俗新风。引导广大青年树立新型婚恋观，提倡婚事新办，节俭消费。鼓励仪式从简，严格控制宴席规模和档次，积极推行集体婚礼、植树婚礼、"爱心"婚礼等新型婚礼，摒弃滥发请柬、大摆筵席、"天价"彩礼、高额礼金（蔡国英，2016）、借机敛财等陋习。

第三，倡导丧事简办。村（居）红白理事会协助事主举办文明节俭的丧葬活动。积极推行丧葬活动戴黑纱白花、鞠躬默哀、播放哀乐，压缩丧葬时间，简化合并程序，控制丧事规模，有效地遏制了出大丧、办长丧行为。提倡节俭吊唁祭祀，不大摆宴席、铺张浪费、借机敛财。加强丧葬活动管理，杜绝妨害公共秩序、危害公共安全、侵害他人合法权益和污染环境的行为，坚决取缔封建迷信活动。

时间节点。2017年3月为宣传发动阶段，4月为全面集中推进阶段，5月之后转为常态化工作。4月10日前各村要组织红白理事会并召开村组户长会，4月底前，镇岗乡指导各村红白理事会制定理事会章程，完善村规民约并上墙，制定婚事新办、丧事简办流程、标准及奖励办法。实现"两个全覆盖"，即红白理事会全覆盖、村规民约中涵盖婚丧嫁娶等移风易俗规定制度全覆盖。5月1日起，镇岗乡100%红白理事会按照新章程开展活动，实现有人管事、有章程理事、有场所办事。到2017年底，红白理事会机制健全、服务规范，农民群众对移风易俗满意度达到80%以上，农村婚丧嫁娶大操大办现象得到了有效遏制，红白理事会工作实现常态化、制度化、规范化，婚事新办、丧事简办的文明新风初步形成（赖天然，2017）。

在安远县城乡环境整治暨乡风文明行动领导小组下，全程指导镇岗乡各村组建红白理事会，在理事会成员中兼顾姓氏平衡，负责红白理事会的管理和考核。各村（居）要具体负责红白理事会的组建、管理和培训，监督红白理事会严格执行《提倡意见》和村规民约，按办理流程及标准操办红白喜事。指导各村红白理事会制定出农村丧事简办和婚事新办的新标准，并结合"整洁美丽、和谐宜居"新农村建设、精准扶贫等工作召开村组户长会，向农村群众广泛宣传丧事简办标准和婚事新办办法；利用广播、电视、报纸、网络等媒体，开展婚丧新风专题、专栏新闻报道和热点讨论；组织专业和民间文艺团体挖掘、整理农村群众身边婚丧新风故事，用群众喜闻乐见和生动活泼的形式，广泛宣传孝老敬老、厚养薄葬、婚事新办、丧事简办等先进典型，对封建迷信、大操大办、不赡养老人、赌博败家等现象进行公开曝光，营造强大的舆论氛围。加大经费投入，对发挥作用明显的农村红白理事会给予一定奖补，以鼓励、调动农村红白理事会的积极性和创造性。

（三）赖塘村脱贫案例

赖塘村是贫困村，位于镇岗乡北面，与凤山乡接壤，耕地面积达1113亩，主要产业是烟叶和水稻。全村六个村民小组，共有290户1209人，其中党员37人，低保户30户75人，"五保户"3户3人。2017年3月精准扶贫再识别后全村共有建档立卡贫困户51户197人。根据结对帮扶机制，安远县农发办、审计局2个挂点单位的干部25人对全村所有贫困户进行了结对帮扶。在驻村工作队方面，第一书记、常驻队员均与原单位的工作脱钩，做到吃住在村里。这个村有1209人。

赖塘村地处山区，基础设施薄弱，劳动力素质比较低下，资源未得到有效开发。主要表现在：一是村集体经济收入几乎为零，村级负债大。二是村基础设施建设落后，全村还有三个自然村落未通水泥路。三是赖塘村自然条件恶劣，山高岭大、沟壑纵横，山场林木积蓄量少，塘、堰、渠年久失修，人均耕地少，农业产出率低下。四是劳动力文化程度较低，知识相对贫乏，致富技能落后。五是境内山场、旅游等资源没有得到有效开发利用。

为使广大贫困户充分享受精准扶贫带来的实惠，尽快脱贫致富，赖塘村积极主动做好相关政策的衔接落实，光伏产业方面，推荐光伏产业户用电站21户，积极主动联系安装公司，在镇岗乡率先开展了宣讲活动，取得良好的效果。落实保障房6户，申请就地改建6户；落实公益性岗位6人，完成了2017年度合同签订。在"一村一品"村级产业发展方面，申报产业扶贫信贷通1户，着重培育烟叶种植，烟叶产业带动贫困人口16人就业，为新形势下的产业结构调整、实现农民增收致富找到了新路子。成立了朋伟农民专业合作社，帮助有意愿有条件发展规模化产业的农户进行土地流转，引导承包土地向专业大户、家庭农场、农民合作社、农业龙头企业流转，对流转土地的贫困户给予一定的奖补，增加贫困户财产性收入。社会健康保障方面，全村新农保参保贫困人口 200 人，新农合参合全覆盖，确保了患大病的贫困户能享受"一救助一补偿三保险"重大疾病医疗保障政策。

2017 年赖塘村投入 1000 万元用于整村推进，主要突出"脱贫攻坚、村容整洁、自然生态、文化传承"等特色，达到了"产业兴旺、生态宜居、乡风文明、治理有效、生活富裕"的目标。为此，赖塘村聘请了专门的规划设计公司对整村推进项目进行规划设计，先后对全村 6 个村组实施九大类十五个项目，实施入户便道、门坪硬化、立面粉刷、坡顶改造、改水、改厕等民生工程，目前 30 个建设项目都已经全面竣工。

赖塘村结合"整洁美丽、和谐宜居"新农村建设工作，开展以移风易俗为主题的乡风文明建设工作。在村里组建红白理事会，制定理事会章程，完善村规民约并上墙，制定婚事新办、丧事简办流程、标准及奖励办法。新建村民广场，开展广场舞培训，组织形式多样的群众文体活动，丰富群众的文化生活。

第五章 结论与研究展望

第一节 研究结论

一、夯实基层基础

需要指出的是，本节所指的基层主要包括乡（镇）村基层，并非指县级政府。为夯实乡（镇）村基层基础方面，信丰县、兴国县、安远县三县主要进行了以下五个方面的工作：

第一，充实帮扶力量。在帮扶干部的安排方面，三县根据本县干部人数与帮扶对象数量的多少进行配置，因此，有的地方不仅安排了县级干部、科级干部和一般干部承担帮扶任务，还安排了村干部承担帮扶任务。如兴国县，按照"111098"方式（县级领导干部帮扶11户贫困户、正科级干部帮扶10户、副科级干部帮扶9户、一般干部帮扶8户）重新调整了结对帮扶，帮扶干部最多帮扶11户，切实解决了"一帮多"问题（兴国县社富乡一名干部原来帮扶28户贫困户）。对县处级领导挂点贫困村，实行了"双覆盖"机制，凡市里县处级领导挂点的贫困村，兴国县还安排了本县的县处级领导挂点。兴国县4626名干部按照"七步走"（精准识别—核准信息—完善资料—精准施策—核查指标—精准退出—迎接考评）参与结对帮扶。兴国县领导以上率下，带头下村入户，积极帮助贫困户解决实际问题。由于帮扶任务重，时间紧，许多情况下，不仅乡镇干部没有休息日，加班加点，就连县领导也经常利用周末时间下乡解决帮扶实际问题。

第二，提升业务水平。如安远县把学习传达中央、江西省委有关脱贫攻坚的重要精神摆在突出位置，列入 2017 年县委中心组学习计划，并于 2017 年 3 月 4～5 日由县委书记带队，组织安远县党政代表团前往井冈山市学习考察精准扶贫工作，进一步深化学习了习近平总书记重要讲话精神，把贯彻落实中央、江西省、赣州市关于打赢脱贫攻坚战的重要精神作为开展精准扶贫工作的重要遵循，以"决战脱贫攻坚、决胜全面小康"统揽经济社会发展全局，把脱贫攻坚工作放在首要位置，进一步深化了脱贫攻坚工作落实。县级已举办 1 期全县村（社区）书记培训班和 1 期村（社区）主任培训班，共有 280 余名村（社区）干部参训；欣山镇、塘村乡等乡镇组织了村（社区）干部和党员代表到周边县市学习考察，极大地提高了村（社区）干部的履职能力。制定《关于围绕中心服务大局打造"四大党建"示范品牌提升基层党建水平的意见》，围绕抓党建促脱贫攻坚工作，全力打造"富民党建""项目党建""民生党建""和谐党建"四大党建工作品牌，把"党建＋精准扶贫"工作列入基层党建工作考核重点。兴国县组织村"第一书记"开展了 2 次业务培训；分三期举办村党组织书记培训班，组织 304 名村书记分赴井冈山茅坪乡神山村、河南濮阳农村党支部书记学院等地实地学习；组织各村支部书记和"第一书记"开展脱贫攻坚基础知识考试。让基层干部进一步明确了脱贫攻坚的重大意义、方向举措，凝聚了合力攻坚的共识。

第三，优化整合提效益。根据《安远县统筹整合财政涉农扶贫资金实施方案》，对符合统筹范围的财政涉农扶贫资金由安远县财政统筹安排，形成了"多个渠道引水、一个龙头放水"的扶贫投入新格局。除城投集团融资 3 亿元外，安远县财政整合近 5 亿元资金用于脱贫攻坚工作。为全面完成安远县脱贫攻坚任务，建立健全安远县统筹整合财政涉农扶贫资金使用新机制，强化统筹整合财政涉农扶贫资金管理，安远县通过建立"两个池子"，开展统筹整合财政涉农扶贫资金工作。

第四，简化程序促提速。如安远县通过进一步简化引农入城补贴政策的审批流程，落实引农入城优惠政策。并大力建设集中安置点，鼓励贫困户向中心村镇和产业新村搬迁。信丰县简化程序，创建扶贫项目建设"绿色通道"，限时办结，减少项目前期工作时间，加快下达实施计划和项目资金，加快推进项目实施。针对脱贫攻坚项目数量多、时间紧，且乡镇公共资源交易中心撤销之后，县公共资源交易中心场所、人员限制，无法及时完成项目招投标的情况，兴国县专门研究出台了《兴国县政府性投资脱贫攻坚工程项目招投标工作暂行规定》，规范脱贫攻坚项目招投标程序，确定施工单项合同估算价在 200 万元以下、货物采购单项合同估算价在 100 万元以下、服务采购单项合同估算价在 50 万元以下等项目，由乡镇按"三重一大"决策方式，研究选择具有相应资质的施工单位和供应商。充分保障了乡镇实施项目的自主权和积极性，加快了扶贫项目推进速度。

第五，集中整治美环境。三县都将整村推进与美丽乡村建设有机结合，从拆除"空心房"、农村生活垃圾治理、整治家庭环境入手，美化亮化村庄环境。如兴国县专门下发了《兴国县农村生活垃圾专项治理工作方案》，全面实行农村生活垃圾第三方治理，组织开展"样板村""样板路""样板河"建设，农村环境卫生有了明显改观。针对贫困户家庭普遍存在的脏乱差问题，安远县、兴国县都将贫困户干净房整治列入帮扶工作的重要内容，按照"五净一规范"（院内净、卧室净、厨房净、厕所净、个人卫生净和院内摆放规范）标准，帮助所有贫困户进行大扫除。同时，强化教育引导，帮助其养成良好的卫生习惯，大力改善生活居住条件，不仅让贫困户住上安全房，而且还住上干净整洁房。

二、强化基本服务供给

从上述分析发现，三县都致力于加大贫困村的基础设施扶持力度，逐步对贫困村村组实施村庄整治，完善贫困村交通、电力、水利、通信、环境等基础设施建设，着力实现城乡基本公共服务均等化，让贫困群众共享小康成果。

第一，实施村组道路联网工程。统筹农村公路建设资金，加快推进贫困村村组路网建设，努力实现贫困村内 25 户以上自然村道路硬化全覆盖。完善乡村组道路维修养护机制，逐步加大农村危桥改造、公路升级改造和通行政村路面拓宽建设力度。加快国省"干线"和县乡公路升级改造，兴国县实现了 95% 以上区域内国道等级达二级及以上标准，60% 省道等级达二级及以上标准，90% 以上县乡公路等级达三级及以上标准，90% 以上乡道等级达四级及以上标准。逐步提高农村公路建设补助标准，根本上改善了群众的生产生活条件。完善了村组道路维修养护机制，推进了"断头路""瓶颈路"年久失修路和危桥改造。实施了"村村通客车"工程，确保 2018 年符合安全通行条件的行政村全部通客车。

第二，加强民生水利设施建设。如安远县出台了《安远县 2017 年水利扶贫项目行动方案》，重点从农村饮水安全巩固提升、农田水利及小型灌区续建配套与节水改造、抗旱应急水源等方面，加大对贫困山区的水利项目投入，为贫困村脱贫打下坚实基础。兴国县实施江河湖库综合整治，加快建设实施城镇防洪工程、中小河流治理、引调提抗旱应急水源工程和灌区改造等项目，推进新增病险水库除险加固建设，提高贫困村防洪能力。加大抗旱水源建设、中小河流治理、水土流失综合治理力度。推进病险水库除险加固建设，完善防汛抗旱和地质灾害监测预报预警体系，推动农田水利建设，提高贫困村防灾减灾能力。加强源头区保护和水生态治理，大力推进农村自来水巩固提升工程建设，提高集中供水率、自来水普及率、供水保障率、水质合格率，构建精准到户的饮水安全保障体系，到2020年自来水普及率达到90%。加强产业发展配套设施等项目建设，打通农业灌溉"最后一公里"。

第三，解决贫困村用电保障。如兴国县实施电力扶贫政策，大力推进农村电网升级改造，实施户表改造工程，构建"可靠用电、安全用电、方便用电"的电力网络；安远县、兴国县都出台了光伏扶贫的政策，加大光伏产业的扶持力度，扩大贫困户发展光伏产业脱贫覆盖面，着力解决贫困村、贫困户供电设施落后、供电能力不足等问题。到2020年，实现县域电网同网同价、供电服务均等化。

第四，推进贫困户危房改造。结合搬迁扶贫，完善贫困村住房建设规划，采取政策引导，探索建设小户型房、集体公租房等方式，提高贫困户危房改造补助标准，危房改造指标优先安排贫困村贫困户，探索贫困户危房改造贷款财政扶贫贴息政策。整合使用扶贫搬迁、以工代赈易地扶贫搬迁、避灾搬迁移民、危房改造、抗震设防、灾损农房恢复重建、贫困残疾人危房改造等政策资金，帮助贫困户解决建房资金。全面完成建档危房、无房贫困户改造建设，基本消除了农村危房无房户；实行政府主导，村集体组织实施，将建不起、改不起房的特困户纳入住房保障。

第五，加强农村生态环境保护。为打好农村生态环境保护战，安远县各乡镇以拆除禁养区养殖场为重要突破口，扎实推进畜禽养殖治理工作（见图5-1）。兴国县积极争取开展革命老区生态综合补偿试点。健全矿产资源有偿使用、矿山地质环境保护和恢复治理保证金制度，建立矿产资源开发生态补偿长效机制（黄继妍、张志勇，2014）。退耕还林、天然林保护、防护林建设、重金属污染防治等重大生态工程项目向贫困村倾斜。加大生态建设和保护力度，依托资源优势发展生态产业，对贫困村25度以上的坡耕地、废弃果园和基本农田，依法纳入退耕还林范围，并相应核减耕地保有量和基本农田保护面积。积极争取开展生态文明试点示范。推进兴国县高兴、埠头、杰村3个乡镇开展生态扶贫试点示范建设。引导发展林下经济。利用生态补偿和生态保护工程资金，优先安排贫困人口就地转为护林员、森林防火员。

图 5-1   2018 年在安远县重石乡大坑村，该乡干部正在对禁养区养猪场进行拆除

第六，推进信息扶贫基础建设。在农村信息化政策制定及落实方面，安远县加大对贫困地区的倾斜支持，制定适当的优惠政策，使贫困村 2017 年 4G 通信网络覆盖率、宽带覆盖率均达到 100%。针对农村贫困户，以公益为先、自主选择、不增加困难户负担为原则，制定专项通信业务营销提速降费政策，鼓励贫困农民使用信息化设备和服务。兴国加大"互联网+"扶贫力度，实施"宽带乡村"工程建设，2016 年行政村宽带覆盖率达到 100%。抓好农网改造升级，2018年实现了广播电视户户通、自然村通信信号基本覆盖，形成较为健全的网络信息安全和应急通信保障体系。到 2020 年，实现 95% 的自然村通宽带和光纤，农村宽带用户平均接入速率达到 30M。采取政府补贴、企业减免、社会支持等方式，鼓励农村贫困户使用信息网络，提高贫困户家庭宽带普及率。

第七，加快改善贫困村人居环境。在改善贫困村人居环境方面，三县的做法略有差异，如安远县不仅致力于改善贫困村的环境，还安排专门资金对非贫困村进行村庄整治，并于 2017 年 6 月 8 日发出通知，对全县范围内的非贫困村村庄整治项目建设情况进行摸底。兴国县则把全县 130 个贫困村全部纳入全县和谐秀美乡村统一规划建设，在资金和项目的安排上向贫困村倾斜，各涉农部门项目资金 60% 以上倾斜安排到贫困村，新农村建设村庄整治点 90% 以上要安排到扶贫重点村，每村总投入不低于 300 万元（安远县为 500 万元），支持山水田林路建设和小流域综合治理，推进贫困乡村环境连片整治。健全农村垃圾收运处理体系，完善农村环卫管理长效机制。提升农村生活垃圾专项治理水平，把村庄整治与产业发展、基础设施建设、公共服务、生态保护等统筹起来，力争 2016 年农村生活垃圾无害化处理率达到 90%。继续实施政府购买公益性岗位安排贫困户为农村保洁员，确保实现贫困村村组保洁员全覆盖。推进新农村建设发展升级，突出中心村建设，启动农村"空心房"整治工作，开展农村生活污水处理建设试点，抓好村点整治，提高贫困村新农村建设的覆盖面。

第八，完善农村基本公共服务。三县均贯彻了城乡教育均衡发展理念，积极完成贫困村薄弱学校改造，兴国县计划到 2020 年贫困村义务教育阶段学校标准化率达到 98% 以上。加强贫困村学校教师队伍建设，对在贫困村学校长期从教的教师给予激励，促进城乡教育均衡发展。

优先提升贫困村医疗卫生服务能力，贫困村卫生室标准化建设 100% 达标；推进乡村卫生计生人员一体化管理，贫困群众能就近就地享受优质医疗卫生服务，实施卫生扶贫专项救助行动，有效控制传染病和地方病。实施宣传文化科技惠民工程，推进农家书屋（安远县实施"电商＋农家书屋"）、文化活动室、农民健身工程及体育健身路径建设等文化体育项目建设；创作面向老人、妇女、儿童等特殊困难群体的文艺作品，开展送文艺下乡活动（信丰县打造"合唱之乡"、兴国县山歌闻名全国）。充分发挥现代信息网络作用，为贫困村、贫困户提供生产技术、市场信息、政策咨询，加快科技扶贫示范村和示范户建设。推动驻县金融机构在贫困地区布设营业网点，加快银行卡助农取款服务点行政村全覆盖步伐，逐步整合各类涉农金融服务项目进入金融便民服务点，加快金融服务进万家步伐。

第二节　研究展望

除了得出上述结论外，也有若干思考。本书认为这些问题或许是今后研究需要解决的问题。

一、"三多"现象比较严重

"重视不重视，会议来检视；工作好不好，文件少不了"是基层流行语。对三县乡村的调研发现，无论是县、乡（镇）还是村，都普遍存在"三多"，即文件多、会议多、表格多。脱贫攻坚是第一要务，因此，各级政府和相关部分高度重视，其重要体现就是各级政府、相关部门都印发了大量文件，出台了许多政策。为了贯彻这些文件，又召开了相应的会议，层层传达，层层动员。为了确保这些文件、政策在脱贫攻坚工作中实际发挥作用，相关机构又组织了不同层级、不同形式的检查督促，其中既派出专门的检查督促队伍，又下发了相当多的不同形式的表格。最后，所有这些都落到了村级干部身上。根据我们调研得知，三县下属的村干部本质上就是农民中的一员，薪酬非常低。上边千条线、下面一根针，常常因为针眼过小，导致无法穿线的尴尬局面。

由于存在上述三多，加班加点成为常态。虽然这种状态既不利于提高工作效率，也对干部身心健康造成较大的影响，还对干部家庭正常生活学习带来了不小负担，但是在基层却司空见惯；从与干部的访谈中，他们对此非常反感但却实属无奈。由于人的精力终归有限，无法一直透支下去，因此，在极端情况下，难免出现以文件推动文件、以会议推动会议的情况。

二、集体经济发展与村干部关联度较高

集体经济是脱贫攻坚行动中一个非常重要的问题。从实际情况看，虽然信丰县、兴国县、安远县三县在脱贫攻坚工作中都高度重视培育发展村级集体经济，但是实际情况差异较大。从调研的情况看，兴国县南坑乡主要寄望通过安装光伏发电来确保村集体收益，信丰县西牛镇曾屋村则通过培育农民专业合作社来发展集体经济，从实际情况看，显然后者才更称得上是现代市场经济条件下的村集体经济。

从信丰县调研的情况看，其村集体经济之所以能够发展，与该村干部关联度非常高，甚至存在直接的因果关系。由于西牛镇曾屋村党支部书记自身是企业家，市场意识较强，风险意识较强，社会资本较丰厚，加之具有较强的奉献精神，在其接任村支部书记后，联合其他村支部成员和部分村民建立合作社。通过资源折价方式，将村集体资产折价入股合作社，从而建立了个人与村集体的耦合机制，确保了村集体获得较稳定的收入。从对南坑乡一些村干部的访谈中了解到，他们也知道县里鼓励村干部领办合作社、发展集体经济的事情，但是，由于担心政策生变，因而裹足不前；不仅如此，为了证明自己清白做事，还将自己当村干部之前注册的合作社注销了。

上述两个案例非常具有研究意义。说明两点：第一，只要有合适的体制机制，村级集体经济是有可能搞好的。第二，如果希望通过村级干部领办经济组织发展集体经济，则上级政府应该考虑出台权威性的政策给予明确而且大力的支持。

三、"村庄公司化"现象

武汉大学中国乡村治理研究中心研究员桂华（2018）曾经在《环球时报》撰文呼吁警惕"村庄公司化现象"。这种担忧同样存在于赣南。由于农村长期被当作资源纯输出的地方，优质人才资源成为乡村振兴工作中的稀缺资源。为了实施乡村振兴，政府召回了一些本村外出的成功人士，其中有些是企业家，希望借助这些优质人才带动乡村发展。由于村级干部收入非常有限，这些人才大都身兼数职，甚至集村干部与企业家于一身，将村干部的整治资源、所在农村的各种资源与其原有企业资本、资源有机结合，在为本村带来一定收益的同时，也为其企业带来莫大的利益。多重身份合一，虽然短期可能没有大的问题，但是，如果处理不当，长期看，必然产生矛盾，村庄公司化的后果将比较严重。

此外，从信丰县西牛镇曾屋村实际调研中收集的资料看，多重身份合一，决策权高度集中的运作机制虽然目前有利于提升效率，但是从长远看可能不利于村集体的健康发展。

大量实例证明，在组织发展初期更加强调效率优先有其合理性。因为机会稍纵即逝，需要权力高度集中。而且，处于组织发展初期的主要领导人大都自身素质较高，公正无私，非常注重自身声誉，能够一心为公。又因创业初期可供分配的利益较少，领导集体内部也比较团结，能够同心同德，较少考虑自身利益问题，能够服从主要领导的指挥、调度，执行力较强。在曾梓清接手曾屋村支书的初期，曾屋村集体可供支配的资源非常有限，往往需要他自己先为村里垫付各种资源甚至资金。加之自己创业成功，经济实力较强；就是在担任村支书以来，其企业也一直在运营，仍然在为其源源不断创造利润。从经济学意义上衡量，其企业所得远远高于其村支书所得。但是，出于乡情和声誉激励，加之责任感使然，曾梓清义无反顾投入村集体事业中。可以说，这个阶段的曾梓清，其个人禀赋、经济实力保证了他行使权力的单纯性（刘善庆、尤琳、刘梦怡，2017）。

洛克认为，权力导致腐败，绝对的权力导致绝对的腐败。孟德斯鸠也认为，没有制约的权力必然会走向腐败。经典作家的论述、我国农村集体经济中出现的众多案例，都证明权力必须受到制约，否则贻害无穷，既毁了干部，也害了集体。

四、扶贫效率与法规的矛盾

目前，赣南在开展脱贫攻坚整改工作，各项工程正在加紧实施。为了加快工程进度，各级政府经常进行检查督促，并且奖惩挂钩，乡村干部感到空前压力。由于工程建设既必须服从自然的规律，从规划设计、招标、开工到验收有一个过程。在限时限刻的时段内要完成一项工程项目，就必然要采取一些非常规的措施，如不经正常的招标程序，代之以其他方式决定。但是，我国招标法明文规定，"全部或者部分使用国有资金投资或者国家融资的项目"，都必须经过合法的招标程序。在扶贫实践中，基层干部及其上级监督部门如何处理效率与合法的问题？从而既保护好基层干部的积极性，又确保脱贫攻坚任务如期实现。这就需要从实际出发，多考虑基层实际，多关注怎样做、怎样做得更好。

从基层干部来说，就要学会运用战略思维、创新思维、辩证思维、底线思维、法治思维来解决问题，不断促进工作开展。从上级领导层面来说，既要压担子，也要铺路子。一些领导部署工作时"只要结果，不问过程"，初衷虽好，但同样风险也高。既要有结果意识、也要有法治思维和过程意识，这才是实事求是的态度。

五、贫困村与非贫困村的矛盾

随着脱贫攻坚的深入、各级对贫困村投入不断加大。如 2017 年对贫困村的投入增加到 1000 万元，巨额的资金投入使贫困村的面貌发生了根本改观，相比之下原来的非贫困村反而相对更"贫困"，有些非"十三五"贫困村基础设施和产业发展依然薄弱。这就引起了非贫困村的不满，容易产生矛盾。兴国县情况更甚，因其还有 60% 左右的贫困人口分布在非贫困村。为了平衡二者的矛盾，安远县打破常规，也为非贫困村安排了资金。但是，作为一项政策，显然需要上级在充分尊重基层意见的基础上，出台政策，打破贫困村与非贫困村的界限，允许将扶贫专项资金统筹用于非贫困村。

六、基层的压力与收益矛盾

"基层工作压力大，待遇低，不受人待见""同城里比，基层生活条件是差不少""在基层苦点、累点倒也没什么，最怕的还是没有多少发展机会和希望"。近年来，基层压力大与收益低的问题已经引起社会普遍关注。从多次对赣南基层的调研中，也深切感受到这个问题，在与乡镇村干部的访谈中，他们也强烈呼吁上级关注这个问题。虽然其行政级别不高，确是脱贫攻坚能否最终取得成功以及乡村治理是否真正有效的关键性力量，然而，其付出与收入严重不相匹配。虽身处一线，却收入处于底线。如果说脱贫攻坚战止于 2020 年的话，乡村振兴战略至少也要延续到 21 世纪中叶，因此，仍然需要依靠广大基层干部。这就需要提高对乡村基层人员重要性认识，研究如何从顶层设计着手、向实处细处发力，全方位提升基层的吸引力、保障力、创新力，建立健全"越往基层，越是艰苦，待遇越高"的激励机制，从而为乡村振兴提供更加坚强的组织保障和人才保障。

七、软硬环境问题

脱贫攻坚、苏区振兴发展是我们党和政府对世界和我国人民的庄严承诺，对于赣南等原中央苏区而言，脱贫攻坚是底线，实现原中央苏区的全面振兴与全国同步发展是目标，其关键支撑力量是产业发展。目前看，支撑赣南等中央苏区振兴发展的主要还是传统产业（如矿产），新产业的比重还比较小，传统产业的转型升级还没有完成。推动苏区产业进一步发展，当前来看，有两件事情非常重要。一是要进一步改善其交通、通信条件，特别是宽带条件。其原因在于电商的发展对这些地方特色产业发展极其重要，所以，通信设施非常重要。建议政府要在这些方面给予更多、更大力度的支持。二是要切实转变政府职能，进一步做好放管服工作，尤其是加强政府对质量安全监管的有效性。比如赣南脐橙、蔬菜等，在电商普遍发展的情况下，一旦发生一两件产品质量安全问题就可能被迅速放大，产生很大的负面影响，从而危及整体。所以，切实加强这方面的监管至关重要，甚至生死攸关。

参考文献

［1］彭兴华. 从乡村振兴战略看做好对农报道［J］. 视听纵横，2018（6）.

［2］中共中央国务院. 关于实施乡村振兴战略的意见［J］. 中华人民共和国国务院公报，2018（2）.

［3］卜珍和. 准确把握实施乡村振兴战略［J］. 党政干部论坛，2018（1）.

［4］李周. 深入理解乡村振兴战略的总要求［J］. 理论导报，2018（2）.

［5］邱天宝，连加祺，曹建林. 我市扎实推进文明试验区建设［N］. 赣南日报，2018－07－23.

［6］常纪文. 探索符合乡村实际的生态文明建设路径［N］. 中国环境报，2018－07－05.

［7］常纪文. 乡村振兴的生态文明考量［J］. 农家书屋，2018（7）.

［8］鄢朝晖，赖赋春. 信丰脐橙鼓起贫困户"钱袋子"［N］. 江西日报，2017－06－06.

［9］谢华蓉，萧森，赖福鑫. 点亮"省油灯"照见好日子［N］. 赣南日报，2016－04－15.

［10］蓝开文，少芬. 我市出台意见促进就业扶贫［N］. 赣南日报，2017－04－08.

［11］刘善庆，张明林. 共享理念下的赣南等原中央苏区精准脱贫研究［M］. 北京：经济管理出版社，2017.

［12］邓冬猛. 大力发展蔬菜产业扎实对接脱贫攻坚——兴国县蔬菜产业扶贫调研情况［J］. 老区建设，2018（5）.

［13］谢俊华. 兴国县：做实产业扶贫文章提升贫困群众"造血"功能［J］. 老区建设，2018（2）.

［14］原二军. 东江源区盼"水"解"渴"［N］. 中国环境报，2013－

12 – 20.

［15］江西省人民政府办公厅．关于印发江西省统筹整合财政涉农扶贫资金实施方案的通知［J］．江西省人民政府公报，2016（7）．

［16］胡强．集中财力打赢脱贫攻坚战［J］．江西省人民政府公报，2016（7）．

［17］梁健，赖福鑫．兴国用文明之风滋养美丽乡村［N］．江西日报，2017 – 06 – 15.

［18］肖斐杰．强化"三扶"举措以精神扶贫助推脱贫攻坚——安远县脱贫攻坚的做法与思考［J］．老区建设，2017（7）．

［19］丁建定．试析习近平新时代中国特色社会保障思想［J］．当代世界与社会主义，2018（4）．

［20］赖天然．全市所有村（居）需建红白理事会［N］．赣南日报，2017 – 03 – 20.

［21］刘善庆，尤琳，刘梦怡．耦合：革命老区发展壮大农村集体经济的有益探索——对赣州市信丰县的调查与思考［J］．苏区研究，2017（6）．

后　记

本书系"苏区振兴智库"之一。全书结构由刘善庆设计，并统稿，田延光审稿。除第二章第一节、第二节由刘超撰写外，其余均由刘善庆撰写。

在本书资料收集、撰写过程中，得到了信丰县、兴国县、安远县有关部门的大力支持，在此一并表示感谢。

本书的出版得到经济管理出版社丁慧敏女士的大力支持，在此深表谢意。